KB253252

경제기사로
부자아빠 만들기

가림 M&B

경제기사로 부자아빠 만들기

김기태 · 신현태 · 박근수 지음

가림 M&B

경제기사로 부자아빠 만들기

2001년 8월 30일 제1판 1쇄 발행
2001년 11월 10일 제1판 3쇄 발행

지은이/김기태 · 신현태 · 박근수
펴낸이/강선희
펴낸곳/가림M&B
기획위원/강경무 · 김충호 · 석종복 · 이창석 · 지창영
기획 · 편집/장연수 · 이선희 · 김진호 · 홍경숙 · 손일호 · 이정아
홍보/한국종
마케팅/강명희

등록/1999. 1. 18. 제5-89호
주소/서울시 광진구 구의동 57-71 부원빌딩 4층
대표전화/458-6451   팩스/458-6450
홈페이지 http://www.galim.co.kr
e-mail galim@galim.co.kr
천리안 ID galimmb

값 12,000원

ⓒ 김기태 · 신현태 · 박근수, 2001

ISBN 89-89107-19-9 13320

　　요즈음 신문, 방송 등 각종 언론매체는 경제 뉴스를 그 어느 분야의 뉴스보다도 중요하게 다루고 있다. 뿐만 아니라 그 내용도 갈수록 다양해지고 복잡해져가고 있다. 이는 각종 경제현상이 기업은 물론 개인의 일상생활과 더욱 밀접해지고 있다는 의미이다. 달리 말하면 경제주체로서의 기업과 개인의 경제현상 이해가 매우 어려워졌다는 뜻이기도 하다.

　　이런 면에서 연합뉴스의 김기태 기획위원, 박근수 교수 그리고 내가 평소 아끼는 연합뉴스의 신현태 부장이 언론인의 현장감각과 학자의 전문성을 접목시켜 귀중한 책을 발간하게 된 것을 기쁘게 생각한다. 언론인과 교수로서 소임을 충실히 수행하면서 책을 발간하는 것은 쉬운 일은 아니다. 나는 이 책이 기업과 개인에게 경제현상을 보다 쉽게 이해하는 데에 큰 도움이 될 것으로 기대한다.

　　우리 경제는 1990년대 중반에 금리자유화 등 여러 부문에서 금융자유화를 실시해 왔다. 특히 1997년 말 외환위기 이후에는 채권, 주식, 외환 등 금융시장에 큰 변화가 생겼다. 채권의 시가평가제도, 자유변동환율제도, 주가변동폭의 확대, 주가지수선물의 도입, 외국인투자의 확대 등을 통해 금융시장에서 금리, 환율, 주가 등 각종 가격변수들의 기능이 크게 활성화되었다.

　　실제로 은행들의 예금 및 대출 금리는 한국은행의 통화정책이나 시중 자금상황을 반영하여 보다 탄력적으로 움직이고 있다. 각 경제주체는 저금리시대에 조금이라도 더 높은 금리를 쫓아 금융기관을 전전하기도 한다. 개인들마저 매일 환율을 점검할 정도이다. 주식투자자는 주가의 변동뿐만 아니라 금리와 환율을 연계하여 투자방향을 잡느라 애

쓴다. 이제는 개인들도 금리, 환율, 주가 등 가격변수에 대해 보다 민감해졌다는 뜻이다. 다시 말해서 경제주체로서 개인이 복잡다양한 각종 금융시장의 원리와 현상을 종합적으로 이해하는 것이 매우 중요해졌다는 의미이다.

이 책은 위에서 살펴본 우리 경제상황을 통화, 물가 및 환율 등 경제의 기초부터 구체적인 예와 함께 신문기사나 도표 등을 적절하게 활용하여 잘 설명하고 있다. 또한 외환위기 이후 유행어가 되어 버린 구조조정 일반을 이해하기 쉽게 서술하고 있으며 보험, 신용평가제도의 기초를 알기 쉽게 설명하였다. 이 외에도 개인이 일상거래에서 알아야 할 우리나라 세제의 기본 구조나 각종 세금제도 및 토지거래 관련제도를 일목요연하게 정리하고 있다. 끝으로 디지털혁명에 관한 글은 독자들이 어떻게 정보화시대를 인식하고 행동하여야 할 것인가를 생각하게 해줄 것으로 기대한다.

그리고 경제기자로서 경제현장을 취재하면서 얻은 풍부한 경험과 통찰력을 학자의 전문성과 결합하여 일반인들이 실생활에서 궁금하게 생각하는 경제일반을 알기 쉽게 정리하였다.

적절하게 예시된 신문기사나 도표 등은 독자들의 이해를 도울 뿐만 아니라, 전문가가 아닌 일반 독자들이 각종 경제뉴스를 보다 편안하게 대하고 이해할 수 있도록 도와줄 것으로 믿는다.

본인은 저자들이 언론인과 학자로서 보여 준 근면함과 학구적 태도에 대해 격려와 칭찬을 아끼고 싶지 않다.

또 저자들이 앞으로도 언론인과 학자로서 우리 사회의 소금과 횃불이 되기를 바라고, 계속해서 학구적 자세를 지니고 소임을 다함으로써 보다 훌륭한 경제전문가로 발전할 것으로 믿는다.

부디 이 책이 경제일반을 이해하려는 독자들에게 크게 기여하기를 바라며, 독자들도 사랑하는 마음으로 저자들이 더욱 발전할 수 있도록 격려와 성원을 보내줄 것을 기대한다.

2001년 8월
한국은행 총재 전철환

현대사회에서는 경제가 차지하는 비중이 매우 커 현대를 경제의 시대라고도 한다.

각 개인의 생활에서는 물론, 국가적인 차원에서도 경제가 차지하는 비중은 갈수록 커지고 있다. 국제관계에서도 경제논리가 정치논리에 우선하는 경우가 잦아지고 있다. 수십 년 동안 고착되었던 냉전구도와 공산주의 국가들이 붕괴된 이유도 경제 때문이었다. 또한 국가간의 외교도 경제문제가 주요한 안건이 되고 있다.

따라서 경제의 비중이 커지는 만큼 경제현상을 제대로 이해하는 것이 매우 중요해지고 있다. 기업이나 국가 경제적인 면에서 뿐만 아니라 각 개인의 생활에서도 경제를 이해하는 것은 반드시 필요하다. 사람들은 대부분 경제에 대한 지식과 정보를 신문을 통해 얻는다. 현실적으로 신문에는 경제정보가 넘치고 있다. 신문마다 경제면을 매일 10여 면씩 제공하고 있다. 정부의 경제정책에 관한 기사에서부터 산업계의 동향, 기업들의 움직임, 주식시장의 변화, 세계경기의 흐름 등 다양한 소식들이 실려 있다.

신문들이 많은 경제뉴스를 전하고 있으나 요즘의 경제현상들은 매우 다양하고 복잡하며 경우에 따라서는 전문적이어서 일반인들이 이해하기가 쉽지 않다는 점이 문제가 되고 있다. 일반인들은 경제기사의 난해함 때문에 경제기사 읽기를 기피하는 경향이 있고, 경제학을 전공했거나 경제학설을 많이 알고 있는 사람일지라도 전공이 아닌 분야는 이해하기가 쉽지 않은 것이 사실이다.

이 책은 이 같은 현실적 문제들을 잘 살펴 전문적인 경제지식 없이도 신문을 통해 독자들이 현대사회를 살아가는 데 필수적인 경제정보를 쉽게 얻고 자신의 지식으로 만들 수 있도록 안내하는 길잡이 역할을 할 것으로 믿는다.

특히 저자 김기태 위원은 20년 넘게, 신현태 부장은 20년 가까이 기자생활을 하면서 경제분야를 취재해왔고 어려운 경제문제를 독자들이 이해하기 쉽게 풀어쓰는 데 익숙해 있기 때문에 일반경제에서부터 '디지털경제'에 이르기까지 독자들의 이해력을 배가시켜 줄 것이다.

여기에 한국외환은행에서 15년 동안 실무를 익힌 뒤 대학교에서 강의중인 박근수 교수의 이론과 실무경험이 어우러진 이 책은 독자들이 경제기사를 읽고 경제지식을 습득, 효율적인 경제생활을 하는 데 큰 도움을 주리라 기대한다.

2001년 8월
연합뉴스 경제국장 안진기

지난 7월 26일 출근을 하기 위해 택시를 탔다. 택시에 오르자 마자 기분 좋게 아침인사를 건넨 50대 후반의 기사아저씨는 "요즘 경제를 어떻게 보십니까, 경기는 언제쯤 활기를 되찾을까요?"로 시작, 수많은 질문을 던져 놓고 혼자 답변을 하다가 나에게 "경제에 관심이 있느냐?"고 물었다. 기자생활의 상당 기간을 경제기사를 작성하는 데 보낸 나로선 "왜 관심이 없겠습니까?"라고 말을 하자 기사아저씨는 신이 난 듯 반도체, 자동차의 수출부진과 중국의 세계무역기구(WTO) 가입문제 등에 대해 질문과 함께 자신의 견해를 밝혔다. 기사아저씨의 애기 중 끼어들 여지가 있다 싶으면 내가 한마디씩 거들자 그는 "사회생활 초년병 때 유제품 업체의 영업사원으로 근무했다", "이 땅에서 세금을 납부하고 사니까 국가의 경제정책에 대해 관심을 갖고 있는 건 당연한 것 아니냐"고 강조했다. 기사아저씨는 해박한 경제지식을 나에게 아낌없이 털어놓으면서 "정부가 경제를 시장원리에 맡기지 않고 정치일정이나 특정집단의 이익에 맞춰 무리하게 시장을 조작하려한 데서 항상 문제가 시작된다"고 주장했다. 또 "구조조정의 부진, 증시의 침체, 수출부진 등 지금의 난국도 결국은 정부가 순리적이지 못하고 인위적인 경제정책을 추진한 데 주원인이 있다"고 결론을 지으면서 반도체, 주식, 정보기술(IT), 부동산, 자동차 시장에 대해 수준 높은 논리를 앞세워 연말과 내년 상반기 전망까지 내놨다. 그러면서 기사아저씨는 "방송에서 흘러나오는 경제기사와 신문을 통해 경제지식을 습득한 것 외에 별다른 공부는 하지 않았다"고 말을 끝냈다.

택시에서 내린 뒤 나는 이 아저씨야말로 내가 그 동안 만났던 수많은 비전문가 중 가장 실물경제를 체계적이고 깊이 있게 알고 있다는 생각을 했다. 기사아저씨는 경제기사를 통해 자신이 경제지식을 습득했음을 설명한 셈이다. 매일매일 지나치는 승객들로부터 소위 귀동냥을 해서 얻어진 지식이 결코 아니었다. 경제기사를 꾸준하게 읽으면서 내용을 제대로 이해할 수 있다면 경제학을 전공한 학자, 경제학계에서 일을 하고 있는 전문가, 경제부 기자보다도 더욱 폭 넓고 깊은 경제지식을 가질 수 있다는 확신을 이 기사아저씨는 내게 심어줬다. 경제용어와 이론을 이해하기가 어렵다는 말들을 자주 듣게 된다. 의·식·주 자체가 경제인데 왜 어렵다는 것일까? 당연히 쉬워야 하는데…. 그러나 쉽다고 말하는 일반인들은 거의 없다.

이 책은 재테크를 위한 지침서가 아니다. 학생, 주부, 직장인 등 누구나 이 책을 통해 일반경제부터 디지털경제 기사에 이르기까지 보다 쉽게 이해하고 이를 바탕으로 경제원리를 체득, 경제예측을 할 수 있게 준비된 생활경제 서적이다. 따라서 이 책을 통해 많은 사람들이 더욱 깊이 있는 경제지식을 습득, 훌륭한 경제생활인이 되는 계기가 되기를 기대한다.

그래서 이 책은 특별하게 책을 읽는 순서가 정해져 있지 않다. 다른 책들과 달리 처음부터 읽지 않고 관심이 있는 부분부터 찾아 보더라도 내용을 이해하는 데 전혀 지장이 없도록 내용을 구성했으며 3명의 저자가 역할을 분담해서 글을 썼다. 가계, 회사, 국가경영의 밑거름이 되는 안내서가 될 수 있고 경제생활 전반을 쉽게 이해할 수 있도록 초점을 맞추려고 노력했으나 저자 자신도 경제학을 체계적으로 공부하지 않았기 때문에 부족한 점이 많을 것이라고 믿는다.

보잘 것 없는 저자에게 글을 선뜻 요청해주신 가림출판사 강선희 사장님, 이선희 과장을 포함한 모든 직원께 진심으로 감사를 드린다.

또 추천의 글을 써주신 전철환 한국은행 총재, 안진기 연합뉴스 경제국장과 공동집필에 흔쾌히 동참해 준 신현태 연합뉴스 경제국 부장, 그리고 학기 마감과 외국으로 교환 교수 파견 등의 일정에 쫓겨 가장 바쁘게 뛰었던 박근수 교수에게도 이 책의 출판에 대한 고마움을 함께 전한다.

2001. 8.
저자대표 김기태

8 국제경제 - 금융

9 경제생활과 세금

경제와 국민의 경제생활

1

- 경제기사와 경제생활

경제기사와 경제생활

　　현대인들의 삶은 그 자체가 경제생활이라고 해도 과언이 아닐 만큼 경제와는 뗄래야 뗄 수가 없는 경제 시대에 살고 있다. 언론계에서도 경제라고 하면 경제부장과 경제부 기자들이나 알고 있으면 되었기 때문에 궁금한 것은 경제부 기자들한테 묻던 때가 그리 오래 전의 일은 아니다. 그러나 지금은 경제부는 물론이고 정치부, 사회부를 가리지 않고 업무적으로 경제기사와 밀접한 관계를 갖고 있다. 특히 1997년 말 민족적 수난이라는 환란을 겪으면서 경제에 대한 일반인들의 관심은 비약적으로 높아졌다. 주부들은 식료품을 사려고 해도 백화점을 이용할 것인지 아니면 대형 할인매장이나 재래시장, 동네 슈퍼를 이용할 것인지를 놓고 미리 결정을 내려야 하게 됐다. IMF(국제통화기금) 관리체제를 계기로 위기타개를 부르짖는 경제 · 경영 서적들이 서점에 쏟아져 진열되었다. 기관은 물론 개미군단도 미국의 다우지수와 나스닥지수, 일본의 닛케이, 홍콩의 항생지수를 지켜본 뒤 주식을 사거나 팔고 있다. 물론 이들 지수만을 기준으로 해서 주식을 사고 파는 것은 아니다. 정부 당국의 정책과 해당 업종의 경기, 업체의 경영상태 등을 면밀히 검토하고 분석해서 결정을 한다. 이는 외환, 선물·옵션, 채권시장, 부동산시장 등에서도 마찬가지이다. 전반적인 경제의 흐름을 알지 못하고는 어느 것 하나 제대로 할 수 있는 것이 거의 없다. 즉 현실경제를 올바르게 이해한 바탕 위에서만 합리적이고 능률적인 경제행위가 가능하고, 이는 곧 가계, 기업 및 국가 경쟁력으로 이어진다. 이렇듯 경제가 삶의 중심에 우뚝서다보니 경제기사의 비중은 날로 높아질 수밖에 없다. 신문의 경제면 한 면에서 기사는 물론 주식시세표까지 볼 수 있었던 때도 그리 오래되지 않았다. 그러나 지금은 경제기사가 1면에 수시로 등장하고 있으며 1면 톱도 장식한다. 특히 사건·사고기사로 채워져야 할 사회면에서도 경제기사가 자주 눈에 띈다. 종합일간지의 경제면은 1개 면에서 섹션을 포함해 1일 10개 면 이상으로 늘어났는데, 이러한 현상은 통신, 방송사들도 비슷하다. 경제기사가 양적으로만 이렇게 증가한 것은 아니다. 스트레이트 위주의 기사에서 해당 기자가 작성하는 해설에 덧붙여 1990년대 말 이후에는 전문가의 분석과 전망기사가 뒤따르고 있으며 이를 뒷받침하는 각종 사진과 통계, 그래프 등이 지면을 채우고 있다. 독자들은 이제 현실경제의 이해를 넘어 앞으로의 전망 등을 깊이 있게 서비스 받고 있는 셈이다.

연합뉴스의 경우 국내 언론사로는 가장 먼저 지난 1980년대 말 경제부를 경제국으로 확대 개편해 현재 70여 명의 기자를 경제기사 취재 및 제작에 참여시켜 경제뉴스의 서비스량을 대폭 늘렸다. 경제기사는 국내 및 국제 경제기사, 전문경제기사, 어린이 및 주부경제기사 등으로 나눌 수 있다. 경제면은 종합면과 증권, 금융, 산업, 국제경제, 해설면 등으로 구분되어 있다. 어느 경제기사이든 경제기사에는 각종 숫자와 용어가 계속해서 이어진다. 통계와 함께 날마다 새롭게 등장하는 이해하기 어려운 용어와 이론 때문에 중간에 신문을 덮어버리는 사람들이 많다. 특히 제3의 혁명이라고 일컬어지는 '디지털 경제·환경'에 이르면 40대 이후의 중장년층은 경제면 중 특히 디지털섹션은 아예 거들떠보지 않는 경우가 잦다. 왜냐하면 처음으로 접하는 이론이면서 외래어로 채워져 더욱 난해하기 때문이다. '디지털혁명'의 시대에 살고 있으면서도 이를 인정하지 않고 싶은 것이다. 디지털경제는 경제패러다임의 변화로 끝나는 것이 아니라 사회 전체를 송두리째 바꾸고 있다. 빠른 네트워크화의 진전에 따른 수직적 사회의 수평적 사회로의 전환, 사회의 사이버화, 빈부 격차의 심화, 유동성의 개념 변화, 즉각적이고 감성적인 선택의 요구로 사회전반에 걸쳐 다양한 변화가 일어나고 있는 것이다. 안방에 앉아서 필요한 책은 물론이고 가전제품, 식료품 등 거의 모든 것을 쉽게 구입할 수 있는 시대이다. 어떤 식으로든 신문의 경제면을 읽어야 한다면 디지털섹션을 읽지 않고는 현대의 경제생활을 제대로 하고 있다는 평가를 받을 수 없을 뿐만 아니라 이 부문에서는 낙오자라고 해도 지나친 말이 아닐 것이다.

용어와 숫자 등을 모두 외우려 한다면 어느 순간 경제기사를 읽는 데 흥미를 잃어버리게 된다. 그러므로 외우려 하지 말고 자주, 그리고 반복해서 읽다가 보면 자신도 모르게 숫자와 용어에 익숙해지면서 이해를 할 수 있게 된다. 경제기사를 읽을 때 스크랩을 하거나 메모를 하는 방법도 권장할 만 하지만 아예 경제용어 사전을 한 권쯤 준비한다면 이해하는 데 큰 도움이 될 것이다. 요즘은 PC통신을 이용하는 것도 한 방법이 될 수 있다.

경제부 기자들은 사회부 기자 못지 않게 현장을 뛰면서 땀냄새가 배어 있는 생동감 있는 기사를 그때 그때 숨가쁘게 작성, 인터넷을 등을 통해서 서비스하고 있다. 그렇다고 경제부 기자가 모든 경제면의 기사를 자유롭게 이해할 수 있을 만큼 경제지식에 해박한 것만은 아니다. 경제학을 전공한 그리 많지 않은 경제부 기자들도 사정은 비슷하다. 자신의 출입처에서 쏟아지는 자료와 취재과정에서 튀어나오는 이론과 용어 중에 모르는 것이 적지 않다면 전체 경제부 기자의 명예를 훼손시켰다는 비난을 받을 지 모르겠으나 이는 그만큼 경제기사를 작성하고 이해하는 것이 어렵다는 얘기다. 최근 들어 부쩍 늘고 있는 인터넷 전문사이트의 기사는 작성하는 기자 자신도 자신이 기사에 쓴 용어를 모두 이해하지 못하고 있다는 우스갯소리까지 나오고 있다. 그러므로 독자들이 모든 통계와 용어를 외우고 이론을 이해하기는 더더욱 어려울 수밖에 없다. IMF 관리체제 이후 같은 날 같은 지면에도 몇 번씩 등장해 눈에 익숙한 워크아웃(기업개선작업), M&A(인수 · 합병), BIS(국제결제은행), 모라토리엄(지급 · 지불유예), 빅딜(사업 맞교환), 정크본드, 빅뱅, 엔젤캐피털 등의 용어도 경제기사를 자주 읽었다면 전문가와 같은 논리적인 설명은 못 하더라도 상당한 이해를 할 수 있고 나름대로의 설명도 할 수 있다.

경제기사는 그때 그때 국내외 경제상황을 독자들이 이해하기 쉽게 좁은 지면 안에 옮겨 놓은 현실경제를 비추는 거울과 같다.

경제는 산소와 같으며 경제기사를 읽는 것은 경제생활에 대한 이해를 돕는 최소한 또는 최대한의 정보원이며 가계, 비즈니스, 재정의 성패를 가늠한다고 해도 지나치지 않을 것이다. 정책 뉴스이든 산업현장의 뉴스이든 경제기사를 읽어서 엄청난 특정이득을 취한다는 것은 어렵겠지만 전체적인 경제의 흐름을 파악, 생활의 근간으로 삼는다면 물질적인 풍요는 아니더라도 능력 있는 가장과 돋보이는 조직원이 될 것이다.

경제기사는 시장에서 살아 숨쉬는 현장경제를 강의실 밖에서 혼자 배우고 익힐 수 있도록 발행되는 일간서적의 역할을 맡고 있다. 1990년대 이후 소비형태가 경기에 따라 내구재와 소비재의 소비증가로 번갈아가면서 확실하게 사이클을 그리고 있는 것은 많은 사람들이 경제기사를 읽은 뒤 경제 흐름을 잘 파악하고 있다는 것을 의미한다. 따라서 경제기사는 그만큼 우리의 생활 속에 깊숙이 자리를 잡고 있어서 현대인들은 이를 외면하고 싶어도 이제 외면을 할 수가 없는 시대의 한복판에 서 있다.

경제생활에서의 돈의 역할

2

돈이란 무엇인가

　　우리는 흔히 '자본주의 사회에서 돈으로 안 되는 것이 없다'는 말을 자주 한다. 물론 이 말은 현대의 물질 만능주의를 비꼬는 말이기는 하지만 자본주의 사회에서 돈의 힘을 한마디로 압축하는 말임에는 틀림없다. 최근의 한 조사결과에 의하면 어버이날 부모님들이 가장 받고 싶어하는 선물은 건강식품도, 옷도 아닌 '돈'이었다.

　　이처럼 모든 것을 가능하게 만드는 힘과 인간이 가장 갖고 싶어하는 돈에 대하여 어떤 사람은 인류가 만들어낸 창조물 중 가장 최악의 창조물이 '돈'과 '신'이라고 혹평하기도 한다. 돈이 나타나기 전에는 아무리 욕심이 많은 사람도 오늘 자신에게 필요한 것 이상을 탐내지 않았다는 것이다. 즉 저장을 할 수 없었기 때문에 필요 이상으로 소지할 필요도 없었고 소지하려 하지도 않았다는 것이다.

　　그러나 돈이 나타나면서 오늘 많이 모은 것을 돈으로 바꾸어

저장하면 훗날 편하게 살 수 있고 자식에게 물려줄 수도 있게 되었다는 것이다. 이 때부터 인간들은 더 많은 것을 소유하기 위하여 남의 것을 빼앗으려는 싸움을 하기 시작했고 이것이 인류 불행의 시작이라고 한다.

이처럼 돈의 부정적 기능을 일찍이 알아차린 우리 선조들도 "황금 보기를 돌같이 하라"고 가르쳤다.

그러나 한편으로는 '불', '수레바퀴'와 더불어 인류의 3대 발명품이라고 극찬하기도 한다. 돈이 나타나면서 인류의 경제생활은 혁명적으로 개선되었다는 이유에서이다.

그러면 돈이 도대체 무엇이기에 이처럼 커다란 힘과 선호도를 가지면서 동시에 최고의 창조물이라는 찬사와 최악의 창조물이라는 혹평을 동시에 받는 것일까?

돈이란 무엇인가에 대하여 일반적으로 '국가의 모든 경제주체들이 물건을 사고 파는 데 사용되는 물건'이라고 정의할 수 있을 것 같다. 그러나 우리가 일반적으로 돈이라고 하면 한국은행의 창구를 통하여 밖으로 유출된 한국은행권, 즉 법정통화를 의미한다. 그렇다면 한국은행이 아닌 일반은행들이 발행한 자기앞수표는 어떤가. 물건을 사고 파는 데 사용되는 물건을 돈이라고 한다면 분명 자기앞수표 역시 돈이라고 하여야 하지 않을까? 또 한국은행이나 시중 일반은행이 발행한 것도 아니고, 단지 상법상의 기업에 불과한 전자상거래 업체에서 발행한 전자화폐는 어떤가. 전자화폐는 한국은행이 발행한 법정통화는 아니지만 매매수단이라는 돈의 본래적 기능을 훌륭히 수행하면서 그 사용범위를 점차 넓혀가고 있다. 또한 신용카드 역시 일반적으로 사용되는 돈은 아니

지만 물건을 사고 파는 데 사용되면 교환의 매개체라는 돈의 본래
적 기능을 수행하고 있다. 따라서 한마디로 돈은 무엇이다라고 정
의하기는 매우 어렵다. 일반적으로 돈의 기능이 무엇인가에 따라
돈의 범위도 크게 달라진다.

돈의 기능

만약 돈이 없다면 우리의 생활이 어떻게 바뀔 것인가.

어부가 바닷가에 살고 있었다. 어부는 곡식이 필요해 오늘 아침에 잡은 생선을 가지고 생선이 필요한 농촌을 찾아갔다. 농촌을 찾아가는 길에 생선을 필요로 하는 사람을 만났다. 그러나 그 사람이 가진 것은 생선을 구울 수 있는 그릇뿐이었다. 그래서 농촌을 찾아 더 걸어가다가 곡식을 팔려는 농부를 만났다. 하지만 농부는 생선을 필요로 하지 않았다. 그래서 해질 무렵에야 생선과 곡식을 바꾸겠다는 농부를 만날 수 있었다. 그러나 두 사람 모두 곡식과 생선을 어느 정도의 비율로 바꾸어야 하는지 알지 못했다. 그래도 두 사람은 흥정을 시작했고 한참 후에 흥정이 끝났을 때는 생선이 이미 썩어 먹을 수 없게 되었다.

자, 만약 이 어부가 살던 세상에 돈이 있었다면 어부는 생선을 팔아서 그 돈으로 곡식을 사서 집으로 돌아오면 되있다. 하루 종일 생선을 원하는 농부를 찾아다닐 필요가 없었다. 따라서 고기

잡는 일을 열심히 하여 더 많은 고기를 잡을 수 있었을 것이다.

이 이야기는 어부에게만 해당되는 일은 아니다. 농부도 그렇고 그릇 굽는 사람도 그렇고 누구나 더 많은 일을 할 수 있을 거라는 것이다.

이러한 필요에 의해서 언제부터인지 모든 사람들이 다 갖고 싶어 하는 어떤 물건을 매개물로 하는 간접교환방식이 나타나기 시작하였다. 이 때 교환의 매개물 중 휴대가 간편하고 변하지 않는 물건이 화폐의 역할을 하게 되었는데 조개껍질, 금속조각, 동물의 뼈, 무명, 곡식, 가축 등이 최초로 돈의 기능을 수행하게 되었으며 이를 '상품화폐'라고 부른다. 그 후 경제규모의 확대와 함께 좀더 내구성이 강하고 휴대가 간편한 귀금속인 금, 은, 동 등의 금속화폐가 나타나기 시작하였다. 그리고 점차 편리성을 추구하여 지폐, 신용카드, 전자화폐로 발전해가고 있다. 우리나라에서도 지금부터 3000년 전인 B.C. 957년(기자조선 진평왕 9년)에 '자모전'이라는 돈이 사용되었다고 하지만 사실 여부의 확인은 불가능하며 역사적 사실로는 996년(고려 성종 15년)에 '건원중보'가 사용되었고 조선 태종(1408년) 때는 우리나라 최초의 지폐인 '저화'가 사용되었다.

아무튼 돈이 나타나기 시작한 이유는 물물교환에 따른 불편을 제거하기 위함이었다. 현대적 의미로 바꾸어 생각해보면 돈이 있음으로써 필요한 물건을 구입하는 데 소요되는 시간과 비용, 즉 거래비용을 줄임으로써 경제 전체를 활성화시키고 생산량 증대를 가져오게 된다는 것이다.

그렇다면 좀더 구체적으로 돈의 기능은 무엇일까?

돈의 첫 번째 기능은 지불 또는 교환의 수단이라는 점이다.

우리는 매일 아침 얼마간의 용돈을 가지고 집을 나선다. 무엇 때문에 집을 나설 때 돈을 가져 가는가. 아침에 지하철을 타기 위하여, 점심에 동료와 점심을 먹기 위하여, 저녁에 한 잔하기 위하여…. 그러나 모든 행위에는 반드시 반대 급부로 돈을 지불해야 한다.

돈의 두 번째 기능은 물건의 가치가 어느 정도인가를 나타내는 기준이라는 점이다. 예를 들면, 1백만 원짜리 컴퓨터와 2백만 원짜리 컴퓨터는 그 성능이 다르다. 그래서 일반적으로 가격이 비싸면 성능이 좋을 것이라고 믿는다. 이처럼 돈은 그 물건의 좋고 나쁨을 나타내는 가치의 척도로써의 기능을 수행하고 있다.

돈의 세 번째 기능은 가치의 저장 및 전달수단이라는 점이다. 우리나라 부모들은 자식에 대한 애착이 강하다. 그래서 나는 쓰지 않더라도 자식을 위해서는 무엇인가를 남기려 한다. 이 때 중요한 유산 상속 수단이 부동산과 금융자산이다. 특히 금융자산은 상속세를 회피할 수 있는 수단 중의 하나로 널리 사용되고 있다. 즉 예금을 통해서 가치를 저장하고 이렇게 모은 돈을 자손에게 전달한다. 이처럼 돈은 가치의 저장수단이자 전달수단이기도 하다.

돈과 물가

우리는 돈이 많이 풀려서 물가 인상이 걱정된다는 기사를 자주 본다. 그렇다. 돈이 많이 풀리면 물가는 오르게 되는데 그 이유는 다음과 같다.

요즘 어린이들이 누구나 하나씩 가지고 있는 디지몬 게임기를 예를 들어 보자. 디지몬 게임기를 3만 원씩에 팔고 있는 문구점이 있었다. 그런데 어린이날이어서 부모님들이 자녀에게 용돈을 더 주자 다투어 디지몬 게임기를 사려고 문구점에 몰려 들었다. 그러자 문구점 아저씨는 값을 높이 받아도 팔리겠다는 생각을 하게 되었고 값을 5만 원으로 올렸다. 그래서 디지몬 게임기의 값은 5만 원으로 인상되었고 한 번 올라간 디지몬 게임기의 값은 다시 3만 원으로 떨어질 줄 모르고 그대로 있었다. 이것을 가격의 하방 경직성이라고 한다. 즉 한 번 오른 가격은 떨어지지 않으려는 성질을 가지고 있다는 뜻이다.

이제 시야를 좀더 넓혀서 생각해보기로 하자. 단기적으로는

시중 부동자금 300兆 '꿈틀'

주식·부동산시장으로 이동 조짐

경기회복에 대한 기대감과 함께 연일 주가·원화·채권값이 오르는 '트리블 강세'가 시속되면서 시중의 단기 부동(浮動)자금이 주식시장과 부동산시장으로 이동할 조짐을 보이고 있다. 증권가에서는 줄잡아 3백조원에 이르는 풍부한 시중 유동성에다 주가 상승, 외국인 투자자의 순매수가 이어지면서 '대세 상승'이 임박했다는 분석이 잇따르고 있고 부동산시장에서도 아파트 청약률이 높아지는 등 분양시장, 경매시장을 중심으로 활기를 띠는 모습이다.

24일 한국은행과 금융계에 따르면 은행과 투신·종금사의 각종 예금·신탁상품에 들어있는 만기 6개월 미만 예금은 지난해 말 2백76조원에서 23일 현재 2백97조원으로 4개월여만에 21조원 가량 늘었다.

한은 관계자는 "은행 예금금리가 갈수록 떨어지면서 시중자금의 단기 화현상이 가속화하고 있다"며 "이중 상당액은 언제라도 주식시장이나 부동산 쪽으로 옮겨갈 수 있는 자금으로 보인다"고 말했다.

◇신규자금 유입되는 주식시장＝요즘 직장인들 사이에서는 다시 주식이 화제로 떠올랐다. ㄷ건설 ㄱ대리(36)는 "얼마 전까지만 해도 주식으로 손해본 동료들이 너무 많아 얘기조차 꺼내기 힘들었지만 요사이 주가가 계속 오르자 주식투자에 나서는 동료들이 부쩍 늘었다"고 전했다.

아직 시중자금 대부분은 상대적으로 안전한 은행 예금에 잠겨 있지만 조금씩 이탈 조짐이 나타나고 있다.

하나은행 김성업 재테크팀장은 "주식형 상품 문의가 최근 크게 늘었다"며 "아직 위험부담 때문에 적극적으로 권하기는 어렵지만 단위형 금전신탁이나 투신사 펀드를 주로 추천한다"고 말했다.

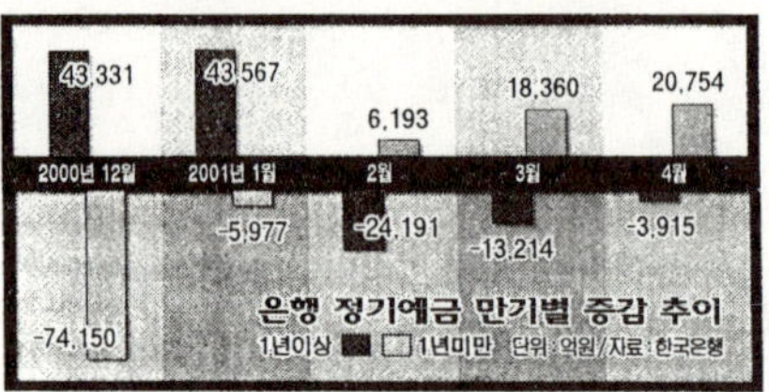

증시자금 관련 지표 (단위:억원)

	외국인 누적순매수	고객 예탁금	종합지수
1월	27,081	87,170	617.91
2월	30,674	81,606	578.10
3월	31,090	76,392	523.22
4월	42,331	86,528	577.36
5월10일	46,384	91,336	581.38
5월21일	49,887	88,129	616.96
5월22일	52,905	90,824	617.99
5월23일	52,969	93,272	622.60
5월24일	52,969	·	622.28

● 주식시장 자금유입

**고객예탁금 연중최고
큰손들 문의 잇따라
외국인도 '바이코리아'**

증권사 지점에도 '큰손'들의 문의가 잇따르고 있다. 음두인 대우증권 압구정 지점장은 "전에 거래했던 고객들로부터 '다시 들어갈 만한 시점이 아니냐'는 전화가 자주 걸려온다"며 "경기회복 조짐이 더 분명해지면 증시로 많은 돈이 몰릴 것"이라고 말했다.

지난해 이후 지속된 투신사의 수익증권 환매도 올 1~2월을 정점으로 급격히 줄었다.

대한투자신탁증권 반포지점 조봉래 지점장은 "4월부터는 신규자금이 조금씩 유입되고 있다"고 말했다.

고객예탁금은 지난 23일 9조3천2백72억원으로 연중 최고를 기록했고

● 부동산시장도 활기

**아파트값 지속적 상승
신규분양 물량도 늘어
곳곳에 '떴다방' 성업**

외국인들은 올들어 5조원어치가 넘는 주식을 순매수하고 있어 '바이코리아'에 대한 기대를 키우고 있다.

◇부동산시장도 꿈틀＝부동산시장에도 돈이 몰리는 조짐이 뚜렷하다.

분양권을 포함해 아파트 값이 오르고 있는 가운데 신규분양 물량도 늘고 있다. 아파트 컨설팅회사인 닥터아파트 관계자는 "통상 2~3월 이사철을 중심으로 분양권 매매가가 오르다가 다시 떨어지는데 올해는 6월이 다 되도록 계속 오르는 분위기"라며 "앞으로 부동산에 돈이 유입되고 값이 오를 것이라는 기대 심리를 반영하는 것"이라고 풀이했다.

국내의 공장설비가 일정하고 고용노동자가 일정하기 때문에 생산량 역시 단기간에는 일정하다고 볼 수 있다. 그런데 정부에서 선거를 치르는 과정이거나 경기가 나쁘다는 이유로 한국은행을 통하여 돈을 풀었다고 가정해보자. 그렇다면 만드는 물건은 똑같은 수량인데 돈이 많아졌다는 이야기이다. 따라서 더 많은 돈을 주고도 동일한 물건을 사려고 할 것이다. 이를 바꾸어 말하면 물건은 똑같은 수량인데 돈이 많아져서 사려는 사람이 많아진 디지몬 게

임기처럼 값을 올려 받게 되는 것이다.

　이것이 바로 물가상승이다. 또한 이러한 물가상승이 지속적으로 나타나는 경우를 인플레이션이라고 한다.

　한편 이러한 물가인상은 돈의 가치 하락이라고 할 수 있다. 즉 이전에는 3만 원이면 살 수 있던 게임기의 값이 5만 원으로 올랐다면 돈의 가치는 이전에 비하여 2/3가 줄어든 것이다. 이처럼 돈의 가치와 물가는 서로 반비례의 관계를 갖고 있다.

　그러나 한편으로는 공장에서 만들어내는 물건은 많은데 국민들이 돈이 없어서 물건을 구매하지 않는다면 결국은 모든 공장들이 문을 닫고 말 것이다. 따라서 시중에 자금이 부족하다면 정부로서는 돈을 풀어서 국민들이 필요한 물건을 사도록 하고 공장이 계속 가동되도록 하여야 할 것이다.

　따라서 돈의 양을 적당하게 통제하는 것은 돈의 가치 보전, 물가상승, 경기유지 면에서 매우 중요하다.

통화량 측정 방법

　돈이 필요 이상으로 많아지면 물가가 오르게 된다. 따라서 적정통화량의 유지는 통화당국에게는 가장 중요한 일 중의 하나이다.

　그렇다면 통화당국은 어떻게 적정한 돈의 양을 유지하는 것일까?

　시중에 유통되는 돈의 총량을 효과적으로 조절하기 위해서는 유통되는 돈의 총량을 파악할 수 있어야 하며, 이 때 돈의 크기를 파악하는 지표를 '통화지표'라고 한다.

　앞에서 잠깐 언급한 바와 같이 돈이 무엇인가에 따라 돈의 규모는 크게 달라진다. 즉 한국은행에서 발행한 지폐와 동전만을 화폐라고 부를 것인가, 아니면 시중은행이 발행한 수표도 화폐라고 부를 것인가 등에 따라 그 규모는 엄청난 차이를 보일 것이다. 따라서 어디까지를 돈으로 파악하느냐에 따라 다양한 통화지표가 가능하며, 이 때 가장 중요하다고 생각되는 통화지표를 '중심통화지표'라 한다. 바로 이 중심통화지표의 크기가 정책당국의 조절

우리나라의 중요 통화지표

　현재 우리나라의 통화지표는 금융상품의 유동성(현금이 필요할 때 원금의 손실 없이 얼마나 신속하게 현금화할 수 있는가) 정도에 따라 M1(통화), M2(총통화), MCT, M3(총유동성)로 나누고 있다.

　M1은 민간이 보유하고 있는 현금과 당좌예금, 보통예금 등 요구불 예금을 포함하는 지표로 주로 화폐의 지불수단으로서의 기능을 중시하는 지표이다.

　M2는 M1에 정기예금, 정기적금 등 저축성 예금을 추가한 지표로 지불수단의 기능과 함께 가치저장 수단으로서의 기능을 포함하고 있다.

　MCT는 M2와 양도성정기예금증서(CD)와 금전신탁을 포함시킨 지표이다.

　M3는 가장 넓은 의미의 통화지표로 M2에 종금사, 투신사, 상호신용금고, 새마을금고 등 비금융기관이 발행하는 금융채, CD, 표지어음, RP, 상업어음 매출 등을 포함시킨 지표이다.

대상이다.

　한편 이들 통화들의 구성 내역은 경제사정의 변화 특히 금융결제수단의 변화에 따라 그 크기가 다르다. 예를 들면, 신용카드를 많이 사용하게 되면 개인들의 현금 비율은 감소한다. 이처럼 경제상황의 변화에 따라 통화량의 구성 내역에 미치는 영향이 다르며 그 결과 통화 구성비 또한 틀려진다.

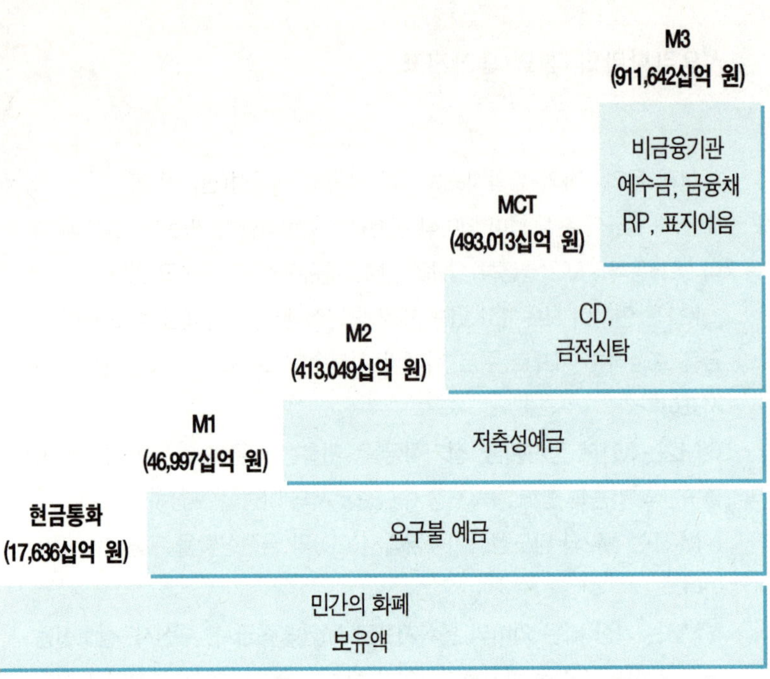

<통화지표별 구성내역(2000년 말 잔액기준)>

[연도별 통화지표별 변동 추이]

(단위 : 십억 원)

구분 \ 연도	1997	1998	1999	2000
본원통화	22,519	20,703	28,486	28,238
M1(통화)	35,036	35,582	44,374	46,997
M2(총통화)	203,531	258,538	329,317	413,048
M3(총유동성)	700,285	787,627	850,827	911,641

한은, 통화량 관리 50년만에 사실상 중단

정부수립 이후 계속해오던 한국은행의 통화량 관리가 50여년만에 사실상 중단됐다.

금융시장이 국제화·자유화되고 구조조정도 활발히 진행되면서 통화량과 물가간의 관계가 지극히 불안정해져 통화량 조절로는 궁극적인 목표인 물가관리를 제대로 할 수 없게 됐기 때문이다.

한국은행은 2001년에는 통화신용정책을 펼 때 그동안 중간목표로 관리하던 총유동성(M_3) 지표를 '감시지표'로만 활용하고 통화정책 운용목표를 단기금리(콜금리)로만 국한하기로 했다고 14일 밝혔다.

'감시지표'란 감시범위를 벗어날 경우 곧바로 정책적으로 대응하는 '중간목표'와 단지 참고만 하는 '정보변수'의 중간 정도에 해당하는 것으로 감시목표를 정해놓기는 하되 이를 근거로 즉각적인 정책을 펴지는 않는다.

한국은행 고위관계자는 "금융환경이 급변하면서 통화지표의 유용성이 저하된 점을 감안해 통화증가율 목표를 감시지표로만 활용하기로 했다"고 말했다.

우리나라는 정부수립 직후 고정금리 시절부터 시중은행의 대출한도 등을 통제하는 방식으로 통화량을 조절해왔으며 1979년부터는 총통화(M_2)를 공식적인 통화관리지표로 삼아 통화신용정책을 펴왔다.

한은 관계자는 "통화량을 중간목표로 삼지 않게 되면서 이제 우리나라는 순수한 물가안정목표제 체제로 들어갔다"면서 "단기금리 조절을 통해 물가를 직접 관리하게 될 것"이라고 밝혔다.

세계일보 2001-01-15

어떤 통화지표가 중심통화지표, 다시 말해서 정부당국의 정책 목표로 사용되기 위해서는 몇 가지 요건을 갖추어야 한다.

통화정책을 시행할 때 지표의 이용은 그 지표가 통화정책의 궁극적 목적인 물가 및 소득과 일정하고 안정된 관계를 가져야 한다.

[일반적인 중심통화지표의 선택기준]

- 개별 통화지표와 최종정책목표 관계의 밀집성 및 안정성
- 통화지표의 외생성의 정도
- 통화당국에 의한 통제가능성
- 통계 편제상의 정확도 및 속보성

따라서 중심통화지표는 최종정책목표와 상관도가 높고 최소의 오차로 예측할 수 있어야 하며 동시에 최종 목표에 일방적으로 영향을 미쳐야 한다. 또한 통화당국이 그 움직임을 신속히 파악할 수 있고, 정책수단을 활용하여 이를 정확하게 규제할 수 있어야 한다.

우리나라에서는 1979~1996년까지는 M2를 중심통화지표로 사용하였고, 1997년부터는 M2와 MCT를 함께 활용하였다.

1997년 12월 외환위기 이후에는 IMF와 협의를 통해 1998년부터 M3를 중심통화지표로 사용하였다. 그러나 금융환경의 급변으로 통화지표의 유용성이 저하된 점을 감안하여 2001년부터 그 동안 중간목표로 관리해온 M3를 감시지표(monitoring range)로 전환하였다.

통화는 어떻게 공급되는가

앞에서 통화량이 경제 흐름을 좌우하고 물가 상승의 중요한 원인이라는 것은 이미 설명했다. 그렇다면 정부로서는 통화량을 얼마로 할 것인가와 통화량을 조절하려면 통화량이 어떻게 공급되는가를 아는 것이 중요하다. 통화량이 어떻게 공급되는가는 정부뿐만 아니라 개인의 경제생활에 있어서도 매우 중요하다.

 한국은행은 어떠한 경우 화폐를 발행할까

통화공급의 일차적 주체는 중앙은행이며, 이차적 주체는 일반통화금융기관이다. 왜냐하면 중앙은행에서 본원통화를 발행하고 일반은행은 이를 매개로 하여 예금통화를 창조하기 때문이다.

본원통화

예금통화 창조의 바탕이 되는 통화로서 중앙은행인 한국은행에서 최초의 본원통화가 공급되는 사유는 크게 네 가지이다.

① 한국은행과 일반은행과의 거래에서 일반은행들이 자금이 부족하여 한국은행으로부터 자금을 빌려 가는 경우

② 한국은행이 일반인으로부터 외화를 사들인 대신 원화를 지급하는 경우이다. 예를 들면, 삼성전자에서 1백억 불을 수출하였다면 외환의 최종 관리자인 한국은행에서 이 외화를 사들이는 대신 삼성전자에 원화를 지급하여야 한다.

③ 정부와의 거래이다. 한국은행은 정부의 국고이다. 따라서 우리가 정부(지방자치단체 제외)에 내는 세금은 모두 한국은행으로 모아지고 정부는 필요한 금액을 국고수표라는 형태로 한국은행에서 인출하여 사용한다. 이 때 통상적으로 우리가 낸 세금과 정부에서 필요로 하는 돈이 일치하지 않는다. 따라서 정부에서 필요한 돈이 세금보다 부족하면 한국은행으로부터 돈을 빌려 쓰게 되고, 세금이 많으면 한국은행에 저축을 하게 된다. 이 때 한국은행으로부터 돈을 빌려 쓰게 되면 통화량은 증가하게 된다.

④ 한국은행의 자산 변동과 관련이 있다. 한국은행은 자본금이 없는 무자본 특수법인으로 필요할 때마다 돈을 발행하여 종업원의 월급도 주고 건물도 지을 수 있다. 물론 한국은행이 일반은행에 돈을 빌려주고 이자를 받는 등의 장사를 하기도 하지만 부족한 돈은 화폐를 발행하여 보충하게 되는 것이다.

일반은행들도 돈을 발행한다 ?

한국은행뿐만 아니라 일반 시중은행들도 화폐를 발행한다. 예를 들면, 여러분들이 흔히 사용하는 자기앞수표는 한국은행이 발행한 돈은 아니지만 일상생활에서 아무런 지장 없이 사용하고 있다. 따라서 자기앞수표도 돈이라고 한다.

그렇다면 일반은행들은 어떠한 과정을 거치면서 통화를 발행하게 되는가.

일반은행의 통화창조는 우리들이 은행에 예금한 돈을 은행이 다른 사람에게 빌려주는 과정에서 나타난다.

예를 들어 설명하겠다. A씨가 가은행에 10만 원을 저축하였다. 이 때 가은행은 고객이 맡긴 10만 원을 현금으로 보유하는 것으로는 예금이자를 지불할 수 없게 된다. 따라서 이 돈을 누군가에게 대출해주게 되는데 10만 원 전액을 대출해주는 것이 아니라 혹시 A씨에게 급한 일이 생겨 예금을 인출하게 될지도 모르기 때문에 일정 금액을 남겨두어야 한다. 이것을 법정지불준비금이라고 한다. 여기서는 20%라고 가정해보자. 그러면 가은행은 10만 원의 20%인 2만 원을 남겨두고 8만 원은 B라는 사람에게 대출을 해준다. 그러면 B라는 사람은 이 돈을 주머니에 가지고 있기보다는 나은행에 저축을 하고 나은행 역시 20%인 1만 6천 원은 남겨두고 6만 4천 원은 C라는 사람에게 대출하여 준다.

이러한 과정이 지속적으로 반복되게 될 것이며, 최초의 A씨의 최초 10만 원 예금은 이러한 과정을 거치면서 50만 원의 통화량으로 증가하게 된다.

이 때 50만 원 = 10만 원 × 1/0.2(지불준비율)로 지불준비율
이 클수록 통화증가율은 작아지게 되는 것을 알 수 있다.

은 행	요구불예금(DD)	지불준비금(R)	대출금(L)
가은행	100,000원	20,000원	80,000원
나은행	80,000원	16,000원	64,000원
다은행	64,000원	12,800원	51,200원
라은행	51,200원	10,240원	40,960원
마은행	40,960원	8,192원	32,768원
·	32,768원	6,554원	26,214원
·	26,214원	5,243원	20,972원
·	·	·	·
·	·	·	·
총은행	500,000원	100,000원	400,000원

 한국은행은 어떻게 통화량을 조절하나

적절한 통화량의 유지가 중요한 것은 앞에서 강조한 바 있다.
따라서 통화정책의 책임기관인 한국은행에서는 다양한 방법을 동
원하여 통화량을 관리하게 된다. 이처럼 통화량 관리를 포함하여
개인들의 금융자산(예금, 주식, 채권, 외환 등)의 변화를 초래하여
정부의 정책목표를 달성하기 위하여 취하는 모든 정책을 금융정
책이라고 한다.

지불준비율 정책

　지불준비율은 수시로 예금 인출을 하는 예금주들의 요구에 응하기 위하여 예금의 일정 비율을 금융기관들이 의무적으로 보유하도록 지정된 비율이다. 따라서 예금의 종류에 따라 약간씩 다르다. 예를 들면, 필요할 때에는 언제든지 인출이 가능한 요구불예금은 지불준비율이 높다. 그렇다면 정기예금은 지불준비율이 0%일까? 그렇지 않다. 왜냐하면 정기예금이라도 필요할 때에는 이자만 포기한다면 언제든지 인출할 수 있기 때문이다. 따라서 중도 해지를 할 수 없는 일부 예금을 제외하고는 모든 예금에 대하여 지불준비율을 보유하도록 하고 있다.

　이처럼 지불준비율은 예금주의 인출 요구에 응하기 위하여 시작된 제도이지만 일반은행들의 통화 창출 과정에서 보았듯이 지불준비율의 변화는 통화량에 커다란 영향을 주게 된다. 즉 지불준비율을 높이면 통화량은 줄어들게 되고, 지불준비율을 낮추면

[예금종류별 법정지불준비금 비율(2001년 6월 현재)]

원화예금	외화예금	지불준비금 비율
근로자 재산형성저축, 근로자장기저축, 근로자주택마련저축, 장기주택마련저축, 가계장기저축, 근로자우대저축	은행개설계정, 대외계정, 해외이주자	1%
정기예금, 정기적금, 상호부금, 주택부금, 양도성예금증서	저축성예금	2%
기타 예금	요구불예금	5%

통화량은 증가하게 된다. 따라서 통화정책 당국(한국은행)에서는 지불준비율의 변동을 중요한 통화정책 수단으로 사용하고 있다.

재할인정책

예금은행이 중앙은행으로부터 차입하는 이자율(중앙은행이자율)의 변경을 통하여 통화량의 변동을 유도하는 정책을 말한다. 일반은행이 고객에게 한 번 할인해준 상업어음을 중앙은행으로부터 다시 할인하는 것을 재할인이라고 하는데, 이 때 일반은행은 고객으로부터 할인한 비용과 이를 다시 한국은행에서 할인하는 경우의 비용 차이를 감안하게 된다. 예를 들면, A은행이 1백만 원짜리 어음을 연 12% 할인하는 경우 만기가 한 달 전이라면 1만 원을 할인한 99만 원을 지급하게 된다. 그러나 A은행이 자금이 부족하여 이를 다시 한국은행에 할인할 때 한국은행에서는 재할인율을 24%로 하여 98만 원만 지급한다면 A은행은 1만 원을 손해보게 된다. 따라서 A은행은 한국은행에서 재할인을 하지 않을 것이며 그 결과 한국은행으로부터 일반은행으로의 자금공급이 줄어들어 시중의 통화량은 감소하게 된다. 즉 재할인율을 인상하면 시중 통화량은 감소하며, 재할인율을 낮추면 통화량은 증가한다.

이처럼 중앙은행이 재할인율을 변경하겠다는 공고 자체가 금융시장 참여자들의 기대에 영향을 미쳐 통화량에 변동을 초래하는 현상을 공고효과(announcement effect)라고 한다.

공개시장조작

중앙은행이 공개된 시장, 즉 채권시장에서 유가증권(주로 국공

"공개시장조작 통해 자금편중 해소"

〈윤형식〉한국은행()은 내년부터 실시되는 예금부분 보장제로 인한 금융기관별 자금이동이 심할 경우 공개시장조작 등을 통해 자금편중 현상을 해소키로 했다.

또 일시적으로 유동성을 겪는 은행에 대해서는 유동성조절 대출제도 를 통해 자금을 지원하고 필요시 유동성조절 대출한도도 현재 2조원에 서 상향조정한다.

전철환 한국은행 총재는 23일 대전 유성호텔에서 열린 '대전산업대학 교 최고경영자과정 초청 특강'에서 물가 안정 목표를 훼손하지 않는 범위에서 기업 및 금융구조조정 과정에서 나타나는 금융불안에 적극 대처하겠다고 밝혔다.

전 총재는 특히 "내년부터 예금부분보장제, 2단계 외환자유화 등 금융시장에 영향을 미칠 정책이 시행되는만큼 금융시장의 유동성이 부족 하지 않게 통화를 신축적으로 공급하겠다"고 강조했다.

예금부분보장제 실시와 관련, 금융권별 금융기관별 자금이동 상황도 면밀히 모니터링하는 시스템을 구축하게 된다.

전 총재는 또 기업대출 확대를 위해 가계대출보다 기업대출을 더 많이 늘리는 은행이 우대받 을 수 있도록 총액한도 대출 배정제도를 개선, 중소기업 대출 확대를 유도 하겠다고 설명했다.

이와 함께 지방경제 활성화를 위해 한국은행 지점이 지역경제 사정에 맞게 운영하고 있는 총액한도 자금규모(현재 2조1000억원)를 2조6000 억원으로 확대한다고 밝혔다.

매일경제 2000-11-23

채)을 매입하거나 매도함으로써 통화량에 변화를 초래하고자 하는 정책을 말한다. 따라서 한국은행이 시중에 통화량이 부족하다고 판단되어 유가증권을 사들이면 한국은행이 보유한 유가증권은 증가하겠지만 한국은행이 유가증권을 사들이는 데 지불한 돈, 즉 통화는 시중으로 유출되어 시중 통화량은 증가하게 된다. 반대로 유가증권을 팔면 반대현상이 나타나서 시중 통화량은 감소하게 될 것이다.

그러나 공개시장조작이라는 정책은 채권시장이 충분히 발달한 선진국에서만 가능하다. 그래서 과거 우리나라에서는 통화안정증권을 발행하여 강제로 은행 등 금융기관에 할당하는 방식으로 통화량을 조절하였다. 하지만 최근에는 기업의 신용등급하락으로 국공채의 선호도가 높아짐에 따라 공개시장조작이 훌륭한 통화량 조절 수단으로 사용되고 있다.

제2금융권에는 어떤 것들이 있나

통상 금융기관을 구분할 때 은행과 제2금융권으로 구분한다. 그러나 제2금융권이라는 용어는 은행을 전형적인 금융기관으로 보는 관점에서 그 밖의 보험회사, 신탁회사, 증권회사, 종합금융회사 등을 통틀어 가리키는 말이다.

그러나 좀더 정확하게 금융기관을 구분하면 IMF 분류기준에 의거하여 통화창출이 가능한 통화금융기관과 통화창출이 불가능한 비통화금융기관으로 나누어진다.

통화금융기관은 화폐발행을 통해 통화의 원천적 공급과 조절을 담당하는 한국은행과 예금통화의 창출 기능을 가지고 있는 예금은행으로 구분하고, 비통화금융기관은 각 기관의 업무특성에 따라 개발기관, 투자기관, 저축기관 및 보험기관으로 나눌 수 있다.

이 밖에 통화금융기관이나 비통화금융기관에 포함되지는 않지만 넓은 의미에서 금융시장의 기능인 금융중개기능을 수행하거나 금융기관과 관련성이 높은 업무를 담당하고 있는 증권 관련기

금융계 戰國시대 온다

■ 금융2차구조개혁 방안

올 하반기 금융계에 메가톤급 '빅뱅'이 예고되고 있다. 정부가 12일 금융발전심의회에서 정한 규제완화 방안은 금융산업의 국제경쟁력 강화를 겨냥한 2차 구조개혁 방향이다.

우리금융지주회사 출범과 국민·주택은행 합병 등이 외형적인 구조조정이었다면 2차 구조개혁은 질적인 변화를 모색하고 있다. 이런 구도대로라면 금융계에는 또다시 지각변동이 불가피해진다. 2차 구조개혁의 핵심은 업무영역 규제완화, 은행 소유제한 완화, 증권사의 투자은행 육성 등이다.

● 업무영역 허문다 정부는 칸막이가 쳐져있는 은행, 증권, 보험업의 업무영역을 허물어 3개 업무를 동시에 떠맡도록 한다는 구상이다. 정부 관계자는 "업무영역이 명확하게 구분돼 금융서비스가 유기적으로 연결되지 못해 고객 수요에 맞는 상품개발에 한계가 있다"고 지적했다.

그러나 업무영역을 허물면 금융기관의 경쟁이 극심해져 금융기관이 도산될 수 있다는 문제점이 있다.

● 은행소유한도 완화 은행 책임경영을 위해 소유구조를 완화한다는 원칙을 정했다. 문제는 산업자본이 은행을 직접 지배·경영을 막는 방안이다.

은행권에서 투신·뮤추얼펀드 등의 자산운용사업에 진출하는 추세를 감안해

은행·증권·보험업무 영역 철폐
소유한도 완화… 지각변동 예고

자산운용사업을 종합적으로 관리하는 법규체계도 중장기적으로 추진된다.

● 증권사의 투자은행화 외국계 투자은행이 하이닉스를 비롯한 국내기업의 재무자문업무를 독식하고 있는 실정이다. 우리나라 대규모 부동산의 대부분을 외국자본들이 사들이고 있다.

재정경제부 관계자는 "우리나라 은행은 예대업무, 증권사는 주식매매 중개업무에 매달려 선진금융기법이나 전문인력을 양성하지 못했다"고 지적했다.

투자은행 업무가 국내 금융기관의 사각지대라는 것이다. 정부가 유동자금을 조직화해서 자금을 만든 뒤 국내시장을 대상으로 한 투자은행을 육성하겠다는 까닭도 여기에 있다. 증권사가 미국의 투자은행같이 자문업무, 인수·합병(M&A) 업무, 부동산 매각업무 등을 다양하게 맡도록 하는 방안이 검토중이다.

● 주식금융 활성화 정부는 기존의 지수펀드보다 유동성이 큰 새로운 상품인 상장지수펀드(ETF)를 다음달까지 만든다는 계획이다. 관계자는 "ETF는 지수펀드를 증시에 상장해 주식처럼 시장에서 사고팔아 자금회수가 쉽도록 하는 상품"이라고 말했다.

☞ 박정현기자 jhpark@kdaily.com

관, 신용보증기관 등이 있다.

금융기관은 취급하는 금융서비스의 성격에 따라 은행, 은행예금과 유사한 금융상품을 취급하는 비은행예금취급기관, 보험회사, 증권회사, 기타 금융기관으로 구분하기도 한다.

은　행

은행법에 의해 설립된 일반은행과 각각의 특수은행법에 의해 설립된 특수은행이 있다.

일반은행

1 전국에 점포망을 설치·운용하고 있는 시중은행과 해당

지역과 서울시, 인접 광역시에 점포를 설치·운용하고 있는 지방
은행, 외국은행 국내지점으로 구성되어 있다.

② 방대한 점포망과 조직을 갖추고 가계, 기업 등으로부터 예
금 등의 형태로 획득한 자금을 재원으로 기업 등 자금수요자에게
단기대출을 공여하는 상업 금융업무가 주업무이나 설비자금공급
등을 위한 장기금융업무, 내국환 및 외국환 등 환업무, 지급보증
업무, 유가증권 투자업무 등의 업무도 취급하고 있다.

③ 국고대리업무, 보호예수 등 은행업에 관련된 부수 업무와
신탁업무·신용카드 업무 및 환매조건부 국공채매출업무 등의 업
무를 겸영하고 있다.

특수은행

① 일반은행이 재원, 채산성의 제약으로 필요한 자금을 충분
히 공급하지 못하는 국민경제의 특수부문에 대한 자금공급을 담
당하기 위하여 특별법에 의해 설립된 은행이다.

② 필요 재원은 주로 자기자본, 정부 및 해외 차입금, 채권발
행에 의하여 조달하며 예금에 의한 자금조달도 허용된다.

③ 중요산업 및 기술개발을 위한 장기시설자금을 공급하는
한국산업은행, 수출입금융을 전문적으로 공급하는 한국수출입은
행, 중소기업금융 전문은행인 중소기업은행이 있다.

④ 농업협동조합중앙회의 신용사업부문, 수산업협동조합중
앙회 및 회원조합의 신용사업부문도 특수은행에 포함된다.

한편 일반은행과 특수은행은 별도의 인가를 받아 신탁업무를
겸영하고 있다.

비은행예금취급기관(non-bank depositary institution)

종합금융회사, 투자신탁회사, 상호신용금고, 신용협동기구 및 우체국예금이 있다.

종합금융회사

증권중개업무와 보험업무를 제외한 장·단기금융, 투자신탁, 시설대여업무 등 국내 금융기관이 영위하는 거의 모든 금융업을 영위한다. 투자신탁회사는 일반투자자로부터 조달한 자금을 주식, 채권 등 유가증권에 투자하여 운용수익을 배당하는 것을 주업무로 하고 있다.

상호신용금고

지역 주민, 소규모기업을 대상으로 하는 여·수신 업무를 전문화하고 있다.

신용협동기구

조합원에 대한 여·수신을 통한 조합원 상호간의 상부상조를 목적으로 운영되고 있는데 신용협동조합, 새마을금고, 농·수·축협 단위조합의 상호금융이 있다.

우체국예금

전국의 우체국에서 취급하고 있는 공영금융기관이다.

보험회사

다수의 보험계약자를 상대로 보험료를 받아 이를 대출, 유가증권, 부동산 등에 투자하여 보험계약자의 노후, 사망, 질병, 사고 시 보험금을 지급하는 업무를 영위하며, 생명보험회사와 손해보험회사 및 우체국보험이 있다. 그러나 보험회사 가운데 금융기관으로의 분류는 저축성격이 강한 업무를 주로 취급하는 생명보험회사만 대상이 된다.

증권회사

자본시장에서 주식, 채권 등 유가증권의 발행을 주선하고 발행된 유가증권의 매매를 중개하는 것을 주요 업무로 하고 있다.

그 밖에 금융시장에서 금융거래를 중개하는 기타 금융기관으로는 여신전문금융회사, 증권금융회사, 증권투자회사, 선물회사, 자금중개회사, 투자자문회사, 유동화전문기관 등이 있다.

금융기관의 범주에는 들지 않지만 금융기관과 금융거래에 밀접하게 관련된 서비스를 제공하는 금융중개 보조기관으로 신용보증기관, 신용평가회사, 예금보험공사, 한국자산관리공사(구 성업공사), 한국수출보험공사, 금융결제원, 한국증권거래소, 선물거래소가 있다.

[우리나라 금융기관 현황(1999년 9월 말 현재)]

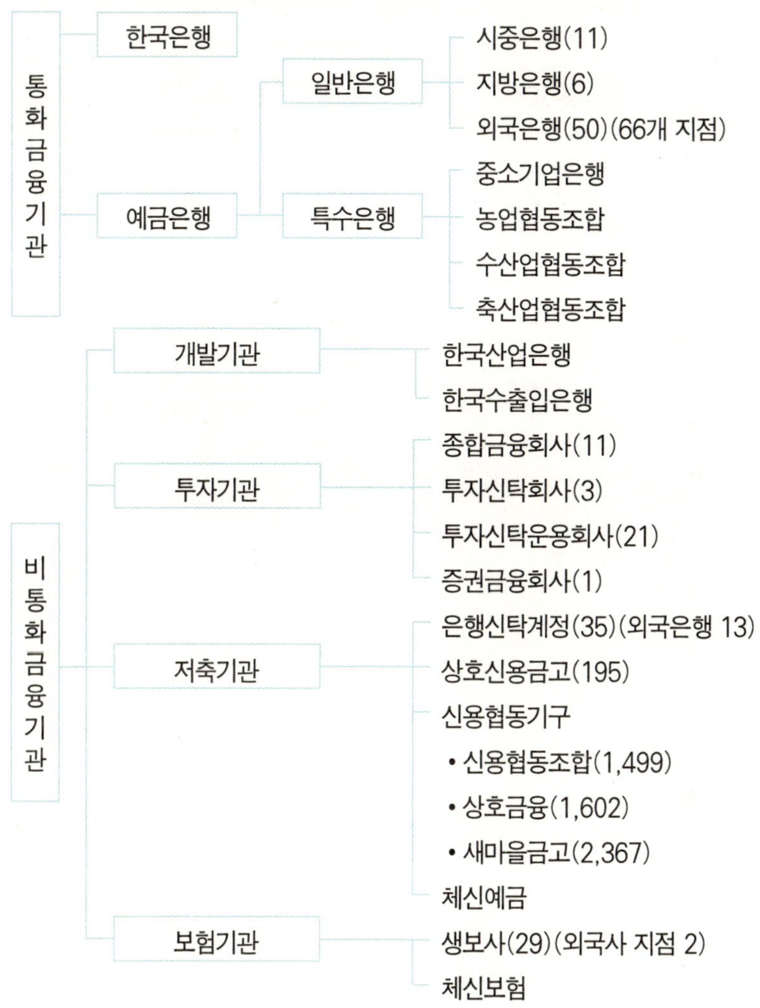

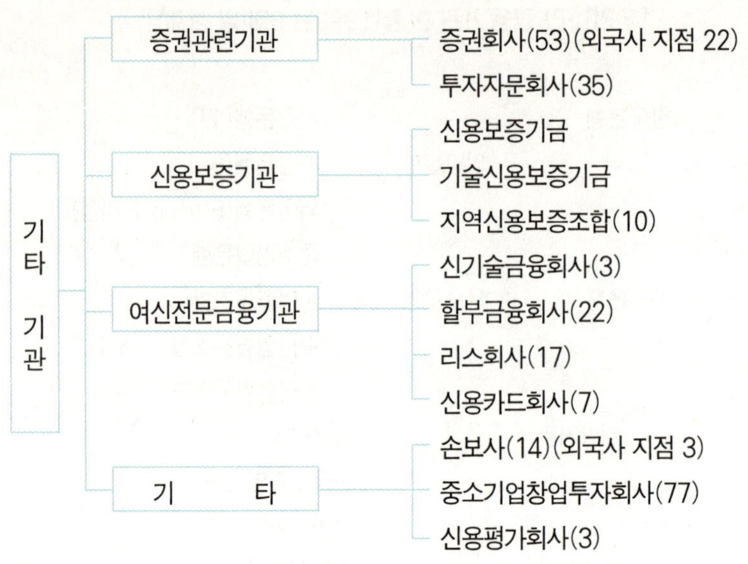
기타 기관
증권관련기관
증권회사(53)(외국사 지점 22)
투자자문회사(35)
신용보증기관
신용보증기금
기술신용보증기금
지역신용보증조합(10)
여신전문금융기관
신기술금융회사(3)
할부금융회사(22)
리스회사(17)
신용카드회사(7)
기   타
손보사(14)(외국사 지점 3)
중소기업창업투자회사(77)
신용평가회사(3)

국민생활과 물가

- 경제생활에서의 물가
- 인플레이션
- 스태그플레이션
- 경기지수

경제생활에서의 물가

 ## 물가란 무엇인가

　시장에서 거래되는 모든 재화와 용역의 가격은 경제생활에서 차지하는 중요도에 따라 가중 평균한 종합적인 가격 수준이라고 할 수 있다.

　우리는 일상생활을 영위하는 과정에서 다양한 물품을 구입하고 있다. 이 때 우리가 구입하는 상품의 가격은 시장에서 그 상품에 대한 수요와 공급의 크기에 의하여 결정된다. 그러나 그 가격의 크기와 변화율은 소비자들이 구매할 때와 생산자와 도매상 및 소매상 사이에 거래되는 가격이 다를 뿐만 아니라 어떤 상품은 거의 매일 구매하는데 반하여 평생 한 번도 구입하지 않는 상품도 있다. 예를 들면, 거의 모든 가정에서 매일 신문을 구독하거나 우유를 먹는다. 그러나 자동차를 사는 경우는 최소 5년 이상이고 TV나 냉장고처럼 평생 한두 번 구입으로 그치는 상품도 있다.

따라서 결혼을 앞둔 성년들은 가전제품의 가격에 큰 관심을 갖게 되지만 우유의 가격에는 관심이 없다. 그러나 어린이가 있는 가정에서는 가전제품의 가격변화에는 관심이 없다. 단지 우유가격의 변화가 관심사이다. 이처럼 구성원 사이에는 경제생활에서 차지하는 상품의 비중이 서로 다르다. 또한 이들 상품의 가격이 동일한 방향으로 움직이지 않는 경우도 허다하다. 대체적으로 과학 기술의 발달에 따라 전자제품 등 공산품의 가격 변화는 심하지 않지만 농산품 등은 계절에 따라 또는 작황에 따라 가격 변화가 심하다. 또한 석유류 제품 같은 일부 제품은 환율과 수입가격의 변화에 따라 가격의 변화가 극심하다.

이처럼 구성원 개인에 따라 상품에 대한 가중치가 서로 다르고, 상품에 따라 가격 변동 방향이 서로 달라 모든 상품의 가격변화를 발표한다는 것은 별 의미가 없다.

따라서 상품 하나 하나의 가격을 발표하는 데 따른 혼란을 제거하고 모든 상품의 전반적인 가격수준이나 그 움직임을 알기 위해 만들어낸 것이 물가이다.

즉 물가란 여러 가지 상품들의 가격을 한데 묶어 이들의 종합적인 움직임을 알 수 있도록 한 것으로 여러 가지 상품들의 평균적인 가격수준을 나타낸다고 할 수 있다.

 물가지수

물가의 움직임을 누구나 쉽게 알 수 있도록 숫자로 작성하여

공표하는 것이 물가지수이다. 즉 2000년 소비자물가지수가 121.5라고 하면 평균적인 물가가 기준년도인 1995년에 비하여 21.5% 올랐음을 나타내는 것이다.

물가지수가 종합적인 상품의 가격움직임을 나타내는 지수라고 하였으나 가격을 조사하는 데는 많은 비용과 어려움이 따르므로 거래금액이 큰 주요 품목만을 선정하여 물가지수를 산정한다.

우리나라에서 발표하는 물가지수는 크게 두 가지이다.

국내 시장의 제1차 거래 단계에서 기업상호간에 거래되는 모든 재화의 평균적인 가격변동을 측정하기 위해 작성되는 생산자 물가지수(PPI : Producer Price Index)와 가계의 소비생활에 필요한 상품의 가격변동을 측정하기 위해 작성하는 소비자 물가지수(CPI : Consumer Price Index)이다.

PPI는 한국은행에서 작성하며, 도매물가지수라고 할 수 있다. 즉 대량거래가 이루어지는 상품 949개 품목을 대상으로 국내 생산품은 생산자 판매가격을, 수입품은 수입업자 판매가격으로 물가의 움직임을 파악한다.

CPI는 통계청에서 작성하여 발표하는데, 우리가 실제 물품을 구입할 때 적용되는 소매가격이 측정 대상이다. 조사 지역은 서울을 비롯한 36개 도시에서 약 12,000개 소매점 및 7,400개 셋집(방)에서 도시가계조사 결과에 의거해 총소비지출상의 중요도와 가격변동의 대표성을 고려하여 선정한 509개 품목을 가격변동이 심한 농·수·축산물은 월 3회, 공산품과 서비스품목은 월 1회 조사하여 각 상품의 가격지수와 가중치를 곱하여 합산한 수치를 가중치의 합으로 나누어 계산한다. 이러한 물가지수 산정방법을 '라이파

이레스식'이라 한다.

[계산 방식 사례]

(단위 : 원)

품 목	기준년도①	비교년도②	가격지수③= ②/①×100	가중치④	물가지수 ③×④
옷	100,000	125,000	125	0.2	25
쌀	90,000	99,000	110	0.5	55
전화기	30,000	40,000	133	0.3	40
				1.0	120

즉 위의 예에서 각 상품의 가격지수와 가중치를 곱하여 합산한 수치를 가중치의 합(1.0)으로 나누면 물가지수(120)가 된다.

한편 생산자물가지수와 소비자물가지수 변동은 거의 유사하지만 반드시 일치하지는 않는다.

물가지수는 이용목적에 따라 여러 가지 형태로 작성되는데, 위에서 살펴본 생산자물가지수와 소비자물가지수 외에도 일상생활에서 소비자들이 자주 구입하는 생필품을 대상으로 작성된 소비자물가지수의 보조지표로서 생활물가지수(CPI for living necessaries : 쌀, 배추, 쇠고기 등 소비자들의 구입빈도가 많은 154개 생필품을 대상으로 작성)와 수출입물가지수(Export and import price index : 수출입 상품의 가격변동을 파악하고 그 가격변동이 국내 물가

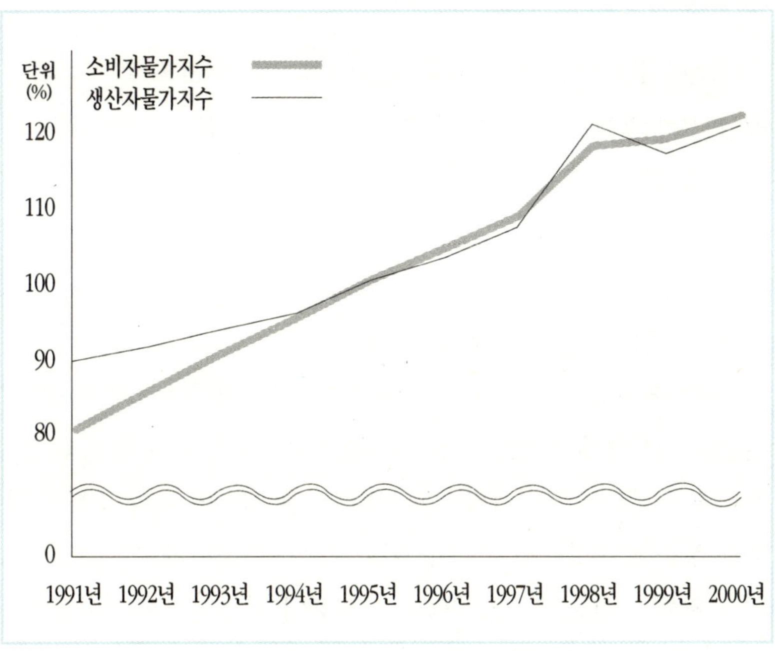

에 미치는 영향을 사전에 측정하기 위하여 작성) 등이 있다.

생활물가지수는 소비자들이 체감하는 물가지수로 유용하고, 수출입물가지수는 수출입 관련업체들의 수출채산성 변동 및 수입 원가부담 등을 파악하는 한편 수출입물가지수의 상호비교를 통하여 가격측면에서의 교역조건을 측정하는 데에 이용된다.

 지수물가와 피부로 느끼는 장바구니 체감물가의 차이

소비자물가지수가 발표될 때마다 주부들이 하는 말은 엉터리라는 것이다. 즉 주부들이 실제로 느끼는 생선값 및 과일값은 배 이상 올랐는데도 소비자물가지수는 1.5% 내외, 심지어는 떨어졌다고 발표되기도 하므로 그럴 만도 하다. 그러나 이것은 물가지수 작성이 엉터리가 아니라 통계를 작성하는 과정에서 나타난 통계지수와 체감지수간의 괴리 때문이다.

물가지수를 정확하게 작성하려면 모든 상품에 대하여 가격변동을 조사해야 하지만 작성상의 번거로움 때문에 주요 품목 509개만을 대상으로 조사하기 때문이다. 또한 개인에 따라 주로 구입하는 상품의 가격변동 방향이 서로 다르기 때문이다. 앞에서 지적한 것처럼 공산품의 가격변동은 식료품에 비하여 안정적이고, 기술발전으로 가격이 하락하는 경우가 많다. 따라서 공산품의 가격

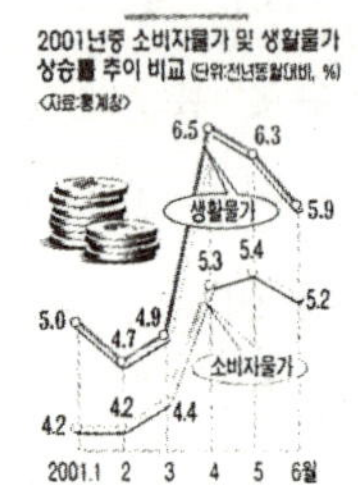

생필품값 '껑충' 체감물가 높다

1년새 5.9% 올라… 소비자물가 5.2% 상승

서민들이 피부로 느끼는 체감물가가 지표물가인 소비자물가보다 훨씬 높은 것으로 나타났다.

6일 통계청 자료를 보면, 채소·과일·라면·상하수도료·휘발유·전기료 등 생활에 꼭 필요한 154개 품목만을 추려 조사한 생활물가의 6월 중 상승률은 전년 동월 대비 5.9%로, 소비자물가상승률 5.2%보다 높은 것으로 나타났다.

또 지난 95년 물가를 100으로 봤을 때 6월 중 소비자물가지수는 126.9인 반면, 생활물가지수는 138.9로 나타났다. 이는 지난 5년반 동안 소비자물가는 27% 가량 오른 데 비해 생활물가는 39% 정도 올랐다는 것을 의미한다. 특히 집세는 6월 중 지수가 107.0에 그친 반면, 공공요금은 147.2로 나타나 공공요금 인상이 가계에 큰 압박이 됐음을 보여줬다.

이와 함께 배추·파·돼지고기 등 한 달에 한번 이상 구입하는 58개 품목을 따로 떼어낸 구입빈도별 조사에서도 6월 중 지수가 145.8로, 매우 높게 나타났다.

이런 결과는 서민생활에 밀접한 기본 생필품 가격이 집중적으로 올랐음을 의미하는 것으로, 금리 인하 등 올 하반기의 각종 물가상승 요인과 관련해 크게 우려된다.

실제로 생활물가 조사대상 품목 가운데 시내버스료·도시가스·상하수도료·돼지고기·휘발유 등 101개 품목이 전년 동월 기준으로 6월 중 값이 올랐으며, 값이 떨어진 품목은 시외전화료·비디오테이프대여료 등 45개에 그쳤다.

한편 도시별로는 울산의 전년 동월비 생활물가 상승률이 6.9%로, 소비자물가 상승률 5.5%보다 1.4%포인트 높게 나타났다. 부산도 생활물가(6.4%)와 소비자물가(5.3%) 상승률의 차이가 1.1%포인트였다.

여현호 기자 yeopo@hani.co.kr

이 반영된 물가지수는 식료품을 주로 접하는 주부들이 느끼는 물가지수와는 다르게 나타날 수 있다. 그러므로 이런 경우에는 소비자들의 구입빈도가 많은 154개 생필품을 대상으로 작성하는 생활물가지수가 좀더 장바구니 물가에 가깝다고 할 수 있다.

 물가의 변동 요인

물가는 항상 일정한 수준에 머물러 있는 것이 아니라 수시로 오르거나 내려간다.

그렇다면 물가가 변하는 이유 특히 오르기만 하고 내려가지 않는 이유는 무엇일까?

물가는 기본적으로 상품에 대한 수요와 공급의 크기에 의하여 결정된다. 즉 사려는 사람이 팔려는 사람에 비하여 많다면 물건의 가격은 올라간다. 반대로 물건을 팔려는 사람이 사려는 사람에 비하여 많다면 가격은 내려간다.

최근 정부에서는 금리 인하 문제로 심각하게 고민하고 있다. 왜냐하면 금리를 인하할 경우 물가가 오르게 될 우려가 있기 때문이다. 지급준비금이나 재할인금리를 내리면 시중의 돈이 증가하게 되는 것은 이미 앞에서 설명했다.

임금상승이 물가 오름세에 가장 큰 영향

임금 상승이 물가 오름세에 가장 큰 영향을 미치는 요인으로 분석됐다.

한국은행이 1998년의 산업간 상호의존관계(산업연관표)를 이용해 물가에 미치는 파급효과를 분석해 발표한 자료에 따르면 전 산업에 걸쳐 임금이 10% 변동하면 소비자물가는 3.1% 움직이는 것으로 나타났다.

또 임금이 물가에 미치는 영향은 외환위기 이후 구조조정이 이뤄지면서 약해졌다. 1995년에는 임금이 10% 오르면 소비자물가가 3.4% 올랐는데 1998년에는 3.1%로 영향력이 떨어졌다.

중앙일보 2001-07-04

이처럼 어떠한 요인에 의하여 통화량이 증가하거나 정부에서 지출을 늘려 수요가 증가하면 물가는 오르게 된다.

이것을 그림으로 나타내면 다음과 같다.

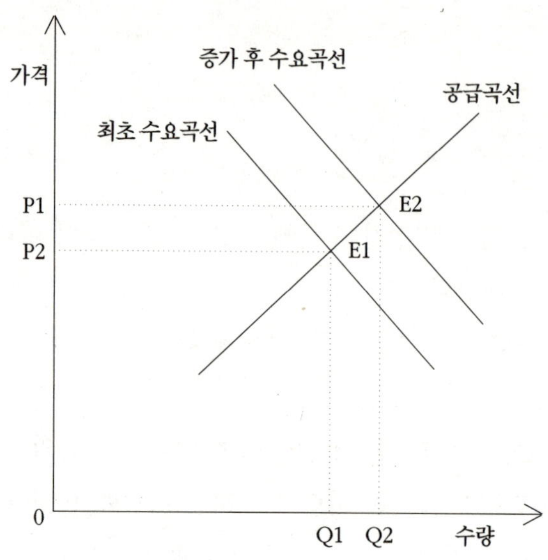

위의 그림에서 최초 수요곡선과 공급곡선이 만나는 E1에서 수요와 공급이 일치하게 되고, 이 때 가격은 P1이 된다. 이 때 수요가 증가하여 수요곡선이 증가 후 수요곡선으로 이동한다면 수요와 공급이 만나게 되는 E1에서 균형을 이루고 이에 따라 가격이 P1으로 증가하게 된다.

그러나 상품의 가격은 반드시 상품의 수요와 공급에 의해서만 결정되는 것은 아니다. 물건을 만드는 원재료의 가격이 상승하면 상품의 가격은 올라간다. 예를 들면, 원유도입가격이 올라가면

석유나 휘발유 가격이 올라가는 경우이다. 또한 임금 상승이 물건 값 인상으로 이어지는 경우도 있다. 즉 노동자의 생산성을 초과하는 임금인상은 가격인상으로 이어지게 되는 것이다. 그래서 우리는 과도한 임금인상을 경계하는 것이다.

또 공급자가 독점공급자일 때 이윤을 올리기 위하여 가격을 올리는 경우도 있다.

그러나 이러한 것들은 가격이 한 번 오르면 내리는 것을 거부한다. 이것을 우리는 '하방경직성'이라고 한다.

인플레이션

 인플레이션(inflation)이란 무엇인가

인플레이션은 '일반물가수준이 지속적으로 상승하는 현상' 을 말한다. 따라서 국민경제 전체적인 수요 및 공급의 변화와 상관 없는 개별 상품의 가격 상승은 인플레이션이라 하지 않는다.

한편 인플레이션은 위의 정의대로 일반물가수준의 변동을 나타내기 때문에 실제적으로는 물가지수가 상승하는 것으로 나타나게 된다.

우리는 일반적으로 인플레이션을 나쁜 것으로 인식하고 있다. 그러나 인플레이션이 반드시 나쁜 것만은 아니다. 예를 들면, 연간 3% 정도의 완만한 인플레이션은 지속적인 수요를 창출하여 경제성장에 도움이 된다. 또한 개인적으로도 실물자산(부동산이나 공장 등)을 많이 가진 사람들은 인플레이션이 경제적 이익을 가져올 수도 있다.

한국 인플레이션 올해 2.3%, 내년 2.6% 전망

그러나 우리가 일반적으로 인플레이션을 나쁘다고 하는 이유는 다음과 같다.

◉ 자산의 재분배 효과이다. 인플레이션이 나타나면 실물자산의 가치는 변함없지만 화폐자산은 명목가치가 고정되어 있어 실질가치가 하락하는 결과를 가져온다. 그런데 일반적으로 실물자산을 가진 자들은 우리 사회의 가진 자들에 속하고, 명목자산을 가진 자들은 못가진 자들에 속하게 된다. 결국 가진 자는 유리하고 못가진 자는 불리하게 된다. 특히 현금과 국공채는 민간의 금융자산이고 정부의 부채이다. 이 때 인플레이션이 일어나면 명목자산인 현금과 국공채의 가치는 하락하게 된다. 결국 정부의 부채는 감소하고 개인의 자산도 감소하게 된다. 따라서 인플레이션은 민간의 부를 정부로 이전시키는 결과를 초래하게 되며 이를 '인플레이션 Tax' 라고 부른다.

◉ 소득의 재분배 효과이다. 정액소득자는 명목임금에는 변화가 없다. 따라서 실질소득은 줄어들게 된다. 이 때 금리생활자, 연금생활자, 공무원 등 인플레이션으로부터 실질소득을 방어할 능력이 없는 소득집단은 실질 가치의 손실을 떠안게 되지만 노동

자의 임금인상, 제품가격 인상으로 인플레이션으로부터 실질소득을 방어할 수 있어 소득이 재분배된다는 것이다. 물론 소득의 재분배 자체를 나쁘다고 할 수는 없지만 소득의 재분배가 정상적인 경제활동의 결과물이 아닌 외부 요인에 의하여 이루어진다는 것이 문제가 된다.

● 수출입에 미치는 영향이다. 인플레이션이 발생하면 수출이 감소하고 수입이 증가하여 결국 국제수지에 악영향을 끼치게 된다.

● 경제성장의 저해요인으로 작용한다. 즉 인플레이션이 심화되면 국민들이 저축을 꺼리게 된다. 저축은 명목자산이다. 따라서 인플레이션이 발생하면 실질 금리가 떨어져 저축이 감소한다. 그리고 저축의 감소는 투자 재원 부족으로 이어져 경제성장의 저해요인으로 작용하게 된다.

● 금융기관의 발전을 저해한다. 저축이 감소하면 금융기관들이 설 자리를 잃게 되고, 이것은 결국 경제의 한 축인 금융부문의 부실로 이어져 전체 경제의 장해요인으로 작용하게 된다. 그래서 우리는 인플레이션을 경계하는 것이다.

 인플레이션 예방법

인플레이션의 발생 원인이 ① 수요의 증가 ② 공급측 요인, 즉 상품의 원가 상승 때문이라는 것도 이미 알고 있다.

그러므로 이러한 요인을 제거한다면 인플레이션은 어느 정도

막을 수 있을 것이다.

따라서 수요측 요인, 즉 수요가 증가하는 것을 막기 위하여 정부에서는 통화량을 조절한다. 한국은행의 중요한 기능은 바로 적정 통화량을 유지하여 물가를 안정시키는 것이다. 그래서 경기를 부양하기 위하여 통화량을 늘리려는 재정경제부와 물가를 안정시키려는 한국은행 사이에 가끔 정책 갈등이 생기기도 한다.

공급측 요인, 즉 상품의 생산원가 상승을 막으려는 정부의 노력을 '소득정책'이라고 하는데, 정부에서 매년 '임금가이드라인'을 발표하는 것이 대표적인 소득정책이다.

매년 임금 협상에 앞서 정부에서는 전년도 물가상승률과 노동생산성 향상을 반영한 적정 임금인상률을 발표하고 기업들이 자율적으로 이 범위 안에서 임금인상률을 결정하도록 유도하여 임금 인상에 의한 물가상승 압력을 제거하려는 정책이다.

이 외에도 정부에서는 생산원가 상승을 막기 위하여 공공요금의 인상을 억제하거나 물가파급효과가 큰 상품에 대하여 정부지원 등을 통하여 가격 인상을 억제함으로써 이들의 가격 인상이 인플레이션으로 이어지는 것을 막기도 한다.

경총 "올 적정임금인상률 4%

경영계는 올해 적정임금 인상률을 4%선에서 결정할 방침이다.

이는 지난해의 5.4%보다 1%포인트 이상 낮은 것이다.

한국경영자총협회의 한 관계자는 21일 "올해 GDP성장률이 지난해에 못 미칠 것으로 예상되고 실업률도 높아지는 등 경제여건이 좋지 않은데다 노동계도 지난해에 비해 1.2~2.5%포인트 정도 협상 가이드라인을 낮췄다"며 "올해는 이보다 더 낮은 선에서 결정될 가능성이 높다"고 말했다.

경총은 22일 오전 서울 조선호텔에서 회장단회의를 열고 이 같은 가이드라인을 확정, 발표할 예정이다.

경총 관계자는 "지난해는 경기가 회복되는 상황인데다 IMF 이후 고통분담에 참여했던 근로자들의 요구를 수용해야 하는 상황이었지만 올해는 환경이 급속히 바뀌었다"며 '하향 조정'의 배경을 설명했다.

경총의 임금인상률은 올해 실질 GDP성장률에 GDP디플레이터 증가율을 더한 후 취업자 증가율을 빼는 방식으로 결정된 것이다.

이는 물가와 노동생산성을 감안한 것이지만 각 경제연구기관마다 전망이 엇갈려 정확한 수치를 추정하기는 어렵다.

한편 한국노총은 임금 가이드라인을 지난해의 13.2%에서 12.0%로 낮췄으며 민주노총은 13.2~17.2%에서 10.7~14.7%로 하향 조정했다.

서울경제 2001-02-21

스태그플레이션

　스태그플레이션이란 '불황 속에서도 물가가 오르는 현상'을 말한다. 일반적으로 인플레이션하에서는 물가는 오르지만 실업률은 크게 증가하지 않는다. 그러나 스태그플레이션하에서는 물가도 오르고 실업률도 증가하여 서민경제를 위협한다.

　그렇다면 스태그플레이션이 나타나게 되는 요인은 무엇일까?

　인플레이션이 나타나게 되는 가장 큰 요인은 공급은 일정한데 정부에서 통화량을 증가시키거나 정부의 지출이 증가하여 수요가 증가함으로써 물가가 일반적으로 상승하기 때문이다. 즉 수요의 증가가 가장 큰 요인이라는 것이다.

　스태그플레이션은 이와 정반대 현상이다.

　스태그플레이션이 발생하는 요인은 공급이 감소하기 때문이다. 즉 다음의 그림처럼 최초 수요와 공급이 만나는 E1에서 균형

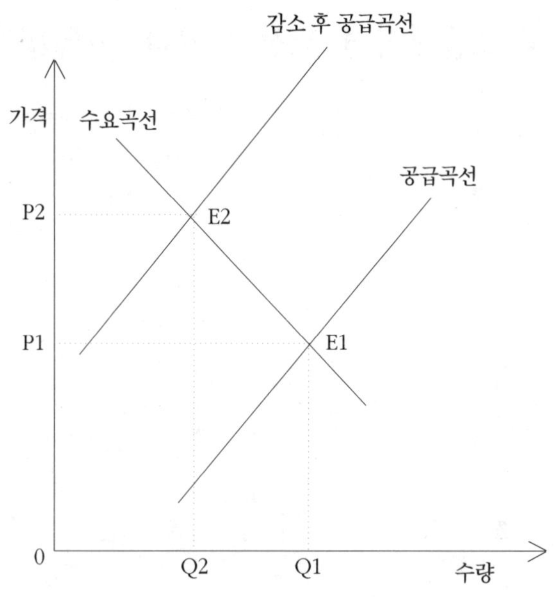

을 이루면서 가격은 P1이었다. 이 때 공급이 감소하여 공급곡선이
감소 후 공급곡선으로 바뀌면 균형은 E2에서, 그리고 가격은 P2로
오르게 된다. 한편 수량이 Q1에서 Q2로 감소한다면 이것은 생산
량을 줄여야 하고, 생산량을 줄인다는 것은 결국 고용이 감소하여
실업이 증가하게 된다는 것이다.

　　따라서 공급이 감소하면 가격이 오르고 실업률도 증가하는
결과를 가져오게 된다. 그래서 스태그플레이션을 인플레이션보다
더 나쁘다고 한다.

"스태그플레이션 조짐 보인다"…韓銀 총재 경고

〈윤재오〉국고채 금리가 사상최저치 경신을 목전에 두고 있다.

한국은행이 11일 콜금리를 현수준으로 유지하기로 결정했는데도 채권시 장에선 3년만기 국고채 금리가 전날보다 0.19%나 급락하며 연중최저치를 경신했다.

국고채 금리는 장중 한때 5.88%까지 내려가 사상최저치를 경신 하기도 했다.

이날 3년만기 회사채 금리도 전날보다 0.11% 떨어진 7.77% 로 마감됐다.

▲국고채수익률 사상최저치 임박=국고채 금리가 급락한 것은 투자위험을 회피하려는 금융기관들의 자금이 대거 몰렸기 때문이다.

콜금리 현행유지도 예상과는 달리 호재로 작용했다.

게다가 12일로 예정 된 예보채 발행물량이 당초 2조원에서 1조원으로 축소돼 수급측면에서도 사자는 주문이 밀려들었다.

김남익 미래에셋채권팀장은 "최근 국고채 금리가 조정을 받은데다 이날 금리 현행유지 발표로 오히려 2~3월의 금리인하 가능성을 높였다는 기대 심리가 확산됐다"고 설명했다.

성철현 LG증권 채권팀장은 "시중에 돈이 넘쳐 흐르는 만큼 금리의 추가 하락 가능성은 충분해 조만간 사상 최저치를 경신할 것"이라고 전망했다.

김 팀장은 최저금리를 5.80%, 성 팀장은 5.50%로 각각 진단했다.

그러나 시중자금이 기업으로 흘러들어가지 않고 안전한 국고채로 집중됨 에 따라 자금시장 왜곡현상이 더욱 심화되고 있다.

또 은행 등 금융회사 들이 단기 매매차익을 겨냥한 투기적인 매매를 하고 있다는 지적도 일고 있다.

▲콜금리 왜 안내렸나=한국은행이 콜금리를 내리지 않는 것은 금리인하 가 당장 경기진작으로 이어지지 않는데다 물가불안과 환율불안 등 현 경 제상황이 심상치 않다고 판단했기 때문이다.

이날 통화정책의 최고 사령탑인 중앙은행 총재가 스태그플래이션을 언급 한 것도 같은 맥락이다.

지난 12월중 물가가 전월대비 0.4%포인트나 올랐고 공공요금인상도 잇따 르고 있어 물가상승압력이 심각해지고 있다는게 한국은행의 판단이다.

한국은행이 물가안정과 경기회복이라는 두마리 토끼를 잡기보다는 일단 물가와 환율 안정으로 불안심리를 없애는 쪽에 무게 중심을 둔 것이다.

결국 경기진작은 재정정책의 주도로 이뤄지고 통화당국은 물가안정에 주 력하는 쪽으로 경제정책의 가닥이 잡힌 것으로 분석된다.

전 총재는 "통용정책이 작동하기 위해서는 금융시장의 신뢰회복과 기업 및 산업 구조조정의 조속한 추진으로 금융시스템이 복원되야 한다"고 말했다.

한국은행은 이날 통화정책의 운용목표로 콜금리를 계속 활용키로 했으며 통화증가율 목표는 감시지표로 활용하기로 했다.

통화량(M3기준)의 경우 물가안정목표와 경제성장 전망을 토대로 연평잔 기준으로 6~10%수준으로 설정키로 했다.

매일경제 2001-01-11

 실업과 실업률

1997년 경제위기 이후 우리 사회의 가장 큰 문제 가운데 하나가 실업이다. 실업은 경제적 문제일 뿐만 아니라 가정을 파괴하고 빈부의 격차가 심화되어 결국은 사회적 문제로 이어지게 한다. 따라서 실업은 정책당국이 풀어가야 할 중요한 정책적 과제로 정부에서도 인턴제도, 공공근로제도 등을 통하여 실업문제의 해결에 나서고 있다.

그러나 여전히 국민들이 느끼는 실업은 심각해 보인다.
그렇다면 실업은 무엇을 뜻하는가.

● 실업률 계산 방법

정부에서 발표한 실업률은 비자발적 실업, 즉 경제활동 가능
인구 중 일하려는 의사는 있는데 일자리를 찾지 못한 사람들의 비
율이다.

$$실업률 = \frac{실업자}{경제활동인구} \times 100$$

여기서 경제활동인구란 15세 이상의 국민 가운데 가사노동
자, 학생, 군인 등 실질적으로 경제활동에 참여할 수 없는 인구를
제외한 나머지 인구를 말한다.

한편 경제활동에 참가한 인구는 주당 1시간 이상 수입을 목적
으로 일한 인구와 자신이 영위하는 업체에서 주당 18시간 이상 일
한 인구를 취업자라고 한다.

그러므로 취업자를 제외한 나머지 경제활동인구가 실업자가
된다.

2000년 12월 현재 우리나라의 고용인구 내용을 살펴보면 총
15세 이상 인구 36,326천 명 가운데 군인, 학생 등을 제외한 경제
활동인구는 21,750천 명이었다. 이 가운데 취업자는 20,857천 명이
고 미취업자는 893천 명이었다.

$$\therefore \text{실업률} = \frac{893천\ 명}{21,750천\ 명} = 4.1\%$$

우리나라는 통계청에서 전국에 3만 가구를 표본으로 선정해 만 15세 이상의 인구 가운데 매월 15일이 속한 1주일 동안 경제활동 상태를 조사하여 매월 실업률을 발표하고 있다.

우리나라의 실업률 변화 추이를 살펴보면 다음과 같다.

[연도별 실업률]

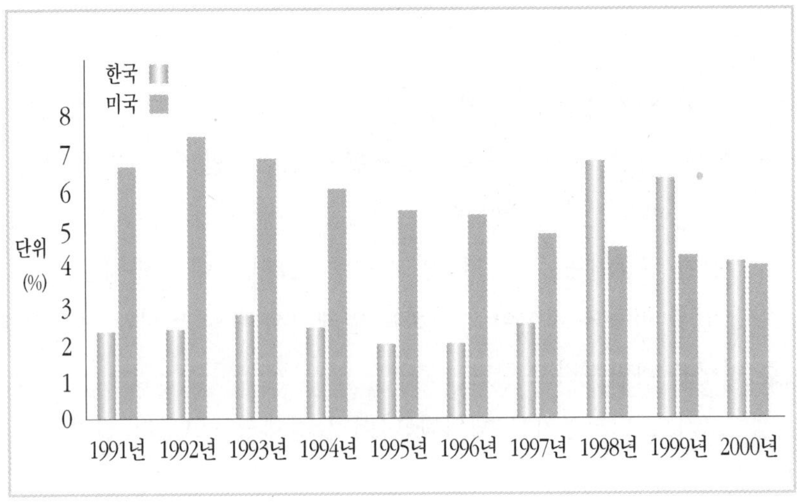

한편 기업의 구조조정 결과로 실업자는 무수히 늘어나는데, 정부에서 발표한 실업률은 믿을 수 없을 만큼 낮다. 특히 10년간 장기호황을 구가하고 있다는 미국의 실업률에 비하여도 결코 뒤지지 않는 낮은 실업률이라는 사실이다. 그렇다면 그 원인은 어디

실업률통계, 현실 반영 못 한다

전체 임금노동자 가운데 절반 이상이 비정규직으로 채워지는 등 고용불안이 구조화하고 있는데도 정부가 입체적인 실업률 통계를 외면한 채 고성장 시대의 단순 실업률 통계방식만 고집해 실업대책 수립을 위한 기초자료 작성에 허점을 드러내고 있다. *관련기사 3면

한국노동연구원의 강순희 동향분석실장 등 노동 분야의 전문가들은 최근 정부에 실업통계의 이런 문제점을 지적하고, 장기 실업자와 시간제 근로자 등을 포함시킨 다양한 형식의 '실업률 보조지표'를 정기적으로 발표할 것을 제안했다고 20일 밝혔다.

현재 통계청이 매달 전국의 3만 표본가구를 조사해 발표하고 있는 '공식 실업률'은 국제노동기구의 정의에 따른 것으로, '지난 1주일 이내에 수입을 목적으로 일을 하지 않았으나 구직활동을 한 자'를 경제활동인구로 나눈 것이다.

따라서 구조조정 등으로 실직해 사실상 실업 상태이더라도 지방자치단체의 공공근로에 참여하고 있거나, 최저생활비에 턱없이 못 미치는 시간제 근로(아르바이트)를 하고 있는 사람도 모두 '취업자'로 분류된다.

미국의 경우 90년대 초반부터 15주 이상 장기실업자 비율을 보여주는 유1(U1.Measures of Labor Underutilization)에서, 시간제 근로자 등을 실업자군에 포함시킨 유6(U6)까지 여섯 단계로 나눠 실업률 보조지표를 발표하고 있다. 멕시코 역시 이와 유사한 아르1(R1)~아르11(R11)을 발표하고 있다.

다른 나라의 이런 통계수치는 전체 실업자 가운데 장기실업자 비율이 얼마나 되는지, 국제노동기구나 경제협력개발기구의 정의에 따른 '공식' 실업자는 아니더라도 사실상 실업 상태에 있는 이들은 얼마나 되는지를 자세히 알 수 있게 돼 있다. 다양한 실업률 통계를 작성해 발표하는 각 국 정부는 이를 바탕으로 중장기 실업대책을 마련하는 것으로 알려져 있다.

지난 17일 통계청이 발표한 우리나라 4월 실업률은 전달에 비해 1%포인트 낮아진 3.8%로, 전체 실업자 수는 86만명으로 각각 감소한 것으로 나타났다. 그러나 시간제 노동자 등 불완전취업자를 포함시키면 '사실상의 실업률'은 이보다 훨씬 높은 것으로 추산된다.

김유선 한국노동사회연구소 부소장은 "고용 불안정 현상이 심화하고 있는 우리 실정을 고려해 볼 때, 다양한 실업 유형과 경향을 반영하는 실업률 보조지표를 개발해서 발표하는 것이 바람직하다"고 지적했다.

김보협 기자 bhkim@hani.co.kr

에 있을까?

● 일할 의사가 있는 사람, 즉 적극적으로 일자리를 찾아나서는 사람이어야 한다. 그러나 환란 이후 극심한 취업난으로 많은 사람들이 구직활동을 포기하고 적극적인 구직활동을 하지 않았기 때문에 이들은 정부의 실업률 통계인 자발적 실업, 즉 실업률에 포함되지 않고 있다. 특히 40만에 달하는 대졸 취업포기자들은 이미 사회문제화되어 있음에도 불구하고 실업률에 포함되지 않음으로써 통계적으로는 낮은 실업률을 나타내고 있다.

이러한 취업포기자를 감안한 실업률은 정부발표 실업률보다 2%P 정도 높아질 것으로 추산된다.

● 고용구조의 변화이다. 즉 환란 이전에는 정규근로자의 비중이 상대적으로 높았는데 환란 이후에는 비정규직 근로자가 급

증하였고, 이들이 계속 구직활동에 참여하기 때문에 취업 경쟁률
이 높아지고 있다.

특히 정부의 공공근로자와 단기 파트타이머들 역시 취업자로
잡히는 현재의 통계체제하에서는 정부발표 실업률과 체감 실업률
과는 상당히 차이를 가질 수밖에 없다.

실업

1997년에 발생한 경제 위기로 수출이 감소하고, 경제성장률이 떨어지고, 물
가가 상승하여 국민 모두에게 엄청난 충격을 주었다. 그러나 이보다 더 심각
한 문제는 바로 한없이 늘어나는 실업이다. 특히 기업의 구조조정과 산업구조
의 변화의 결과물인 실업자들에게 새로운 일자리마저 제공되지 않고 있다.

경기지수

경기는 국민경제의 총체적 활동수준

경기는 국민경제의 총체적인 활동수준을 말한다. 즉 경기가 좋다는 것은 생산, 투자, 소비 등의 경제활동이 일반인들이 기대하는 평균수준 이상으로 활발한 경우를 말하며, 경기가 나쁘다는 것은 경제활동 수준이 저조한 것을 뜻한다. 따라서 우리는 경제활동 수준이 활발하기를 바라지만 경제활동 수준은 우리가 바라는 것처럼 언제나 활발할 수만은 없다. 때로는 활발하기도 하고 때로는 저조하기도 하다. 즉 경기는 '확장→후퇴→수축→회복' 과정을 반복하면서 끊임없이 변동하고 있는 것이다.

경제활동이 활발하여 경기가 상승하면 마침내 정점(peak)에 이르게 되고 이후 경제활동이 둔화되어 경기가 하강하다가 저점(trough)에 이르게 되면 다시 상승으로 이어지게 되는 반복 순환과정을 밟게 된다. 이처럼 경기의 상승과 하락이 반복되는 현상을

景氣 '바닥' 찍었다

경기가 바닥을 찍고 본격적인 회복국면에 진입했다는 분석이 국내외 연구기관들 사이에서 잇따라 나오고 있다.

때마침 통계청도 소비심리가 꾸준히 호전되고 있다는 통계결과를 내놔 경기회복에 대한 기대감을 높여 놓고 있다.

통계청은 16일 '4월중 소비자전망조사 결과'를 통해 현재의 소비심리를 나타내는 소비자평가지수가 80.9를 기록, 지난 1월 이후 4개월 연속 증가세를 보였다고 발표했다. 소비자평가지수는 작년 12월 64.6에서 지난 1월 69.4로 높아진 뒤 2월 73.2, 3월 74.1 등으로 계속 높아졌다.

6개월 후의 소비심리를 나타내는 소비자기대지수도 96.3으로 전달 94.1에 비해 2.2포인트 높아졌다.

이 지수는 지난 1월엔 89.7, 2월엔 92.0, 3월엔 94.1이었다.

국제적 투자금융기관인 크레디 스위스 퍼스트 보스턴(CSFB)은 이날 발표한 한국경제전망보고서에서 "민간부문 소비 회복에 힘입어 경기가 저점을 통과한 것으로 판단된다"며 "1.4분기 성장률이 당초 예상보다 높아질 수 있으며 하반기에 국가신용등급이 상향조정될 가능성이 크다"고 밝혔다.

또 올해 한국경제 성장률 전망을 당초의 3.1%에서 3.3%로 상향조정했다.

국책연구기관인 한국개발연구원(KDI)도 '4월 경제동향 분석' 자료를 통해 "1월과 3월의 산업생산 실적이 당초 전망했던 것보다 높게 나타나 1.4분기 성장률이 연초에 예상했던 3.5%를 웃돌 수 있을 것으로 보인다"고 밝혔다.

한국경제 2001-05-17

경기순환(business cycle)이라고 부른다. 이 때 경기의 저점에서 다음 저점까지의 기간을 경기의 주기(cycle)라 하고, 저점에서 정점까지의 높이를 경기의 진폭(amplitude)이라고 한다. 경기의 순환과정은 일반적으로 두 단계로 구분하여 저점에서 정점까지를 확장국면(expansion), 정점에서 저점까지를 수축국면(contraction)이라고 한다. 이것을 더 자세하게는 경기의 평균(추세)수준을 기준으로 하여 확장국면을 회복기(recovery)와 확장기(expansion)로 나누고, 수축국면을 후퇴기(recession)와 수축기(contraction)로 나누는 4단계의 구분법을 사용하기도 한다.

 ## 경기의 순환과정

그러나 경기의 순환은 다음의 그림처럼 수축국면과 확장국면의 크기가 동일하게 나타나는 것은 아니다. 그러므로 각 순환과정의 주기와 진폭이 서로 다르게 나타나고, 한 주기 내에서도 확장

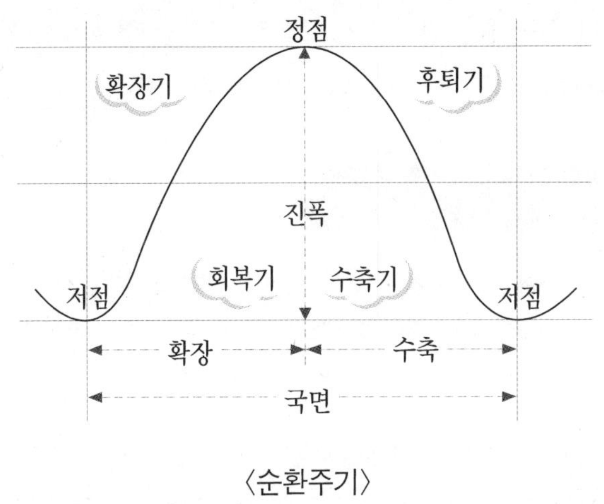

〈순환주기〉

기와 수축기의 길이가 다르게 나타나는 것이 일반적이다. 또한 경기가 확장국면에서 수축국면 또는 수축국면에서 확장국면으로 일단 반전되기 시작하면 경제활동은 일정한 방향으로 누적적으로 확대현상을 보이게 된다. 즉 경기가 확장국면에 접어들면 초기에는 일부 부문에 국한하여 영향을 미치지만 시간이 흐를수록 그 파급정도가 강해져서 경기의 흐름은 한층 빨라지고 증폭되어 나타나게 된다. 그러나 이러한 상태가 무한정 지속되는 것은 아니다. 확장 또는 수축 가운데 어느 한쪽의 국면이 확대되면 이와 함께 각종 제약조건도 늘어나게 되어 마침내 경기의 반전현상이 일어나게 된다. 예를 들면, 소비가 늘면 기업은 소비증가에 맞추어 투자를 늘리게 된다. 그러나 소비는 무한정 늘어날 수는 없는 것이기 때문에 그 결과 기업의 설비투자로 증가한 생산량은 재고로 쌓이게 되고, 기업은 다시 생산량과 종업원을 줄이게 된다. 그러면 소비는 더욱 위축되어 경기는 수축국면으로 접어들게 되는 것이다.

그러나 최근에는 신경제의 도래로 장기간 경제가 호황을 구가하기도 한다(미국은 10년간의 장기적인 호황을 구가하기도 하였다).

경기는 장기적인 성장추세를 중심으로 끊임없이 상승과 하강을 반복한다.

경제활동이 활발한 경기상승국면이 일정기간 지속되면 마침내 정점에 이르게 된다. 이후 경제활동이 둔화되어 하강하다가 저점에 이르게 되면 다시 상승으로 전환된다.

이러한 반복적인 과정은 마치 물결이 높은 산과 낮은 골짜기를 반복적으로 움직이는 것과 같은 모양으로 이를 경기순환(business cycle)이라고 한다. 경기 저점에서 다음 저점까지의 기간을 경기주기라 하고 저점에서 정점까지의 높이를 경기의 진폭이라고 부른다.

순환과정은 대체로 2단계로 구분해 저점에서 정점까지를 확장국면, 그리고 정점에서 저점까지를 수축국면이라고 부르는 것이 일반적이다. 또 확장국면을 회복기와 확장기로, 수축국면을 후퇴기와 수축기로 나누어 4단계로 구분하기도 한다.

통계청이 지난 1970년대 이후 우리나라의 경기순환 과정을 분석한 바에 따르면 전체 경기순환 주기는 약 51개월 정도이다. 이 중 확장기는 34개월, 수축기는 17개월로 확장기가 수축기에 비해 긴 것으로 나타났다.

이러한 경기순환 주기를 선진국과 비교해볼 때 미국은 약 61개월로 우리보다 1년 정도 길며 일본은 53개월로 비슷하다. 정부나 기업경영자는 현재의 경기상황을 정확히 진단하는 한편 앞으로의 경기전망을 예측해 적시에 적절한 정책운용과 경영전략을 마련해야 한다.

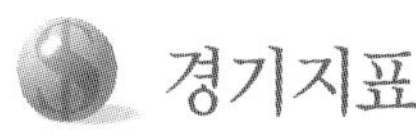 경기지표

경기가 나쁠 때 경기를 회복시키고 국민경제의 안정을 이룩

하는 것이 정부가 경제 정책을 실시하는 중요한 이유 중의 하나이다. 그래서 정부는 물론 국민들도 경기의 흐름, 즉 경기가 좋은 지, 나쁜 지를 알아야 한다. 그리고 앞으로 경기가 어떻게 변하여 갈 것인지를 사전에 알아서 이에 대비하는 것이 좋다. 다시 말해서 향후 경기가 나빠질 것으로 예상된다면 개인들은 소비를 줄이고 저축을 늘려야 하며, 정부는 경기를 부양하기 위한 정책을 써야 한다. 물론 기업도 경기가 나빠진다면 수요가 줄어들 것이기 때문에 투자 규모를 줄여야 한다. 이처럼 경기는 모든 경제주체들에게 경제행동의 방향을 제시해주는 중요한 지표가 된다.

이 때 경제에 관한 다양한 정보를 접할 수 없는 일반인이나 기업들이 현재의 경기상황을 파악하거나 장래의 경기를 예측하는 데에는 여러 가지 방법들을 사용하고 있다.

● 산업생산지수나 도소매판매액지수 등과 같이 경기와 관련성이 높은 개별 경제지표들의 움직임을 보고 경기를 파악한다.

● 경기반영도가 높은 개별 경제지표들을 선정한 후 적절한

실물경기지표 회복세 반전

= 선행지수 전년동월비 16개월만에 상승 =〈노영우〉지난해 10월 이후 급격히 냉각됐던 실물경기지표가 2월들어 회 복세를 보이고 있다.

이에 따라 아직 미국 일본 경기 침체등 대외여건의 불확실성이 해소되지 않아 속단은 이르지만 우리 경기가 상승세로 반전할 수 있을 것이라는 전 망이 우세해지고 있다.

통계청이 29일 발표한 '2월중 산업활동 동향'에 따르면 생산과 소비,투 자 등 대부분의 실물지표의 증가율 둔화세가 진정되고 있는 것으로 나타 났다.

산업생산은 전년 동월 대비 8.6% 늘어 전월(0.1%)에 비해 증가율이 높아 졌다. 2월중 조업 일수가 지난해보다 늘어난 것을 감안하면 실제 산업 생산은 6%정도 증가한 것으로 추산됐다.

출하도 전년 동월 대비 4.4% 증가,전월(-2.0%)의 감소세에서 벗어났고 수출(5.5 %→9.6%)보다는 내수(-7.8→0.3%)쪽의 증가폭이 더 컸다. 업 종별로는 반도체가 생산과 출하 모두 전년 동월 대비 32.1%와 16.5% 증 가했고 자동차는 전월 대비 12.2%와 12.1% 늘었다.

재고는 전년동월 대비 15.1% 늘어 전월(16.3%)에 비해 증가폭이 둔화됐 고 전월 대비로는 0.7% 감소,지난해 4월 이후 10개월만에 줄었다. 제조 업 평균가동률은 74.9%로 지난해 11월 이후 4개월만에 상승세로 돌아섰 다. 설비투자는 전년 동월 대비 5.3% 감소,전월(-8.8%)에 비해 감소세가 둔화됐고 국내 기계수주는 2.8% 늘어 전월(-14.5%)의 감소세에서 증가세 로 전환됐다. 향후 경기를 나타내는 경기선행지수 전년동월비는 -1.9% 로 전월의 -2.0%보 다 하락률이 낮아져 다소 호전 조짐을 보였다.

한편 노동부가 상용근로자 5인이상 4260개 표본사업체를 대상으로 '2.4 분기 고용동향 전망'을 조사한 결과에서도 고용전망 기업실사지수(BSI) 가 106.2을 기록, 1.4분기 104.1보다 다소 증가해 향후 고용사정이 호전 될 가능성이 높은 것으로 파악됐다.

매일경제 2001-03-29

통계적 분석방법에 의해 가공하여 합성한 종합경기지표를 보고 판단한다.

　● 경제주체(기업가나 소비자)들의 경기에 대한 판단이나 전망 등을 수집하여 전반적인 경기동향을 파악하는 설문조사방법의 결과를 집계하여 발표한 기업경기실사지수(BSI)와 소비자태도지수(CSI) 등을 보고 판단하기도 한다.

　경기의 움직임을 나타내는 가장 대표적인 경제지표는 GDP이다. 일반적으로 국내총생산이라고 부르는 GDP는 한 나라의 모든 경제주체가 일정기간 동안에 생산한 재화와 서비스의 부가가치를 금액으로 환산하여 합계한 것으로 각 부문의 생산활동은 물론 소비, 투자, 수출 등 수요동향까지도 살펴볼 수 있는 종합적인 지표이다. 그러나 GDP통계는 해당기간의 종료 후 약 2~3개월이 경과한 후에야 추계가 가능하기 때문에 이를 통하여 신속하게 현재의 경기상황을 판단하거나 장래의 경기흐름을 예측하기는 어렵다. 따라서 경기동향을 보다 신속하게 파악하기 위해서는 가능하면 월별 및 분기별로 발표되는 각종 경제지표들을 이용하여 수요 및 생산의 움직임을 주의 깊게 살펴보아야 한다.

　월별로 발표되는 경제지표들에는 도소매판매액지수, 소비재출하지수, 소비재수입액, 건축허가면적, 국내건설공사수주액, 건설용중간재출하지수, 시멘트출하량, 국내기계수주액, 설비용기계류내수출하지수, 기계류수입액, 기계류수입허가액, 수출액, 수출신용장(L/C)내도액, 수입액 등이 있다.

　이들 각 지표들의 내용과 작성기관은 다음 표와 같다.

	지표명	작성기관	세부내용
소 비	도소매판매액지수	통 계 청	도매와 소매로 구분. 단, 소매는 일반 및 종합(백화점, 슈퍼마켓)으로 세분
	내수용소비재출하지수	통 계 청	내구소비재, 비내구소비재로 구분
	내수용소비재수입액	관 세 청	식량 및 직접소비재, 내구소비재, 비내구소비재로 구분
건 설 투 자	건축허가면적	건설교통부	용도별로 주거용, 상업용, 공업용, 문교사회 및 기타로 구분
	국내건설공사수주액	통 계 청	발주자별로는 공공과 민간(제조업, 비제조업)으로 구분하며, 공종별로는 건축과 토목으로 구분
	건설용중간재 출하지수	통 계 청	건축·토목공사용 자재 및 건축물의 부속 내장품 55개 품목으로 구성 클링카는 제외
	시멘트출하량	양회협회	
설 비 투 자	국내기계수주액	통 계 청	발주자별로 공공, 민간(제조업, 비제조업)으로 구분
	설비용기계류 내수출하지수	통 계 청	기계 및 설비류에 해당하는 126개(선박관련 5개) 품목으로 구성
	기계류수입액	관 세 청	통관기준에 의해 작성
수 출 입	수출액	관 세 청	통관기준에 의해 작성
	수출신용장(L/C)내도액	한국은행	
	수입액	관 세 청	통관기준에 의해 작성

한편 생산활동과 관련된 경제지표에는 산업생산지수, 생산자출하지수, 생산자제품재고지수, 제조업 생산능력지수 및 가동률지수 등이 있다.

경기종합지수는 지표와 실제경기와의 시간적 차이에 따라 선행지수, 동행지수, 후행지수로 나눌 수 있다.

① 선행지수 : 실제경기의 변동 전에 나타나는 움직임으로 예를 들면, 건축허가면적의 증가와 같은 경우이다. 즉 건축허가면적이 증가하였다고 바로 건축으로 이어져 고용이 증가하고 경기가 좋아지는 것이 아니라 일정 기간이 경과한 후에야 실제 건축으로 이어져 고용도 증가하고 경기도 좋아지게 된다는 것이다. 이처럼 비교적 가까운 장래의 경기동향을 예측하는 지표로서의 통화량과 같이, 미래의 경제활동 수준에 큰 영향을 미치는 지표나 수출신용장(L/C)내도액, 기계수주액 등과 같이 앞으로 일어날 경제현상을 예시하는 지표들이다.

② 동행지수 : 지수의 변화가 실제경기의 현재 상태를 나타내는 지표로서 산업생산지수, 도소매판매액지수 등과 같이 국민경제 전체의 경기변동과 거의 동일한 방향으로 움직이는 지표들이다.

③ 후행지수 : 선행지수와 반대이다. 실제경기의 변화 후 일정 시간이 경과한 후에야 지표상의 변화를 인지할 수 있는 지표로서 비농가실업률, 생산자제품재고지수 등과 같은 지표들이다.

[경기종합지수(CI) 구성지표]

선행지수	동행지수	후행지수
1. 입직자수/이직자수 (제조업)	1. 노동투입량(전 산업)	1. 비농가실업률(역계열)
2. 중간재출하지수	2. 산업생산지수	2. 사용근로자수
3. 내구소비재출하지수 (전년동월비)	3. 제조업가동률지수	3. 도시가계소비지출 (전 가구)
4. 건축허가면적 (주거+산업용, 전년동월비)	4. 생산자출하지수	4. 기계류수입액(실질, 선박 및 항공기 제외)
5. 건설용중간재생산지수	5. 전력사용량(제조업)	5. 생산자제품재고지수

(전년동월비)		
6. 기계수주액(선박 제외) 　　(민간＋공공, 실질)	6. 도소매판매액지수(불변)	6. 회사채유통수익률
7. 재고순환지표(제조업)	7. 비내구소비재출하지수	
8. 총유동성(M3) 　　(실질, 말잔, 전년동월비)	8. 시멘트소비량	
9. 수출신용장(L/C)내도액 　　(실질)	9. 수출액(실질)	
10. 수출용원자재수입액 　　(실질)	10. 수입액(실질)	

　그러나 이들 개별경제지표들은 경제활동의 한 측면만을 나타내고 있기 때문에 국민경제 전체의 경기동향을 파악하기 위해서는 각종 지표들을 종합하여 분석할 필요가 있다. 따라서 경기동향을 민감하게 반영하는 주요 개별경제지표들을 선정한 후 이들 지표를 가공, 합성한 종합경기지표를 개발하여 활용하고 있다.

　종합경기지표는 작성방법에 따라 여러 형태로 분류될 수 있는데, 현재는 경기종합지수(CI : Composite Index)와 경기동향지수(DI : Diffusion Index)가 널리 이용되고 있다.

　우리나라의 대표적인 종합경기지표라고 할 수 있는 경기종합지수는 국민경제의 각 부문을 대표하고 경기 대응성이 높은 각종 경제지표들을 선정한 후 이를 가공 · 종합하여 통계청에서 1981년 3월부터 매월 편제하고 있다. 이 지수의 전월에 대한 증감률이 정(＋)인 경우에는 경기상승을, 부(－)인 경우에는 경기하강을 나타내며 그 증감률의 크기에 의해 경기변동의 진폭까지도 알 수 있다. 따라서 이 지수를 이용하여 경기동향의 방향, 국면 및 변동속도 등을 알 수 있는 유용한 지표이다.

기업경기실사지수와 소비자태도지수

　　기업가 및 소비자 등 경제주체들의 경기에 대한 판단, 전망에 관한 설문조사를 통하여 전반적인 경기동향을 파악한 기업경기실사지수(BSI : Business Survey Index)와 소비자태도지수(CSI : Consumer Sentiment Index)도 경기의 흐름을 예측할 수 있는 유용한 지표이다.

● 기업경기실사지수

　　경기에 대한 기업가들의 판단, 예측 및 계획 등이 단기적인 경기변동에 중요한 영향을 미친다는 경험적인 사실에 바탕을 두고 설문지를 통해 기업가의 경기동향 판단, 예측 등을 조사하여 지수화한 것이다. 우리나라에서는 한국은행을 비롯해 산업은행, 무역협회, 전국경제인연합회(전경련), 대한상공회의소 등에서 매 분기(전경련은 매월)마다 작성하고 있다.

　　계수조사는 실제금액의 증감률에 의하여 경기변동을 분석하며, 판단조사는 기업경기실사지수에 의거하는데 이 지수는 조사 결과의 전체 응답업체 중에서 긍정적인 응답(증가 또는 호전) 업체 비중과 부정적인 응답(감소 또는 악화) 업체 비중의 차를 기초로 하여 다음의 공식에 의해 계산된다.

기업경기실사지수

$$= \frac{(긍정적\ 응답\ 업체수 - 부정적\ 응답\ 업체수)}{전체\ 응답\ 업체수} \times 100 + 100$$

기업경기실사지수는 0~200의 값을 가진다. 이 지수가 100 이상인 경우는 경기를 긍정적으로 보는 업체수가 부정적으로 보는 업체수에 비해 많다는 것을 의미하며, 100 이하인 경우는 그 반대를 의미한다.

● 소비자태도지수

소비자의 경기에 대한 인식이 향후 소비행태에 영향을 미치게 되므로 경기동향 파악 및 예측에 유용한 정보가 된다는 전제하에 소비자의 현재 및 장래의 재정상태, 소비자가 보는 경제전반의 상황과 물가, 구매조건 등에 대해 설문조사를 하고 이를 지수화한 것이다. 소비자태도지수는 한국은행에서는 소비자동향지수(消費者動向指數)라는 이름으로 분기별로 작성되고 있으며, 통계청에서는 소비자평가지수 및 소비자기대지수(消費者評價指數 및 消費者期待指數)라는 이름으로 월별로 작성되고 있다.

소비자태도지수는 소비주체인 소비자의 경기에 대한 인식을 바탕으로 작성되므로 생산주체인 기업가의 경기판단을 중심으로 작성된 기업경기실사지수와는 차이가 날 수 있다. 따라서 양 지수를 종합하여 분석함으로써 기업가와 소비자의 경기감을 종합적으로 판단, 경기예측력을 향상시킬 수 있다.

기업경기실사지수 및 소비자태도지수

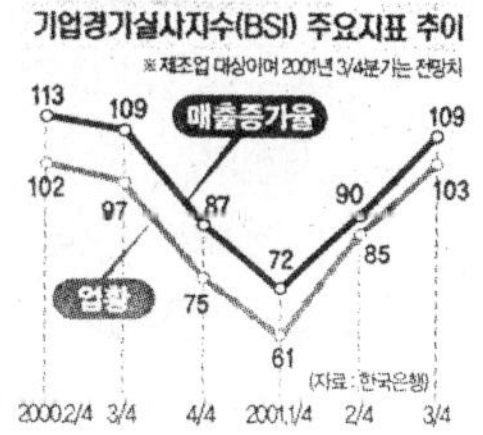

올 들어 처음으로 기업경기실사지수(BSI)의 3·4분기 전망이 100을 넘었다. '경기가 나아질 것'이라는 시각이 더 많아진 것.

한국은행이 2945개 업체를 조사해 19일 발표한 '2·4분기 기업경기조사결과'에 따르면 이번 분기 제조업분야의 BSI는 △업계 전반의 분위기를 엿볼 수 있는 업황(業況)의 경우 지난 1·4분기 61에서 85로 △매출액증가율 역시 72에서 90 △생산증가율은 76에서 92 △채산성은 69에서 83 등으로 주요 지표들이 지난 분기보다 높아진 것으로 나타났다.

또 3·4분기 전망에 대해서는 '좋아질 것'이라는 쪽이 더 많았다. 이는 지난해 4·4분기 이래 처음이다. 제조업 주요 전망을 보면 △업황 103 △매출증가율 109 △생산증가율 107 △신규수주증가율 103 등이었다.

〈이헌진기자〉
mungchii@donga.com

는 전통적인 경제지표로는 포착하기 어렵지만 단기적 경기변동에는 중요한 영향을 미치는 경제주체의 심리적 변화를 측정하는 것이기 때문에 경제주체의 심리적 변화가 컸던 1998~1999년과 같은 변혁기의 경기동향 파악에 보다 유용할 수 있다. 또한 해당분기 지수를 분기 내에 조사·공표하는 등 기타 다른 경기관련 지표에 비해 속보성면에서도 유용한 점이 있다.

기업경기실사지수(BSI)

　BSI란 경기에 대한 기업가의 판단이나 예측, 기획 등이 단기적인 경기변동에 중요한 영향을 미친다는 경험적인 사실에 바탕을 두고 설문을 통해 기업가의 경기동향 판단, 예측 등을 조사해 이를 지수화한 것이다. 경영자의 주관적인 인식을 지수화했기 때문에 실물지표에 반영되지 않는 요인들까지 포함한 것이 장점으로 꼽힌다.

　조사기관으로는 매월 BSI를 발표하는 전국경제인연합회와 분기별 지수를 발표하는 한국은행, 산업은행, 무역협회, 대한상공회의소 등이 있다.

　조사방법은 기업활동의 수준과 변화방향만을 조사하는 '판단조사'와 매출액 등 영업에 따른 실제 금액의 증감률에 의해 경기변동을 판단하는 '계수조사'로 나뉜다. 판단조사는 경기에 대한 설문조사 결과 전체 응답업체 중 긍정적인 응답(증가 또는 호전)을 한 업체의 비중에서 부정적인 응답(감소 또는 악화)을 한 업체의 비중을 뺀 것을 기초로 계산된다.

　BSI는 0~200의 값을 가지며 이 값이 100 이상인 경우 경기를 긍정적으로 보는 업체수가 부정적으로 보는 업체수에 비해 많다는 것을 의미한다. BSI가 100 이하인 경우는 이와는 반대를 나타낸다.

재벌과 기업 구조조정

- 경제위기 극복과 구조조정
- 재벌개혁의 수단
- 기업회생을 위한 제도

경제위기 극복과 구조조정

　　1997년 외환 위기 이후 우리에게 가장 익숙한 단어 중의 하나가 구조조정이다. 지난 30년 동안 우리나라는 지속된 성장 과정에서 몇 번의 경기 조정기가 있었던 것도 사실이다. 그러나 그 때마다 대외적인 환경의 변화에 힘입어 구조조정다운 구조조정 없이 지속적인 성장을 구가하였다. 그러나 1997년에는 환란으로 촉발된 경제위기가 그 동안 지속된 성장과정에서 고비용 - 저효율에서 기인하였다는 인식이 확산됨에 따라 고비용 - 저효율 구조를 청산하기 위한 노력이 다방면에서 이루어지고 있다. 특히 정부 주도의 4대 부문(공공,

시장중심의 상시적 금융구조조정 확산 유도 - 진념 부총리

서울, 7월5일 (로이터)- 진 념 경제부총리는 5일 정부는 시장중심의 금융구조조정 확산을 유도하고 현대문제 등 시장불안요인의 조기해결과 부실기업의 상시구조조정 노력을 통해 자금시장의 정상화를 도모할 것이라고 말했다. 진 부총리는 이날 롯데호텔에서 열린 한국 금융연구원 주최 초청강연에서 이같이 밝혔다. 그는 우리 신한 금융지주회사 및 합병되는 국민/주택은행을 선도은행으로 해서 금융혁신을 선도하고 은행 부실채권 비율(고정이하 여신)을 연말까지 5%이하로 감축을 유도할 것이라고 말했다. 3월말현재 은행 부실채권비율은 7.6%(27조7천억원)이다. 또한 환율은 기본적으로 외환시장에서 수급상황에 따라 결정하되 "투기적 요인 등에 의해 환율이 급변동하지 않도록 필요시 적절한 수급조절대책도 병행할 것"이라고 밝혔다. 그는 시장의 불확실성을 제거하기 위해 연내에 법정관리 또는 화의 상태에 있는 470여 기업에 대해 살릴 것은 살리고 정리할 것은 정리해야 할 것이라고 말했다.

매일경제 2001/07/05

기업, 금융, 노동)의 구조조정이 진행되고 있다.

한편 이처럼 위기의 시대에 진행된 구조조정은 정리해고와 동일시되고 있다.

그러나 구조조정의 본래 의미는 여건의 변화에 따라 경쟁력이 떨어진 부분을 정리하고 경쟁력을 강화하기 위하여 새로운 사업을 추가하는 것이라 할 수 있다. 따라서 국가 전체적으로 산업구조조정이라 하면 경제발전 단계, 임금수준, 기술수준, 국제적인 경쟁력 등 대내외적 여건을 감안하여 경쟁력이 떨어진 업종을 정리하고 새로운 경쟁력을 가질 수 있는 사업 위주로 기업 구조를 조정해 가는 과정이라 할 수 있다. 따라서 구조조정은 기업이 존재하는 한, 국가가 존재하는 한 지속적으로 진행되어야 할 기업과 국가경제의 생존 전략이라고 말할 수 있다.

그러나 현재의 구조조정은 기한이 정해진 일시적인 과정인 것처럼 받아들여지고 있다. 이것은 환란이라는 경제위기를 극복하려는 몸부림 과정에서 빠른 시간 안에 신속히 구조조정을 이루기 위한 정책 당국의 노력의 일환일 뿐 현재 정부의 구조조정이 기업과 우리 경제의 구조조정의 전부는 아니라는 사실을 강조하고 싶다.

이제 환란 이후 우리 정부가 추진해온 경제의 구조조정에 대하여 간략히 살펴보자.

경제위기의 시점에서 출범한 '국민의 정부'는 IMF의 경제시스템 개혁 요구라는 외적인 강요는 물론 내적으로도 경제위기의 원인이 과거 관치 경제로 나타난 부실의 축적에 있음을 인식하고 공공, 금융, 기업, 노동 등 4대 부문의 개혁을 실시하여 부실을 제거하고 우리 경제의 대외 경쟁력 확보에 초점을 맞추었다. 따라서 지난 3년 동안 정치, 정부, 공공부문, 노동, 금융 그리고 기업부문 등에 걸쳐서 총체적인 경제구조의 개혁을 추구하였다.

정부와 공공부문의 구조조정

① 정부의 축소와 규제 완화 등을 통하여 정부 주도의 경제를 시장경제체제로 전환시키는 것이었다.

정부는 1998년 2월에 기획예산위원회를 신설하고 방만하고 비대하다고 여겨지는 정부 및 공공부문의 구조조정을 추진하였다. 그 결과 중앙부처 21,400명, 지방자치단체 49,600명, 공기업 59,800명, 산하기관 18,300명을 감축하였다. 이 과정에서 하부 정부기관은 16실 74국 136과를 축소하였으나 상층부는 오히려 17부 2처 4위원회 16청에서 17부 4처 4위원회 15청으로 장관급과 차관급이 1명씩 늘어나는 등 비대해지는 형태를 띠었다. 그리고 2001년 1월 여성특별위원회를 여성부로 승격시키면서 인원을 배로 늘렸고, 재정경제부와 교육인적자원부를 부총리급으로 승격시키면서 2부총리 17장관 체제로 확대되었다.

② 각종 규제의 철폐였다. 새 정부는 1998년 국무총리 산하에 규제개혁위원회를 설치하고 각종 행정규제의 완화를 추진한 결과 1998년 한해 동안 11,125건 규제 중 50% 정도인 5,430건을 폐지하였고 2,411건을 개선하였다. 1999년에 잔존규제 5,695건 중 1,073건(15%)을 추가로 정비하였고 2000년에 하위규정 2,533개 중 668

실적 나쁜 공기업사장 이달말 퇴출

〈노영우.최기영〉정부는 공공부문 개혁의 일환으로 이달말 감사원의 공기업 경영혁신 점검결과에 따라 경영개선이 부진한 경영진은 교체하는등 문책하기로 했다.

또 오는 3월까지 공기업 사장들과 방만한 경영을 쇄신할 수있는 경영계약을 맺고 이를 지키지 못하면 퇴출시키기로 했다.

아울러 올해 중앙부처 4600명 등 공공부문 인력 1만2800명을 줄이기로했다. 이와 함께 금융기관의 부실기업 판정기준을 기업의 현금흐름까지 포함하도록 강화하고 부실기업은 신규자금 중단등을 통해 과감히 퇴출시키는 '상시퇴출시스템'을 구축하기로 했다.

정부는 12일 청와대에서 김대중 대통령 주재로 '제3차 기업 금융 공공노동등 4대부문 개혁 점검회의'를 갖고 올해 추진 계획을 확정했다.

정부는 감사원 평가를 토대로 이달말까지 실적이 부진한 공기업 경영진은 교체하고 오는 2월까지 인력자원 풀(pool)제 및 사장후보 평가위원회를 도입해 신임 사장을 선임하기로 했다.

또 정부투자기관은 이달말까지, 정부출자기관은 올해 첫번째 주주총회(주로 3월)때까지 경영쇄신 목표를 구체적으로 명시한 경영 계약을 체결하기로 했다.

이와 함께 올해 중앙부처 4600명, 지방자치단체 7100명, 정부 산하기관은 1100명을 각각 감축하기로 했다.

아울러 기업의 비자발적인 기부금이나 성금 부담을 줄이기 위해 상반기중에 기부금의 납부 등을 강요하는 공무원을 처벌할 수 있는 '기부금품모집규제법' 입법을 추진하기로 했다.

한편 김대중 대통령은 4일 "주식시장이 의욕과 희망을 갖고 나갈 수 있도록, 그리고 경제를 살리는 중심이 될 수 있도록 하라"고 지시했다.

김 대통령은 또 "공기업 개혁은 해당 기관장이 기득권에 얽매이지 말고소신과 책임감을 갖고 과감히 추진해야 할 것"이라고 강조했다.

김 대통령은 이어 "담배인삼공사 철도청 등 민영화 추진을 위해 입법조치가 필요한 사안은 당과 긴밀히 협조해서 조속히 추진하기 바란다"고 말했다.

담배사 업법 개정안은 제조독점 및 잎담배 수매의무제 폐지에 따른 담배경작농가의 반발로 입법 지연 중이며, 철도구조개혁 법안은 2월 중에 국무회의에 상정할 예정이다.

매일경제 2001-01-12

개를 개선하고 549개를 폐지하였다. 또 유사행정규제 1,675개 중 261개를 개선하고, 927개를 개선하기도 하였다. 그러나 이러한 규제개혁에 대한 국민의 평가는 부정적인 것으로 나타나고 있다. 특히 건수 위주, 즉 목표 달성을 위한 규제개혁 때문에 실제로 경제구조조정과 직결되는 비효율 경제구조를 바꾸는 데 필요한 각종 규제는 아직도 상존하고 있다는 것이다.

이와 같이 규제완화에 대한 부정적 평가는 행정부서의 권한 축소, 즉 관료들의 권한 축소와 직결되기 때문일 것이다. 또한 비록 폐지되었던 규제도 관련 조직이 폐지되지 않으면 조직의 생존을 위하여 규제를 되살리도록 되어 있다. 그것이 조직의 기본 생리이다. 따라서 진정한 규제개혁은 관료조직의 축소와 병행되어야 실효성이 있는 것이다. 그러나 우리의 공공부문 조직은 큰 변화가 없는 것으로 나타나고 있다.

한편 방만하고 비효율적인 기업의 대명사인 공기업은 6개 기업(국정교과서, 종합기술금융, 송유관공사, 포철, 종합화학, 한국중공업)이 민영화를 완료하였고, 5개 기업이 민영화를 추진중에 있다. 중요 공기업의 인원도 2000년 11월 말 현재 39,000명을 감축하였다. 따라서 이러한 외형적인 결과만으로는 공기업 개혁은 성공적인 것으로 볼 수도 있다. 그러나 공기업의 헐값 매각에 대한 논란은 논외로 두더라도 정부가 제시한 일정에 짜맞추기 위한 무리한 구조조정과정에서 일부 기업의 노사간 이면합의설과 특별위로금 지급, 자회사로 전출, 퇴직 후 재고용 보장, 하위직만 줄이는 식의 구조조정, 최고경영진에 대한 비전문가의 낙하산 인사 등은 효율성 추구라는 공기업 개혁의 본질과는 거리가 있어 보인다.

금융부문의 구조조정

관치 금융으로 대표되는 우리나라의 금융산업은 3대 낙후 산업의 하나로 효율성 및 국제 경쟁력과는 처음부터 거리가 있어 보인다. 특히 심사능력의 부재로 경기후퇴와 함께 기업의 도산이 늘어나고, 기업의 부실이 은행의 부실로 이어져 주요 은행들의 BIS비율이 하락하게 되고 금융기관들의 국제신인도 하락으로 이어져 국제 금융기관으로부터 차입이 어려워졌는데, 이것이 환란의 직접적인 원인 중의 하나였다. 따라서 BIS비율 8% 미만의 금융기관에 대한 경영정상화와 국제신인도 회복은 금융부문 구조조정의 핵심이었다. 그래서 정부는 부실한 금융기관은 신속하게 정리하고, 회생이 가능한 금융기관은 자구노력을 전제로 공적자금을 지원하여 건전한 금융기관으로 육성하여 금융시스템이 제도로 가동하도록 하는 것이었다.

부실 금융기관으로 분류되어 정리된 금융기관은 11개 은행, 6개 증권사, 6개 보험사, 기타 금융기관이 325개였다.

[1998~2000년중 금융기관 수의 변화내용]

(단위 : 개)

	1997년 말	1998년			1999년			2000년			2000년 말
	기관수	퇴출	합병	신설	퇴출	합병	신설	퇴출	합병	신설	기관수
은 행	33	5	3	-	-	2	-	-	1	-	22
종합금융회사	30	16	-	-	1	3	-	1	-	1	10
증권회사	36	6	-	1	-	-	1	-	1	12	43
투자신탁 (운용)회사	31	6	-	-	-	1	-	-	-	3	27
생명보험회사	31	4	-	-	-	-	-	1	5	-	21
손해보험회사	14	-	1	-	-	-	-	-	-	-	13
상호신용금고	231	22	2	4	21	10	6	28	13	2	147
신용협동조합	1,666	69	14	9	105	45	-	83	42	-	1,317
계	2,072	128	20	14	127	61	7	113	62	18	1,600

이러한 금융기관의 퇴출뿐만 아니라 회생 가능한 금융기관에 109조 원의 막대한 공적자금을 투입하였으나 정부의 구조조정 방향은 부실정리보다는 BIS(국제결제은행)비율 등 지표개선에 치중

금융구조조정 공적자금 127兆

외환위기 발생 이후 지난해말까지 금융구조조정에 투입된 공적자금(재정 자금지원 포함)은 모두 127조원에 달하는 것으로 집계됐다.

11일 한국은행()이 발표한 '2000년중 금융구조조정의 주요 내용'에 따르면 지난해 정부는 금융기관 증자지원,예금보호,금융기관 부 실채권정리에 모두 34조9964억원의 공적자금을 투입했다.

이에따라 지난 97년 11월부터 지난해 12월말까지 투입된 공적자금은 126 조8982억원으로 늘어났다. 지난해말까지 투입된 금융기관별 공적자금은 △은행 79조5979억원 △종 금 13조3984억원 △보험사 12조4921억원 △투신사 9조1393억원 △금고 신협 5조3480억원 등이다.

정부는 지난해만도 예금보험공사를 통해 22조6091억원의 공적자금을 투 입했으며 이중 14조1665억원은 은행 종금 보험 등 부실금융기관의 증자 지원에 쓰여졌고 부실채권 매입에 5조3552억원이 들어갔다.

특히의 풋백옵션 행사로 부실을 보전해준 돈만해도 한해동안 무려 3조1105억원에 달했다.

부도난 금융기관을 대신해 고객 돈을 대신 지급해준 돈은 2조3837억원에 달했고 부실금융기관을 인수한 은행이나 보험에 7037억원의 손실보전을 해줬다.

정부는 또 자산관리공사를 통해 12조873억원어치의 부실채권을 매입했으 며 이중 8조2393억원은 투신권의 부실채권 매입에 집중 투입

됐다.

이같은 금융구조조정 과정에서 지난 한해동안 상호신용금고 신용협동조 합 등 175개 금융기관이 퇴출 합병 등으로 정리됐다.

한국은행은 "정부가 외환위기이후 127조원의 공적자금 투입하며 금융구 조조정을 추진해왔으나 아직 금융기관이 안정적인 금융중개 기능을 할 수 있는 신뢰가 회복되지 못하고 있다"고 평가했다.

■2000년중 공적자금 투입현황= 우선 예금보험공사를 통해 22조6091억원 을 금융기관에 투입했다.

금융지주회사에 편입된 한빛 평화 광주 경남 등 4개 은행과 서울 경남은 행에 증자지원용으로 4조1307억원이 지원됐다.

하나로종금과 여기에 통 합된 영남 한국 중앙에도 1조4608억원이 투입됐다.

한국투신증권과 대한투신증권에 4조1307억원이 들어갔고 4개 부실생보사 와 서울보증보험에는 3조6750억원이 지원됐다.

부실금융기관을 인수한 금융기관의 손실보전에도 7037억원이 출연됐다.

세일은행의 풋백옵션 행사에 따른 부실채권 매입비용도 3조1105억원이나 들었으며 부실생보사를 인수한 생보사가 인수하지 않은 자산 3447억원도 매입했다.

퇴출 종금사와 상호신용금고 신용협동조합의 예금 대지급에도 모두 2조3 837억원이 투입됐다.

자산관리공사는 금융기관 부실채권 매입에 12조873억원을 투입했고

이중 투자신탁운용회사의 부실채권 매입에만 8조2393억원이 들었다.

정부 재정자금은 산업은행에 1000억원이 출자됐고 한국은행은 수출입은 행에 2000억원을 출자했다.

지난해 공적자금 지원내역을 금융권별로 보면 은행에 11조4482억원,보험 사에 4조5750억원,종금사에 2조8055억원,증권사에 4조9000억원,신용금 고 신협에 1조767억원이 투입됐다.

정부는 지난해 12월 국회의 동의를 받아 40조원의 공적자금을 추가로 조 성키로 했다.

■금융기관 175개 정리=지난 2000년 한해동안 정리된 금융기관은 퇴출 1 13개,합병 62개 등 모두 175개사이며 신설된 금융회사는 모두 18개이다.

이에따라 지난 97년말 2072개에 달하던 금융기관수는 지난해말 1600개로 3년새 472개가 줄었다.

퇴출금융기관수는 98년 128개,99년 127개,2000년 113개로 외환위기 이후 모두 368개이며 합병된 금융기관수는 98년 20개,99년 61개,2000년 42개 로 모두 123개사이다.

외환위기이후 합병과 퇴출도 사라진 금융회사수는 모두 491개사에 달하 게 됐다.

지난해 퇴출된 금융기관은 종금사 1곳,생보사 1곳,신용금고 28곳,신협 8 3곳이며 합병된 금융기관은 은행 1곳,증권사 1곳,생보사 5곳,신용금고 1 3곳,신협 42곳이다.

매일경제 2001-03-11

하였다. 따라서 정부가 사용한 109조 원의 공적자금 중 실제로 부실정리에 쓰여진 돈은 20조 5천억 원에 불과하고 80조 원 이상을 금융회사의 증자지원과 예금 대지급에 사용하였다. 그 결과 BIS비율은 1997년 말 6.66%이던 5대 은행의 BIS비율이 2000년 말에는 10.1%로 상승하였고, 17개 일반은행의 BIS비율 역시 10.4%로 개선

되었다. 그러나 아직도 금융시스템은 경직화되어 실물경제의 회복을 방해하고 있으며, 기업의 부실이 금융권의 부실로 이어져 2000년 말에는 40조 원의 공적자금이 추가로 조성되었다. 그러나 금융권의 부실 규모에 논란과 함께 추가적인 공적자금 조성의 필요성마저 제기되고 있는 실정이다.

또한 막대한 공적자금을 투입하여 은행의 자본금을 확충하는 과정에서 외국계 자본에 넘어간 은행을 제외하면 대부분의 은행들이 실질적인 정부 주도로 넘어가게 됨으로써 관치금융의 해소라는 기본 방향과는 달리 관치금융이 심화되었다.

최근 언론의 발표에 따르면 9개 시중은행 중 7개 은행의 감사가 재정경제부, 금융감독원, 한국은행 출신이라고 하며, 2000년 3~5월 사이에 금융감독원 11명이 집단으로 금융기관으로 이직하였다고 한다. 이것은 아직도 우리 금융산업이 정부 주도를 벗어나지 못하고 있다는 것을 잘 보여주고 있다.

기업의 구조조정

기업의 구조조정은 금융부문 구조조정과 함께 경제 구조조정의 핵심이다. 따라서 정부는 1998년 2월에 발표한 5대 핵심과제인 '기업경영 투명성제고', '상호지급보증해소', '재무구조의 획기적 개선', '업종전문화', '지배주주 및 경영진의 책임강화'와 1999년 8월에 보완하여 발표한 3원칙 '순환출자 및 부당 내부거래 억제', '금융지배 차단', '변칙상속 방지' 등을 내용으로 하는 '기업구조

"기업개혁 연내 완료"…김대통령, 경제장관 오찬

조정의 연내 마무리를 내각에 강력히 촉구했다. 기업 구조조정으로 인한 실업, 노사문제 등이 정권에 큰 부담으로 작용한다는 것을 알면서도 국가 장래를 위해 구조조 정의 불가피성을 역설해 온 김 대통령이 다시 한번 내각에 구조조정의 강행을 주문한 것이다.

김 대통령은 이날 정부 과천청사에서 진념 경제부총리를 비롯한 경제 분야장관들과 오찬을 함께하며 우리 경제의 현황과 올 하반기 계획을 보고 받고 "우리나라 100대기업에 대한 여론 조사 결과를 보니 우리 경제 발 전에 중요한 여건은 첫번째가 여전히 구조조정이고 두번째가 수출문제였 다"면서 말문을 열었다.

이어 "그동안 구조조정을 열심히 해 왔으나 기업인 스스로 미진하다고 생각하는 것은 우리에게 시사하는 바가 많다"고 지적하고 "올해 안에 내 실있고 충실하게 (구조조정을) 실천해서 기업이 건전하게 되도록 하라"고 강력히 지시했다.

김 대통령은 이와함께 "우리 기업이 30%나 저평가돼 있고 주가도 저평가 돼 있는 것은 기업의 투명성 때문"이라고 지적하고 "구조조정을 확실히 하고 투명성을 갖춰 경제체질을 개선해야 한다"고 당부했다.

노사문제와 관련해서는 "정부는 노사 어느편도 들어서는 안된다"고 강조 하고 "불법 폭력 노동운동에 대해서는 엄정하게 대처하고 부당 노동행위 기업에도 똑 같이 법과 원칙을 적용하라"고 지시했다.

진념 부총리겸 재정경제부장관은 2일 기자간담회를 열고 "여야가 이달 임시국회를 소집해 조세특례제한법 개정안을 통과시켜주겠다는 다짐을 받았다"고 밝혔다.

그는 "기업구조조정특별법과 금융이용자보호법 등 경제 관련 주요 법률 도 조속히 제정해 줄것을 야당에 촉구했다"고 덧붙였다.

진 부총리는 "과 하이닉스반도체의 문제가 정리되고 현화와 현대상선도 처리의 가닥이 잡혀가고 있다"면서 "남은 문제는자동 차와 금융기관중매각건 정도로 시장의 불확실성이 어느정도 해소돼가고 있다"고 말했다.

진 부총리는 "미국과 일본, EU(유럽연합)경제가 동시에 악화되는 등 세 계경제 전망이 매우 불확실한 상태"라며 "이럴 때일수록 중심을 잡고 경 제체질을 강화하는데 주력해야 한다"고 강조했다.

그는 이어 "하반기 경제운용계획에서 올해 국내총생산(GDP) 대비 재정적 자 비율이 1%로 높아진 것은 추경 편성에 기인한 것"이라며 "정부는 물 가안정과 재정건전화를 달성한다는 전제아래 재정.금융정책을 탄력적으 로 운용할 것"이라고 말했다.

매일경제   2001-07-02

개혁 5+3원칙' 을 바탕으로 기업의 구조조정을 추진하고 있다.

◐ 기업 구조조정의 구체적인 내용

- 독립적인 외부감사, 사외이사제도 도입
- 철저한 기업공시 및 기업집단의 결합재무제표 작성
- 분기별 회계보고서 공시
- 집단소송제, 대표소송제 도입
- 소액주주권 강화 : 대표소송 및 제안권 행사 요건의 완화

통제장치	주요내용
사외이사제도	- 상장법인 이사회의 1/4 사외이사 선임 의무화(단, 자산 2조 원 이상의 상장사 및 금융기관은 1/2 이상) - 사외이사 후보 추천위원회 구성 의무화 - 1/2 이상의 사외이사로 구성된 감사위원회 구성 - 사외이사 자격 제한, 특히 해당법인의 대주주와 이해관계자 제외
지배주주의 책임	- 이사의 충실의무 신설 - 업무집행 관여자의 책임 규정 신설 - 지배주주의 계열사 대표 이상 등재로 책임 의무 부과
소액주주 권한 강화	- 대표 소송권 완화 : 6개월 이상 보유 0.01% - 장부 열람권 : 1% - 주주제안권 신설 : 1%(자본금 1천억 원 이상 상장기업은 0.5%) - 이사 선임시 집중 투표제 도입
기관투자가 의결권	- 신탁재산의 의결권 부여(단, 30대 그룹 금융계열사의 경우 지배 목적의 의결권 행사는 제외)
회계 · 공시 제도	- 결합재무제표 도입 - 외부감사인에 대한 집단 소송제 허용과 벌칙 조항 상향 조정 - 공시 위반에 대한 처벌 강화 및 분기 보고서 제도 도입

　　이러한 정부의 기업 구조조정 노력의 결과 일부 대기업의 구조조정은 상당부분 성과를 나타내어 부채비율이 낮아져 재무구조가 개선되기도 하였다. 그러나 기업의 투명성제고를 위한 새로운 규칙들이 아직 제자리를 잡지 못하여 경영자와 소액주주 사이에

갈등이 나타나고, 적대적 M&A에 사회적 인식이 부정적이며 경영
자 단체들의 강한 반발을 사고 있다. 최근에는 경영자 단체들을
중심으로 이들 핵심 과제에 대한 완화 요청이 정권 후반기라는 정
치 상황과 맞물려 강력히 제기되고 있으며, 집단 소송제에 대한
거부 움직임 등이 나타나고 있다.

재벌개혁의 수단

 사외이사 및 사외감사 제도

기업 경영의 투명성을 제고하고 기업 지배구조 개선을 위하여 모든 상장법인 및 일정 규모 이상의 금융기관에는 사외이사 및 사외감사의 도입을 의무화하고 있다.

사외이사제도의 도입은 경영진의 업무능력에 대해 객관적인 평가를 할 수 있고, 회사의 위기상황에 도움을 줄 수 있다. 그러나 기업에 대한 정보의 부재로 잘못된 결정을 유도할 수 있고, 관련 회사의 분야에 대한 전문성이 부족하여 실질적인 도움이 되지 못하는 경우도 있을 수 있다.

사외이사의 자격은 경영, 경제, 법률 또는 관련 기술 등에 관한 전문지식이나 경험이 있는 자 가운데 당해법인 및 당해법인의 최대주주 등과 이해관계가 없는 사람을 선발하도록 하고 있다. 상장법인의 경우 사외이사의 수는 최소 1인 이상, 총이사의 1/4 이

상을 선임하도록 하여야
하며, 자산총계 2조 원
이상인 대규모 상장법인
과 금융기관은 3인 이
상, 총이사의 1/2 이상을
선임하여야 한다. 현행
사외이사의 출신별 구성
을 살펴보면 2000년 12

> ## 코스닥 사외이사 선임 의무화
>
> 불성실공시 제재 강화 = 앞으로 코스닥 등록기업들도 사외이사를 의무적으로 선임해야 하며 불성실공시를 일삼으면 5년 이하의 징역형에 처해진다.
>
> 코스닥증권시장은 18일 사외이사 선임 의무화와 허위 공시 법인에 대한 제재 강화를 골자로 하는 증권거래법 개정안을 마련, 국회에 제출했다고 밝혔다.
>
> 이 개정안에 따르면 코스닥 등록기업에 대해서도 사외이사제를 도입해 전체 이사 총수의 4분의 1 이상을 사외이사로 선임하도록 의무화하기로 했다. 또 허위 및 부실공시법인에 대한 과징금 부과액을 현행 5억원에서 20억원으로 상향 조정하기로 했다.
>
> 이와 함께 형사제재도 현행 1년 이하의 징역 또는 500만원 이하의 벌금형에서 5년 이하의 징역 또는 3천만원 이하의 벌금형으로 강화하기로 했다
>
> 매일경제 2001-01-18

월 말 기준 경영인 32.5%, 교수 20%, 금융인 15.9%, 변호사 9.3%, 회계사 7.9%순으로 되어 있다.

특히 최대주주 및 그 특수 관계인, 주요주주 및 그 배우자와 직계존비속, 당해회사 또는 계열회사의 임직원이거나 최근 2년 이내에 임직원이었던 사람, 당해회사 임원의 배우자 및 직계존비속, 당해회사와 거래관계에 있는 회사의 임직원 등은 사외이사로 선임할 수 없도록 하였고, 사외이사가 총위원의 1/2 이상이 포함된 사외이사후보추천위원회를 통하여 사외이사를 선임하도록 함으로써 대주주의 전횡에 의한 사외이사 선임을 막고 사외이사 선임의 객관성을 확보하도록 하고 있다.

한편 자산총계 1천억 원 이상인 상장법인 및 협회등록법인 (KOSDAQ)은 1인 이상의 상근 감사를 선임하여야 하며, 자산총계 2조 원 이상인 상장법인은 3인 이상의 이사와 총위원의 2/3 이상이 사외이사로 구성된 감사위원회를 설치하도록 하였다.

한편 사외이사 및 사외감사의 선임은 증권거래소를 통하여 공시하도록 하고 있으며, 사외이사를 선임하지 않은 경우 상장을

폐지할 수 있다.

 집단소송제도와 집중투표제

집단소송제도란 소비자와 투자자를 보호하기 위해 한 기업에 대해 같은 원인으로 다수의 소비자나 투자자들이 배상청구권을 가지는 경우에, 피해자 대표가 구성원 전체의 청구총액을 일괄 제소하여 한 번에 전체의 권리를 구제하는 소송 형태이다. 따라서 집단소송은 어느 한 피해자가 대표로 소송을 제기하겠다고 법원에 신청해서 소송이 받아들여지면 소송에 불참하겠다는 의사표시를 하지 않는 모든 피해자들은 소송 당사자에 포함되게 된다. 예를 들어 기업의 허위공시, 분식결산 등으로 피해를 입은 투자자가 손해배상 청구소송을 제기해 승소하게 되면, 같은 피해를 입은 다른 사람들도 별도의 재판 절차 없이 동일한 배상을 받을 수 있도록 하는 제도이다.

"집단소송제 내년 3월 도입"

이기호 경제수석 주한商議協 간담회

이기호(李起浩) 청와대 경제수석은 찬반 논란이 일고 있는 증권 분야의 집단소송제를 내년 3월 도입하겠다고 6일 밝혔다.

李수석은 이날 주한상공회의소협의회(KIBC·회장 박용성) 주최로 서울 하얏트호텔에서 열린 오찬간담회에서 이같이 말했

회계제도 국제적 기준 개선

기업규제 2단계 완화 추진

다. 정부는 그동안 내년 중에 집단소송제 도입 방침을 몇차례 밝혔으나 내년 3월로 도입 시기를 못박은 것은 이번이 처음이다.

그는 외국인 투자촉진을 위한 제도개선 계획을 설명하면서 "내년 3월부터 증권 분야를 중심으로 집단소송제를 도입하기 위해 오늘 집단소송 법안을 마련했으며, 오는 9월 공청회를 거쳐 11월 정기국회에 상정하겠다"고 말했다.

李수석은 또 "회계제도를 국제적 기준으로 개선할 것"이라며 "분식회계와 관련된 임원이나 회계사의 형사처벌을 강화하고 회계감사의 독립성을 높이기 위해 업계가 자율적으로 부실감사를 상호감시하는 자율감리제도를 도입할 계획"이라고 말했다.

아울러 李수석은 "외국인 투자환경을 더욱 개선하기 위해 이달 중 민·관 전문가합동으로 공장설립·무역절차·창업·노동·보건환경 등 기업활동에 관한 규제실태를 전면 재조사해 2단계 기업규제 완화작업을 추진하겠다"고 강조했다. 이날 간담회에는 박용성 대한상공회의소 회장과 제프리 존스 주한미국상공회의소 회장, 모리시마 히데카주 서울재팬클럽 부이사장 등 주한 외국기업 대표 20여명이 참석했다.

존스 주한미상의 회장은 "미국 본사가 CNN방송 등을 통해 보도되는 서울의 시위현장을 보면서 한국에 대해 부정적 이미지를 갖는다"면서 근복 같은 전투경찰의 위압적 복장을 개선할 것을 제안했다. 이어 오는 10월 조지 W 부시 미 대통령의 방한을 '한국 마케팅'에 활용할 복안이 있는지도 물었다. **홍승일 기자**
<hongsi@joongang.co.kr>

우리나라에서도 오는 2002년 1월 1일부터 순자산 2조 원 이상인 상장기업을 대상으로 주가조작, 분식회계, 허위공시 등 세 가지 경우에 국한해 집단소송제를 적용할 예정이다.

집중투표제란 모든 이사후보를 대상으로 한꺼번에 지지 여부를 묻는 투표방식이다. 예를 들면, 이사 각 개인에 대하여 찬반을 투표로 묻는 경우 대주주가 지지하는 후보만이 이사가 될 수 있다. 그러나 집중투표제를 실시하면 모든 주주들이 모든 이사후보에 대하여 동시에 투표권를 행사하여 고득점자순으로 이사에 취임하게 되는 제도이다. 따라서 대주주는 그들이 지원하는 후보에 대하여 표를 분산하여야 할 것이며, 소액주주들은 힘을 모아 1~2명의 후보에게 표를 몰아준다면 그들이 지원하는 후보가 이사로 선임될 수 있도록 하는 제도이다. 따라서 이 제도의 도입목적은 일부 대주주들만의 의사에 따라 이사회가 운영되어 대주주의 이익만을 대변하는 전횡을 막기 위한 데 있다.

 ## 총액출자제한제도

총액출자제한제도란 한 기업이 회사 자금으로 다른 회사의 주식을 매입하여 보유할 수 있는 총액을 제한하는 제도이다. 정부가 출자총액 제한을 하는 것은 재벌그룹들이 기존 회사의 자금으로 또다른 회사를 손쉽게 설립하거나 다른 기업을 인수함으로써 기존 업체의 재무구조를 악화시키고 문어발식으로 기업을 확장하는 것을 방지하기 위해서이다.

우리나라에서는 대기업들의 과다한 업종 다각화에 따른 경제력 집중을 억제하기 위하여 다른 회사(계열사) 주식의 소유를 순자산의 25% 이내로 제한하고 있다. 즉 30대 그룹에 속하는 대규모 기업집단은 순자산액의 25%를 초과하여 계열사에 출자할 수 없도록 규제하는 제도를 출자총액제한제도라 한다.

예를 들어 한도가 25%일 경우 순자산 1백억 원을 갖고 있는 A계열사는 B, C, D 등의 모든 계열사에 출자하는 합계액이 25억 원을 넘어서는 안 된다는 것이다.

이 제도를 도입하면 순환출자를 억제하여 대기업들의 문어발식 확장을 억제하는 효과를 가져오게 된다.

여기서의 순환출자란 대주주가 A기업을 설립한 뒤 증자를 하고 자금을 차입해 B기업을 설립하고 B기업은 또 증자와 차입으로 C기업을 설립하는 식으로 계열사를 계속 늘려가는 수단을 말한다. 사실 이러한 순환출자를 통하여 우리나라의 재벌들이 소수지분을 가지고도 계열사들을 지배하고 있다.

순자산액 = 자산총계 - (부채총액 + 계열사로부터의 출자분 + 국고보조금)

이 때 출자액은 시가총액이 아닌 취득가액으로 계산한다.

따라서 30대 그룹은 2002년 3월 31일까지 출자총액을 순자산액의 25% 이내로 줄여야 한다. 그러나 예외적으로 계열사가 아닌 회사의 주식을 투자목적으로 소유하거나, 부품생산 중소기업과의 협력을 위한 출자, 기술개발을 위한 출자 등은 한도계산에서 제외된다. 또 사회간접자본 시설에 대한 민자유치법에 따라 설립된 회사에 대해서 공정거래위원회가 인정할 경우에도 출자한도에서 제외된다.

또한 지주회사는 적용대상에서 제외하고 구조조정촉진 등을 위해 불가피하게 출자하는 경우에는 5년까지(3년 추가 가능) 예외를 인정하고 있다.

따라서 ① 사업구조조정과정에서 설립된 통합법인에 대한 신규 출자 ② 기존 사업부문을 물적 분할방식으로 기업분할하는 경우 신설법인에 대한 출자 ③ 외자유치를 통해 계열분리를 추진하면서 일정지분을 참여하는 경우 ④ 핵심역량집중을 위해 비관련 지분의 정리와 계열분리를 추진하는 주식정리과정에서 일시적으로 출자한도를 초과하는 경우에 대해서는 예외가 인정된다.

그러나 총액출자제한제도는 이번에 새로 도입된 제도가 아니다. 1997년 환란 이전에도 총액출자제한제도는 있었으며, 대기업들의 무분별한 확장을 막는 데는 기여하였다. 하지만 환란 이후 1998년 초 적대적인 M&A(기업인수 · 합병)를 허용하면서 기업의 퇴출과 적대적 M&A를 어렵게 한다는 지적을 받아 폐지되었다. 그러나 실제로 적대적 M&A는 한 건도 발생하지 않았고, 오히려 1998년 2월 출자총액제한제도가 폐지되기 전까지 순자산액(자기 자본에서 계열사출자금액 제외) 25% 이내에서 유지되던 30대 그룹 의 출자총액비율이 제도 폐지 후 평균 32.1% 수준으로 높아졌다. 특히 오너와 특수관계인 등 동일인 지분은 떨어졌지만 계열사 지 분율이 대폭 증가하였다. 따라서 정부는 재벌들의 순환출자로 인 한 문어발식 확장을 막기 위하여 공정거래법을 개정해 1997년에 폐지(1998년부터 시행)된 30대 재벌의 출자총액제한제도를 부활하 였다.

 소액주주운동

소액주주운동

일반적으로 지배주주는 그 의결권으로 회사업무 전반에 걸친 의사결정권과 업무감독권을 가진 이사회를 장악할 수 있을 뿐만 아니라 자신이나 친인척을 이사로 선임하는 예도 드물지 않다. 또 회사의 기본적 변경사항에 대하여는 주주총회를 통하여 영향력을 행사할 수 있다.

이러한 사정하에서 지배주주가 회사내부의 정보 및 지배권 등 유리한 지위를 이용하여 자신의 이익을 도모하고 소액주주가 향유해야 할 사업수익 및 회사자산에 대한 이익을 박탈함으로써 소액주주에게 손해를 입힐 위험성은 항상 존재하고 있다.

사실 기업공개를 통하여 증권시장에 상장된 기업은 1대주주

재계.시민단체 소액주주운동 정면 충돌

상장사들의 주주총회가 잇달아 열리고 있는 가운데 소액주주 운동의 범위와 적정성 문제를 놓고 재계와 시민단체가 정면 충돌했다. 재계는 "소액주주운동이 전체 주주의 이익과 거리가 멀다"며 노골적인 불만을 드러냈다. 이에 대해 시민단체인 참여연대는 "재벌이 아직도 구태를 벗지 못하고 있다"며 맞불을 놓았다.

양측의 이번 격돌은 오는 9일 사외이사 선임을 둘러싸고 참여연대와 한판 대결이 예고된 삼성전자 주총을 앞두고 나온 것으로 대리전 양상마저 띠고 있다.

전경련을 비롯한 경제 5단체는 7일 오전 서울 롯데호텔에서 조찬모임을 갖고 시민단체의 소액주주운동을 정면 비판했다.

재계는 이날 '소액주주운동에 대한 경제계의 입장'이라는 선언문에서 "시민단체가 일부 우량기업만을 표적으로 삼는 것은 소액주주운동의 파급효과를 극대화시키려는 의도가 숨어 있으며 정치성을 띠고 있다"고 주장했다. 또 "시민단체가 경제민주화라는 명분 아래 자신들이 추천한 사외이사를 기업경영에 참여시키려는 것은 기업의 효율성 저하는 물론 기업 가치를 떨어뜨리고 주주이익을 훼손할 뿐"이라고 말했다.

전경련 손병두 부회장은 "소액주주운동의 공은 인정하지만 외국의 기관투자가를 대상으로 해당 기업을 비방하며 위임권 확보에 나서는 등 소액주주운동이 잘못된 방향으로 가고 있다"고 주장했다. 재계는 지난 2일에도 전경련 산하 자유기업원을 통해 소액주주운동의 문제점을 제기했다.

재계의 이같은 주장에 대해 참여연대 장하성 경제민주화위원장은 이날 기자회견을 갖고 "재계의 주장은 전혀 사실에 근거하지 않았을 뿐 아니라 의도적으로 사실을 왜곡하고 있다"고 비판했다.

장위원장은 "소액주주운동은 국내 기관투자가와 소액주주들이 참여할 수 있도록 끊임없이 노력해왔고 그 결과 다수의 소액주주들이 이 운동에 참여하고 있다"고 설명했다.

장위원장은 특히 "삼성전자 주총에서 참여연대를 지지하겠다던 국내 기관투자가들이 갑자기 입장을 바꾼 것은 그들이 아직도 재벌의 영향력에서 벗어나지 못하고 있다는 증거"라고 반박했다. 그는 또 "세계적인 컨설팅 회사인 프라이스워터하우스쿠퍼스(PWC)가 세계 35개 국가의 불투명지수를 조사한 결과 한국은 회계와 지배구조 부문에서 최하위를 기록했다"면서 "한국 기업이 헐값으로 팔리고 있는 가장 큰 이유는 불투명한 지배구조가 기업가치를 떨어뜨리기 때문"이라고 주장했다. 박문규.박영환 기자

경향신문 2001-03-08

개인의 기업이 아닌 불특정 다수의 주주로부터 자기자본을 조달한 공공기업이다. 그럼에도 불구하고 우리나라의 대기업들은 대주주 소유의 개인기업의 형태로 경영이 이루어지고 있다. 특히 우리나라의 경우 '삼성 = 이병철, 이건희, 이재용', '현대 = 정주영'으로 인식되고 있음이 잘 말해주듯 대주주 1인에 의해서 경영이 독점적·전횡적으로 이루어지고 있다. 특히 소액주주들은 경영에 참여할 수 있는 제도적인 장치가 전혀 없을 뿐만 아니라 경영을 감독할 실질적인 조직과 힘이 없기 때문에 자신의 권익이 침해당한 경우에도 이에 대항하지 못한다. 따라서 대주주들의 정보 비대칭과 독점에서 나타날 수 있는 소액주주들의 권리를 침해할 수 있는 위험을 감시하고 견제하여 기업경영구조를 전체 주주의

이익을 반영할 수 있는 체제로 만들기 위한 제도적 장치 중 기업 이해관계자에 의한 외부견제기능을 담당하는 것이 바로 소액주주권이다.

소액주주의 권리 및 행사요건

지배주주들은 이사회를 통하여 경영권을 행사하지만 소액주주들도 임시주주총회소집권, 대표소송제기권, 이사해임청구권 등 법률상의 다양한 권리를 행사할 수 있다. 물론 무책임하고 빈번한 권리행사 요구로 발생할 수 있는 효율성의 저해 및 고의적인 업무방해, 정보유출 등의 위험을 방지하기 위하여 권리행사에는 일정 자격, 즉 일정 주식을 소유할 것을 요구하고 있다.

[소액주주의 권리 및 행사요건]

	비상장 기업	상장기업	
		자본금 1천억 원 미만	자본금 1천억 원 이상
주식보유기간	제한 없음	6개월 이상	6개월 이하
임시주주총회 소집청구권	3%	3%	1.5%
대표소송제기권	1%	0.01%	0.01%
이사해임청구권	3%	0.5%	0.25%
위법행위유지청구권	1%	0.05%	0.025%
회계장부열람권	3%	0.1%	0.05%
검사인선임청구권	3%	3%	1.5%
주주제안권	3%	1%	0.5%

소액주주운동의 목적

소액주주들에게도 다양한 권리가 주어지고 있음은 앞에서 살펴보았다. 그러나 대주주나 경영진의 전횡적인 경영이나 부실경영으로 인하여 소액주주가 심각한 손해를 본 경우에 소액주주 개인으로서 할 수 있는 것은 손실을 감수하고 주식을 처분하는 일이다. 하지만 현실적으로는 주주총회에서의 의결권은 개인으로서의 소액주주에게는 실질적인 의미가 없을 뿐만 아니라 임시주총 소집권 등 증권거래법상 소액주주들에게 주어진 권리를 행사하기에는 제약요인이 많다. 따라서 소액주주 개인으로서는 행사하기 어려운 권리를 다수 소액주주들의 흩어진 의결권을 모아서 행사하여 소액주주의 권익을 보호하기 위한 것이 소액주주운동의 목적이다. 그러므로 소액주주운동은 대주주나 경영진의 전횡적인 경영을 견제하고 부실경영에 대한 책임을 물음으로써 소액주주들이 자신의 이익을 지키는 운동이다.

- 소액주주의 권리와 이익을 공동으로 지켜낸다.
- 소액주주의 권리를 행사하여 주식회사의 시장감시기능을 활성화한다.
- 금융·증권시장의 자율감독기능을 높여서 시장을 정상화하는 데에 기여한다.
- 상장기업의 경영투명성을 확보하여 대주주의 일방적인 경영을 견제한다.
- 공개기업에 대한 정부의 부당한 경영간섭으로부터 주주와 경영진을 보호한다.
- 기업이 부정부패의 원인을 제공하는 행위를 감시, 견제한다.
- 대주주나 경영진의 반시장경제적인 전횡을 견제, 감독한다.
- 소유, 경영 분리된 우량기업의 경영권을 보호한다.

기업회생을 위한 제도

🔵 법정관리

회생가능성은 높지만 부채가 지나치게 많아 현재 상태로는 기업 스스로 회사를 꾸려가기 어렵다고 판단될 때 법원이 지정한 제3자가 자금관리 등 기업활동 전반을 관리하는 제도로 파탄에 직면한 회사를 법원의 감독아래 채권자와 주주 등의 이해관계를 조정하면서 기업을 회생시키는 절차이다. 다만, 대주주의 경영권은 감자 등을 통해 박탈되는 경우가 많다.

법정관리는 채권자 또는 주주도 신청할 수 있으나 대상업체가 스스로 신청하는 경우가 많다.

기업이 법정관리를 신청할 때는 채권, 채무이행을 동결시키는 재산보전처분도 동시에 요청한다. 신청을 받은 법원은 우선 재산보전처분명령을 내린다. 그 후 3개월 정도의 시간을 갖고 법정관리를 받아들일지, 기각할지를 결정하게 된다.

법정관리·화의기업 일제점검

진념부총리 밝혀

서정희 기자

국회 통과가 지연되고 있는 기업구조조정촉진법과는 별개로 법정관리기업이나 화의기업에 대한 일제점검·정리가 연말까지 이루어진다.

이와 관련해 진념 부총리 겸 재정경제부 장관은 5일 "금융기관 대출 규모가 300억원 미만인 법정관리·화의기업에 대해서도 법원과 협의를 거쳐 연내에 정리해야 한다"고 말했다.

진 부총리는 이날 오전 서울 소공동 롯데호텔에서 열린 한국금융연구원 주최 금융경영인 초청 조찬강연에서 이같이 밝히고 "이달 중순이나 하순에 제2차 여·야·정 정책포럼을 열어 지역 균형발전 전략과 우리 산업의 5~10년 중장기 경쟁력 강화 방안을 논의할 것을 여야 3당 정책위의장에게 제의한다"고 말했다.

법정관리·화의업체의 경우 종전에는 은행 순여신 300억원 이상인 업체를 중심으로 관리해 오다 지난 5월 금융감독원을 통해 여신 규모에 관계없이 실태를 파악해 상시 구조조정 적용 대상에 포함하도록 했으나 실적이 부진한 상황이다.

채권단 집계 결과 4월 말 현재 22개 은행에서 관리중인 법정관리·화의기업은 모두 479개로 이 가운데 신용공여 300억원 미만인 기업은 총 344개인 것으로 조사됐다.

그러므로 법정관리를 신청한다고 하여 모두 받아들여지는 것은 아니다. 근본적으로 회생가능성이 높은 기업만 법원에서 법정관리가 받아들여진다. 또한 법정관리중이라도 회생가능성이 없는 기업은 언제든지 파산절차에 들어가게 된다. 법정관리가 기각되면 기업은 파산절차에 들어가고, 수용되면 법원이 선임한 법정관리인이 경영을 책임지게 된다.

법정관리와 유사하게 기업을 회생시키는 방법으로 은행관리도 있는데, 이것은 은행에서 직접 직원을 파견하여 자금을 관리한다는 점에서 법정관리와 차이가 있다. 또 은행과 기업의 계약이나 합의에 따라 이뤄진다는 점도 법정관리와 다르다. 은행관리의 경우 관리은행은 경영에는 직접 참여하지 않지만 자금관리, 경영자의 의사결정에 조언 등을 할 수 있다.

 화 의

지급불능, 지급정지, 채무초과 등 일시적인 파산위기에 몰렸으나 위기만 넘기면 정상화가 가능한 기업에 대해 법원의 중재하

에 채권자들이 협정을 맺고 채권행사를 유예해줌으로써 기업도 살리고 채권자의 채권도 변제받을 수 있도록 한 제도이다.

일정 기간 동안 채권행사를 유예하고 기업에 갱생기회를 준다는 점에서 법정관리와 비슷하다.

또한 법정관리가 법원이 회사재산의 보전처분 결정을 내리고 법정 관리인을 선임하여 기업경영까지 책임지는 제도인데 반하여 화의는 기업경영에는 관여하지 않는다. 즉 구 경영자의 경영권을 인정하고 변제에 대한 강제성이 없다는 점이 법정관리와 다르다.

또한 채권단의 주도하에 기업을 회생시킨다는 점에서 워크아웃과 유사하나 워크아웃은 금융기관들이 만든 기업구조조정협약에 근거하며 채권금융기관의 75%만 찬성하면 나머지 채권자들에게도 동일한 의무가 부여되는 강제성을 띠게 된다는 점에서 다르다.

 워크아웃(workout : 기업개선작업)

워크아웃이란 회생가능한 기업에 대하여 채권금융기관이 기업과 긴밀한 협조하에 기업구조조정 협약(채권자인 금융기관들이 모여 만든 자율 협약)에 따라 출자전환, 원리금 상환유예, 신규자금 지원 등을 통해 기업을 건전하게 만드는 절차를 말한다.

워크아웃은 기업이 완전히 부실화되기 이전단계에서 이해당사자가 자율 협약에 따라 기업회생을 추진하기 때문에 법정관리나 화의 등의 법적 절차에 의한 방식보다는 효율적이라고 할 수 있다.

　　법정관리와 워크아웃, 화의의 가장 큰 차이점은 구속하는 채권의 범위이다.

　　법정관리는 금융기관의 채권은 물론 물품대금으로 받은 어음 등 일반 상거래 채권까지 채권 행사가 정지된다.

　　화의는 무담보 채권은 행사할 수 없으나 담보채권은 언제든지 상환을 요구할 수 있다.

　　워크아웃은 채권의 구속력이 가장 협소한 경우로 기업구조조정 협약에 가입한 권리행사가 제한된다.

	워크아웃	법정관리	화 의
대 상	주식회사	주식회사	개인 및 법인
신청권자	당해기업 및 주관은행	당해기업, 패권자 및 주주	채무자
유예대상 채 권	협약가입채권 전액	상거래채권을 포함한 모든 채권	화의채권(무담보 채권)
주주권리	실사결과에 따라 감자 후 채권단 출자전환 실행	1/2 이상 소각, 특수관계인 소유 주식의 2/3 이상 추가소각 가능	감자 등의 절차 없이 주주 권리 유지
경 영 권	협의회 결의로 구 경영진 경영권 박탈 가능	구 경영진 경영권 소멸	구 경영진 경영권 유지
중요사항 결 정	채권금융기관 협의회 3/4 이상 결의로 결정 결의 내용의 강제성	채권액 3/4 이상 결의로 결정 후 법원인가 (무담보의 경우는 2/3)	출석채권의 과반수 및 총채권액 3/4 이상 결의
채권 상환 기 간	제한 없음(대부분 5년)	최장 10년	제한 없음. 법정관리 수준에서 결정

또한 법정관리와 화의는 회사정리법에 의거해 진행되지만 워크아웃은 특별한 법 규정이 없다.

구 경영진의 경영권 유지 여부도 이들을 구별하는 중요한 요건이다. 즉 화의는 기본적으로 구 경영진의 경영권이 유지되지만 법정관리와 워크아웃은 구 경영진의 경영권 유지 여부가 채권단에 의해 결정된다.

 청 산

매각하거나 정리할 수 있는 자산들을 처분하여 채권단이 대금을 나누어 갖는 방법이다. 그리고 남는 자산은 주주들에게 소유 비율에 따라 분배하여 준다. 파산과 유사하나 법원의 주도하에 회사를 정리하는 것이 파산이고, 청산은 모든 과정이 채권단과 채무기업의 주도하에 이루어지게 된다. 그러나 청산의 경우 청산 결정이 이루어지면 주가가 급락하고 자산가치도 급락하여 채권자와 주주 모두 상당한 손실을 입게 될 가능성이 높다.

생활과 환율

- 환율
- 환율변동의 위험과 파생금융상품
- 국제수지표
- 외환보유액

환 율

 환율이란 무엇인가

외환하면 일반적으로 외국화폐만을 떠올리기 쉬우나 사실은 모든 대외지급수단을 말한다. 다시 말해서 대외지급에 사용할 수 있는 외국통화, 외국통화표시 은행권, 수표, 환어음, 예금 및 외국통화표시 청구권을 뜻한다.

이러한 대외지급수단은 상품 및 서비스의

환율 2년1개월만에 최고
금리는 1년6개월만에 최저

새해 처음 열린 외환시장에서 원-달러 환율이 급등했다.

반면 자금시장에서는 금리가 1년 6개월만에 가장 낮은 수준으로 떨어졌다.

2일 외환시장에서는 오전 한때 달러화에 대한 원화환율이 반락하기도 했으나 오후 들어 정유사들의 결제수요가 1억5천만 달러나 몰린데다 소액결제수요도 많아 다시 큰 폭 오름세로 돌아섰다.

이날 원-달러 환율은 작년말 종가에 비해 11.90원이 오른 1천276.4원을 기록,지난 98년 12월19일 기록한 1천287원 이후 2년1개월만에 최고치를 나타냈다.

한국은행 관계자는 "정유사들의 달러 수요가 줄어들지 않고 있다"면서 "국제적으로 달러화가 오를 것이라는 기대감이 번지고 있어 급등세를 보였다"고 풀이했다.

한편 자금시장에서는 은행 파업과 공적자금 투입이 마무리되면서 안정심리가 번져 금리가 소폭 내려갔다.

3년만기 국고채는 작년 말에 비해 0.03% 포인트가 내린 연 6.67%를 기록, 지난99년 6월12일 이후 1년반만에 최저치를 나타냈다.

3년만기 회사채는 0.01% 포인트 낮은 연 8.12%였다.

91일만기 양도성예금증서(CD)는 0.01% 포인트가 오른 연 6.88%였으며 91일만기기업어음(CP)은 작년말과 같은 연 7.26%를 유지했다.

한국은행 관계자는 "시중에 유동성이 풍부한데다 물가불안도 그리 심하지 않아채권매수세가 살아났다"고 분석했다.

하루짜리콜금리는 오후 4시30분 현재 연 5.27%를 기록, 지난해말 확정치에 비해0.74%포인트 낮게 형성됐다. satw@yonhapnews.co.kr

매일경제 2001-01-02

수입을 결제할 때, 외국에 송금 등 이전지급과 장·단기 자본을 지출할 때 필요하다. 반대로 외환공급은 상품 및 서비스의 수출, 이전수입 등 경상수입과 장·단기 자본수입에 의해 결정된다. 이때 외국에 지급하기 위하여 원화를 얼마나 지급하여야 하는가, 즉 외국통화 1단위를 우리나라 통화와 바꿀 때 적용하는 교환비율이라고 할 수 있다.

따라서 환율은 외환시장에서 마치 일종의 상품처럼 그 통화에 대한 수요와 공급에 의하여 가격이 형성된다.

 ## 환율의 종류

기준환율, 현찰, 전신환율, 수표매입률

기준환율은 외환시장에서 매입·매도에 의하여 결정된 환율로 다른 환율을 결정하는 데 있어서 기준이 되는 환율이다.

우리나라의 현행 환율제도는 '자유변동환율제도'로서 외환시장에서 외환의 수요와 공급에 의해 환율이 자율적으로 결정된다. 이에 따라 금융기관들은 외환시장에서 형성된 환율을 기준으로 고객거래 등 외환거래시에 적용할 환율을 그날그날 자율적으로 결정하게 된다.

현찰환율은 해외여행을 하기 위해서 외국화폐가 필요한 경우 및 외국에서 사용하고 남은 외화를 은행에 팔 때 적용되는 환율이다. 그러므로 현찰환율은 기준율을 중심으로 은행의

농협 환전우대 쿠폰 발급

농협(www.nonghyup.co.kr)이 외환거래 고객을 대상으로 환전우대 쿠폰을 발급하는 등 다양한 환전서비스를 한다.

인터넷 홈페이지에 게시된 환전쿠폰을 인쇄해 환전 때 창구에 제출하면 환전수수료의 30%를 할인받을 수 있다. 또 오는 8월 말까지 외국여행을 위해 환전할 경우 환전수수료 10%를 추가로 할인받을 수 있다.

이익이 반영되어 매입률은 기준율에 비하여 낮고, 매도율은 기준율에 비하여 높게 표시되어 있다. 한편 매매 기준율과 현찰환율과의 차이는 은행 및 통화에 따라 약간씩 다르다. 즉 일반적으로 ±1.5%이지만 잘 유통되지 않는 통화나 환율변동의 위험이 높은 통화일수록 마진의 범위는 커진다. 따라서 해외여행을 할 때에는 은행별 환율을 비교하여 환율이 가장 낮은 은행을 선택하는 생활의 지혜가 필요하다.

외국에 송금을 할 경우, 수입상품에 대한 대금 결제, 수출상품에 대한 자금수수 경우에는 직접 현금을 이동시키는 것이 아니라 각 은행 사이에 개설된 당좌계정상에 증감으로만 나타나게 된다. 예를 들어 우리가 외환은행에서 미국의 시티은행을 통하여 친지에게 1천 달러를 송금을 하였다면 외환은행에서 실제로 미국 달러화를 보내는 것이 아니라 외환은행이 시티은행에 개설해둔 계좌에서 1천 달러를 인출하여 여러분의 친지에게 지급하여 줄 것을 지시하는 지시서에 의거해 지불하는 것이다. 반대로 미국에서 국

환율	현찰매도율(매매기준율＋1.5～2.5%)
	여행자수표 매도율(매매기준율＋0.99～1.5%)
	전신환매도율(매매기준율＋0.98～1.0%)
	매매기준율
	전신환 매입률(매매기준율－1.5～2.5%)
	현찰매입률(매매기준율－0.98～1.0%)

＊통화 및 은행에 따라서 적용되는 마진율이 다르다.

내로 송금한다면 미국의 시티은행은 외환은행의 계좌에 1천 달러를 입금한다.

이처럼 외환의 이동이 직접적으로 수반되지 않는 경우 적용되는 환율이 전신환율이다.

뿐만 아니라 우리가 외국 수표를 구입하는 경우에도 전신환율이 적용된다. 그러나 우리가 받은 수표를 원화로 바꾸는 경우에는 수표매입률이라는 환율이 적용된다. 이것은 전신환율에 대하여 외국에서 돈을 받을 때까지의 이자(환가료)를 제외한 환율이 적용되는 것이다.

매입률과 매도율

매입률은 시장주도자(market-marker)가 기준통화를 사고자 하는 환율이며, 매도율은 시장주도자가 팔고자 하는 환율이다.

여기서 말하는 시장주도자는 경제동향, 외환수급 전망 등의 모든 요인을 감안하여 자신의 위험과 책임하에 환율을 고시하고 적극적으로 시장을 주도해 나가는 주체를 말한다. 시장이용자(market-user)는 시장주도자가 고시하는 가격을 수동적으로 받아들여 고객의 요구 또는 자신의 필요에 따라 외환거래를 하며 일반적으로 자신의 환포지션을 크게 보유하지 않는다.

따라서 은행의 입장에서 표시한 매입률은 우리가 외환을 팔 때 적용되는 환율이고, 반대로 매도율이 우리가 외환을 구입할 때 적용되는 환율이다. 따라서 반드시 매도율이 매입률보다 높을 수밖에 없다.

기타 통화의 환율 결정

환율은 외환시장에서 결정된다. 그러나 우리나라의 외환시장은 미국 달러화와 원화, 엔화와 원화 시장만이 있다. 따라서 우리나라 외환시장에서 결정되는 환율은 미국 달러화와 원화의 환율뿐이다.

그렇다면 미국 달러화를 제외한 외국통화의 환율은 어떻게 결정될까?

미국 달러화 이외의 다른 나라 돈에 대한 원화환율은 금융결제원을 경유하여 그날중 은행간에 거래된 미국 달러화에 대한 원화환율을 거래량으로 가중평균하여 산출한 '시장평균환율'과 국제외환시장에서 형성된 달러화와 다른 나라 돈의 환율을 이용하여 다음과 같이 산출한다.

금융결제원에서는 현재 일본의 엔화, 독일의 마르크화, 영국의 파운드화, 유로화 등에 대한 원화환율을 매일 산출하여 발표하고 있다. 이 때 자국의 통화가 개입되지 않은 외국통화간의 환율이나 국제시장에서는 미국 달러화가 개입되지 않은 3국 통화간의 환율을 크로스환율(cross rate)이라 하고, 특정통화와 외국통화간의 환율을 기준환율로 정하고 기준이 된 외국통화와 다른 외국통화간의 크로스환율과 기준환율과의 관계로부터 재정하여 산출되는 환율을 재정환율(arbitrated rate)이라 한다.

$$USD\ 1 = JPY\ 115$$

$$USD\ 1 = KRW\ 1,250$$

$$JPY\ 100 = KRW\ \frac{1,250}{115} \times 100$$

 ## 고정환율제도와 변동환율제도

환율제도는 환율결정방식에 따라 고정환율제도, 관리변동환율제도, 자유변동환율제도 등으로 구분한다.

우리나라의 환율은 기본적으로 외환시장에서 외환의 수요와 공급에 의하여 결정된다. 이처럼 외환시장에서의 외국통화에 대한 수요와 공급에 의하여 환율이 결정되는 제도를 자유변동환율제도라 한다. 그러나 모든 나라가 우리나라처럼 외환시장에서 환율이 결정되는 것은 아니다. 우리나라도 외환위기 이전에는 시장평균환율제도라 하여 일종의 정책 당국의 의지가 담긴 환율제도였다.

우리나라의 환율제도의 변천과정은 다음과 같다.

[우리나라의 환율제도 변천 과정]

기 간	환 율 제 도	비 고
1945. 10 ~ 1964. 5	고정환율제도	
1964. 6 ~ 1980. 2	단일변동환율제도	
1980. 3 ~ 1990. 2	복수통화바스켓시스템	
1990. 3 ~ 1997. 12. 15	시장평균환율제도	
1997. 12. 16 ~	자유변동환율제도	

자유변동환율제도가 시장에서의 외환의 수요와 공급에 의하여 결정된다면 고정환율제도는 정부가 일정수준에서 환율을 결정

하고 기타 외환 수요자와 공급자는 정부에서 정해준 환율에 따라
외환을 사고 파는 제도이다.

한편 자유변동환율제도와 고정환율제도의 중간형태로 관리
변동환율제도가 있다. 자유변동환율제도가 완전히 외환시장에서
외환의 수요와 공급에 의하여 환율이 결정되는 제도라면 관리변
동환율제도는 중앙은행이 정책당국의 목표 달성을 위하여 외환시
장에 개입하여 환율을 관리하는 제도이다.
오늘날 주요 선진국들은 시장의 기능을 존중하는 자유변동환
율제도를 채택하고 있다.

[나라별 화폐 명칭]

나라이름	돈이름	약 호
미 국	달러(Dollar)	US$ 1달러
영 국	파운드(Pound)	£ 1파운드
독 일	마르크(Mark)	DM 1마르크
프랑스	프랑(Franc)	F.Fr 1프랑
일 본	엔(Yen)	¥ 100엔
캐나다	달러(Dollar)	CAN$ 1달러
이탈리아	리라(Lira)	Lit 100리라

 # 환율변동에 영향을 미치는 요인

환율은 경제적·정치적·심리적·기술적 요인 및 중앙은행의 정책, 시장참가자들의 예측과 기대 등 다양한 요인에 의하여 결정된다.

▣ 경제적 요인

경제적 요인으로는 이자율, 통화량, 인플레이션, 국제수지, 경제성장률 등이 있다.

이 때 우리나라 돈의 가치가 높아져 환율이 하락하는 경우를 원화가치 상승, 환율이 높아지는 경우를 원화가치 하락이라 한다.

이　자　율 : 이자율의 상승은 단기자금의 유입을 초래하여 단기적으로 해당 통화의 즉각적인 강세요인으로 작용한다.

통　화　량 : GNP증가율을 감안한 통화량의 증가율이 상대적으로 높은 경우 인플레율이 상대적으로 높아지므로 해당국 통화는 약세를 나타낸다.

인플레이션 : 구매력평가설에 의하면 상대적으로 높은 인플레율은 해당국 통화의 약세요인으로 작용한다.

국제수지 : 국제수지의 적자는 외국에 대한 채무증가를 나타낸다. 국제수지 특히 경상수지적자는 적자국 통화의 약세요인이 된다.

경제성장률 : 경제성장률이 높아지면 그 나라의 통화는 강세를 나타내게 된다.

[경제변수의 움직임과 환율변화]

경제적 요인변화	환율변동	원화가치
물가상승	환율상승	가치하락
통화량 증가	환율상승	가치하락
경제성장	환율하락	가치상승
국제수지흑자	환율하락	가치상승
이자율상승	환율하락	가치상승

▣ 정치적 · 심리적 요인

▣ 기술적 요인

▣ 중앙은행의 정책

▣ 시장참가자들의 예측과 기대

 환율변동이 경제에 미치는 영향

경제적 요인 또는 경제외적 요인 등 여러 가지 요인에 의해

[환율변동과 경제]

	환율하락	환율상승
국제수지	악화	개선
물가	하락	상승
경제성장률	하락	상승
외채상환부담	감소	증가

변동하는 환율은 다시 국제수지, 물가, 경제성장 등 경제변수에
많은 영향을 미치게 된다.

국제수지 개선 효과

일반적으로 환율이 상승하면 그 효과가 곧바로 나타나지는
않지만 기간이 지나면서 수출이 증가하고 수입이 감소하여 국제
수지가 개선된다. 왜냐하면 환율이 상승하면 수출업자는 수출의
대가를 같은 금액의 외국돈으로 받더라도 원화로는 더 많은 금액
을 받게 되므로 수출을 더 많이 하려고 하며 원화로 더 많이 받는
만큼 수출품을 보다 싼 가격에 팔 수도 있어 수출량을 늘릴 수 있
기 때문이다. 또한 수입업자는 환율이 상승하면 수입물품의 가격
이 상승하여 수요가 감소되어 수출은 증가하고 수입은 감소하여
국제수지가 개선된다.

그리고 반대로 환율이 하락하면 수출은 감소하고 수입이 증
가한다.

물가 상승

1가족 1차량 시대로 접어들면서 정부에서는 휘발유와 등유
가격 등 자동차 연료 가격을 주유소 입구에 고시하도록 하고 있
다. 그런데 자동차 연료 가격은 매월 변하고 있다. 왜냐하면 다른
상품들의 가격과 달리 자동차 연료의 가격은 거의 매월 변하고 있
기 때문이다. 이 때 가장 중요한 가격 변화 이유는 환율의 변화와
원유값의 변화이다. 즉 환율이 상승하면 휘발유값이 올라가고 환
율이 내려가면 휘발유값이 내려가는데, 이것이 바로 환율변화와

물가와의 관계이다.

다시 말해서 환율이 상승하면 원자재, 부품 등을 수입하는 데 더 많은 원화를 지급하여야 하므로 국내 물가가 올라가게 되며, 환율이 하락하면 수입품의 가격이 싸져서 국내 물가는 내려가게 된다.

경제성장률이 높아지고 고용 증대 확대

환율변동이 경제성장 및 고용에 미치는 효과는 국제수지에 미치는 효과와 그 방향이 같다. 즉 환율이 상승하여 수출이 증가하면 생산이 증대되어 경제성장을 촉진하고 고용을 증대시킨다. 그러나 환율이 하락하여 수출이 감소하면 생산이 줄어들어 경제성장이 둔화되고 고용사정이 어려워진다.

외채상환 부담 가중

우리는 흔히 주가의 상승요인과 하락요인으로 환율하락이 기업의 외채부담에 변화를 주어 주가가 오르거나 내리게 될 거라는 전망을 듣게 된다. 환율변동은 대외채권 및 채무에도 영향을 미친다. 우리나라가 외국에서 돈을 빌린 경우 환율이 상승하면 더 많은 원화를 주고 외국 돈을 사서 갚아야 하므로 그만큼 외국에 진 빚을 갚는 부담이 늘어난다. 그러나 환율이 하락하면 그만큼 적은 돈의 원화로 외국 돈을 사서 갚을 수 있게 되므로 외국에 진 빚을 갚는 부담이 줄어든다.

1997년의 환란 직후 외국자본이 우리나라에 들어오게 된 요인 중의 하나가 높은 환율 때문이라고 한다. 즉 환율이 1달러에 2

천 원이라면 1억 달러를 들여오는 경우 원화로 환산하면 2천억 원이 된다. 그런데 지금처럼 경제가 안정되어 1달러에 1천2백 원 수준이라면 외국인의 주식 투자수익률이 0%라 하여도 그들이 외화로 가져갈 수 있는 돈은 1억 666만 달러가 된다. 즉 총투자수익이 66%에 이르게 된다는 것이다.

이처럼 환율의 변화는 원화로 환산한 대외 채무의 크기에 영향을 주게 된다.

환율변동의 위험과 파생금융상품

환율변화는 개인과 기업 모두에게 수익의 기회와 동시에 손실의 위험도 같이 제공한다. 즉 환율변동을 적절하게 이용하면 이익을 볼 수도 있고 손실을 입을 수도 있다는 것이다.

과거에는 기업에만 국한되는 이야기로 여겨졌으나 지금은 국제화의 진전과 개인의 외환보유 완화로 개인들도 환율변동에 적절하게 대응할 수 있는 방법이 필요하게 되었다.

이 때 환율변동의 위험을 피하기 위하여 주로 이용하는 상품이 선물환, 선물, 옵션 등 파생금융상품이다.

4大그룹 외환 순손실 2조

작년 현대7780억-SK5696억

12월결산 상장법인 4조손실

지난해 환율 변동으로 인해 현대 삼성 LG SK 등 4대 그룹의 외환관련 순손실이 2조원에 육박한 것으로 나타났다.

5일 금융감독원이 4대 그룹의 결합재무제표를 분석한 결과 외환 관련 이익은 3조7707억원이었지만 손실은 5조6800억원으로 4대 그룹에서만 1조9093억원의 외환관련 순손실이 난 것으로 집계됐다.

금감원이 분석한 4대 그룹의 재무제표 연결 대상 기업 수는 국내 131개사, 해외 281개사 등 412개사로 한 회사 평균 46억3000만원 이상의 외환 관련 손실을 입었다는 분석이다. 99년에 4대 그룹은 8812억원의 외환관련 순이익을 냈다.

금감원 이석준 기업회계1팀장은 "99년에 비해서 환율이 크게 올라 기업들이 대규모 외환관련 손실을 입은 것으로 나타났다"며 "4대 그룹

중에서도 해운 항공 등 해외 거래가 많은 자회사를 갖고 있는 그룹의 피해가 컸다"고 말했다.

3월 한국상장회사협의회의 조사에 따르면 497개 12월결산 상장법인의 외환관련 순손실은 3조9579억원으로 회사 평균 79억6000만원의 순손실을 기록했다.

그룹별로는 현대가 7780억원의 순손실을 기록했으며 이어 SK (5696억원) LG(5366억원) 등의 순이었고 삼성은 251억원의 순손실을 냈다. 4대 그룹을 포함해서 결합재무제표 작성 대상 15개 그룹의 총 외환관련 순손실은 2조7773억원이었다. 〈이 훈기자〉

dreamland@donga.com

4대그룹 외환관련 순손익

(단위:억원)

구분	현대	삼성	LG	SK	계
1999	3,667	981	1,813	2,351	8,812
2000	-7,780	-251	-5,366	-5,696	-19,093

(자료:금융감독원)

파생금융상품이란

파생금융상품이란 환율, 금리, 주가의 변동으로 기초금융자산(underlying assets)의 가치변동에 따른 리스크를 회피하기 위하여 고안된 금융상품으로 기초자산 또는 금융상품이 별도로 존재하고 이를 근거로 만들어진 상품이라는 의미로 파생상품이라고 부른다.

대표적인 파생금융상품으로 선물환, 선물, 옵션 등이 있다.

① 현물거래(spot transaction) : 거래당사자 사이에 매매계약이 체결됨과 동시에 계약을 이행한다.

② 선물환거래 : 거래당사자가 특정 통화의 거래규모와 환율을 정한 후 계약체결일로부터 영업일이 경과한 미래의 특정일에 미리 약정한 조건에 의해 외환을 인수 혹은 인도하고 대금을 지급하거나 수령한다. 선물환은 당사자간의 거래로 정형화되어 있지 않고 양 당사자간의 약정에 의하여 거래가 이루어진다.

③ 선물거래(futures transaction) : 거래당사자 사이의 매매계약은 현재 시점에서 이루어지지만 현재의 계약조건으로 미래의 특정 시점에 상품의 인수도가 이루어진다. 따라서 선물환거래와 유사하다. 선물거래는 표준화된 상품이 경쟁매매방식으로 선물거래소를 통하여 거래가 이루어지며, 연속적인 거래, 증거금제도와 일일정산, 만기일 이전포지션 청산 가능, 거래소와 청산소 존재, 거래대상의 규격화와 표준화, 부외거래라는 특징을 가지고 있다.

<h2 align="center">선물거래와 선도(forward : 선물환)거래</h2>

	선 물 거 래	선 도 거 래
거 래 방 법	공개경쟁입찰방식	거래당사자 사이 직접 계약
경제적 기능	연속적 헤징 가능	불연속적 헤징 가능
시 장 형 태	조직화된 거래소	장외거래
시장참가자	제한 없음	실수요자 중심
가 격 형 성	매일 형성됨	계약시 약정가격 유지
거 래 단 위	표준화	당사자 사이의 필요에 따라 서로 다름
계 약 이 행	실물 인도보다는 반대 매매로 청산	계약기간 만료시 실물 인도로 청산
이 행 보 증	청산회사가 보증	거래당사자 사이의 신용도 의존
증 거 금	개시증거금과 유지 증거금이 필요함	거래당사자 사이의 계약조건에 포함
가격변동제한	일일 최대변동폭 제한이 있음	제한 없음. 거래당사자 사이의 계약에 따라 결정

④ 옵션 : 거래당사자 사이의 합의에 의해 미래의 일정 시점 또는 일정 기일 내에 미리 약정된 가격으로 대상품목을 매도 또는 매수할 수 있는 선택권부권리로 약정대상이 되는 기초자산(주식, 채권, 외환, 주가지수 등)에 따라 그 종류도 다양하다.

● 옵션의 종류

콜옵션 : 미리 약정된 조건으로 약정된 자산을 매입할 수 있

환율불안 선물거래 급증

〈이진우·김경도〉연말을 앞두고 원화가치가 하락하고 달러선물거래가 급증하는 등 외환시장의 분위기가 심상치 않다.

또 역외선물환시장(NDF)에서는 원화가치가 달러당 1146원대까지 떨어지는 등 원화약세기조가 굳어지고 있다.

17일 서울외환시장에서 달러당 원화가치는 전날대비 3.5원이 떨어진(환율 상승) 1141.8원에 거래를 마쳤다.

이날 달러당 원화가치는 종가기준으로 지난 1월 12일 1144.5원을 기록한 이래 10개월만에 최저치이다.

이에 앞서 지난 15일에는 달러선물 계약이 지난해 4월 선물거래소 개장후 최고치인 1만8346계약단위(1계약=5만달러)를 기록했다.

외환당국 관계자는 "아직까지 원화가치 급락을 걱정할 시점은 아니며 동남아통화 불안의 여파는 감지되지 않는다"면서도 "연말 외환 수급상황을 예의주시중"이라고 말했다.

지난 한달여 동안 잠잠했던 원화가치가 최근 하락세를 보이는 이유는 달러수요를 일으킬 각종 요인이 연말에 집중돼 있기 때문이다.

국내적으로는 △기업·금융구조 조정 지연에 따른 시장불안 △외국인투자 감소 △예금부분보장제 시행 및 2단계 외환자유화 △기업들의 단기외채 상환 등 결제수요 등의 요인이 원화가치 하락을 부추기고 있다.

원화가치 하락의 국외요인으로는 △미국·일본 정치불안 △고(高)유가 지속 △대만 등 동남아통화 불안 △전세계적인 달러강세 △미국 증시 불안 등이 꼽힌다.

달러화에 대한 원화가치 하락은 완만하게 이루어질 경우, 국내기업의수출경쟁력에 도움을 줄수 있다.

그러나 국내외적인 악성요인에 따른원화가치 급락현상은 기존 외국인투자자의 시장이탈 가능성을 크게하며 수입물가 상승의 부작용도 발생시키게 된다.

특히 동반하락 양상을 보이고 있는 동남아통화와의 차별화에 실패할경우, 대외신인도에도 악영향을 미칠수 있다.

외환시장 관계자들은 "현재 시장의 관심사는 원화의 하락가능성이 아니라 원화가치의 하락폭일뿐"이라며 "연말까지의 주가향방과 당국 개입여부에 따라 원화가치 급락 가능성을 배제할수 없다"고 지적하고 있다.

매일경제 2000-11-19

는 권리를 가진다.

풋옵션 : 미리 약정된 가격으로 약정된 자산을 매각할 수 있는 권리를 가진다.

한편 기초자산을 시장가격에 상관없이 매입 또는 매도할 수 있도록 계약조건에 명시된 약정 가격을 행사가격이라 하며, 권리행사를 할 수 있는 시기에 따라 약정기일 이내이면 언제든지 권리를 행사할 수 있는 아메리칸 옵션(american option)과 약정된 특정일에 한하여 권리를 행사할 수 있는 유러피언옵션(european option)으로 나눈다.

 ## 파생금융상품의 구분

파생금융상품은 선물환, 선물, 옵션을 어떠한 기초자산에 활용하느냐에 따라 그 이름이 다양하다.

① 기초금융자산이 통화인 상품 : 선물환(forward exchange), 통화선물(currency future), 통화옵션(currency option), 통화스왑(currency swap)등이 있다.

② 금리관련상품 : 각종 채권의 보유에 따른 금리변동위험을 회피하기 위한 상품이다. 선도금리계약(forward rate agreement), 금리선물(interest rate future), 금리선물옵션(interest rate futures option), 금리스왑(interest rate swap) 등이 있다.

③ 주식관련상품 : 주가변동으로 발생하는 위험을 회피하기 위한 상품이다. 주가지수선물, 주가지수옵션 등이 대표적이다.

[파생금융상품의 종류]

	통화관련상품	금리관련상품	주식관련상품
장 내	통화선물 통화선물옵션	금리선물 금리선물옵션	주가지수선물 주식옵션 주가지수옵션 주가지수선물옵션
장 외	선 물 환 통화스왑 통화옵션	선도금리계약(FRA) 금리스왑 Cap, Floor, Collar, Swaption	주식스왑 주식옵션

- **기초자산** : 옵션의 약정대상이 되는 자산으로 주식, 채권, 외환, 주가지수 등을 말한다.
- **행사가격** : 기초자산의 시장가격과 무관하게 옵션 매수자가 권리를 행사하여 기초자산을 매입하거나 매도할 수 있도록 계약조건에 명시된 가격
- **위탁증거금** : 선물·옵션 거래계약의 이행을 보증하기 위해 요구되는 현금과 대용증권
- **유지위탁증거금** : 투자자가 자신의 선물·옵션포지션을 유지하는 데 필요한 최소증거금
- **추가증거금** : 위탁자의 예탁총액이 유지위탁금보다 적은 경우에 위탁증거금 수준까지 추가로 납부하여야 하는 증거금
- **미결제약정** : 반대매매, 선물 최종결제 또는 옵션권리행사에 의하여 소멸되지 않은 특정 결제월의 선물·옵션 계약
- **만기일** : 옵션소유자가 권리를 소유할 수 있는 마지막 날
- **내재가치** : 옵션 행사시 현재시점에서 얻을 수 있는 가치기초가격과 행사가격의 차이
- **시간가치** : 만기까지 남아 있는 시간 내에 이익을 얻을 수 있는 기회가치. 만기가 가까워옴에 따라 시간가치는 줄어든다.

국제수지표

　국제수지표란 일정기간 동안 한 나라의 거주자와 비거주자 사이에 발생한 모든 경제적 거래를 체계적으로 기록한 통계이다.

　여기서 일정기간이란 1개월 또는 1년, 1분기 등 정해진 기간 내에 이루어진 거래를 말한다.

　현재 우리나라에서는 한국은행이 국제수지표를 월별로 작성하고 있다.

　체계적인 기록이란 복식부기 원리에 따라 차변과 대변에 동일 금액이 기재되는 현상을 말한다. 이는 결과적으로 국제수지는 균형을 이루어야 한다는 의미이다.

　한편 국제수지는 거래 원인에 따라 경상수지, 자본수지, 이전수지 등으로 나눈다.

　① 경상수지 : 외국에 재화나 서비스를 사고 파는 과정에서 발생한 대외거래의 결과

　② 자본거래 : 외국에서 외화를 빌어오거나 외국에 외화를 빌

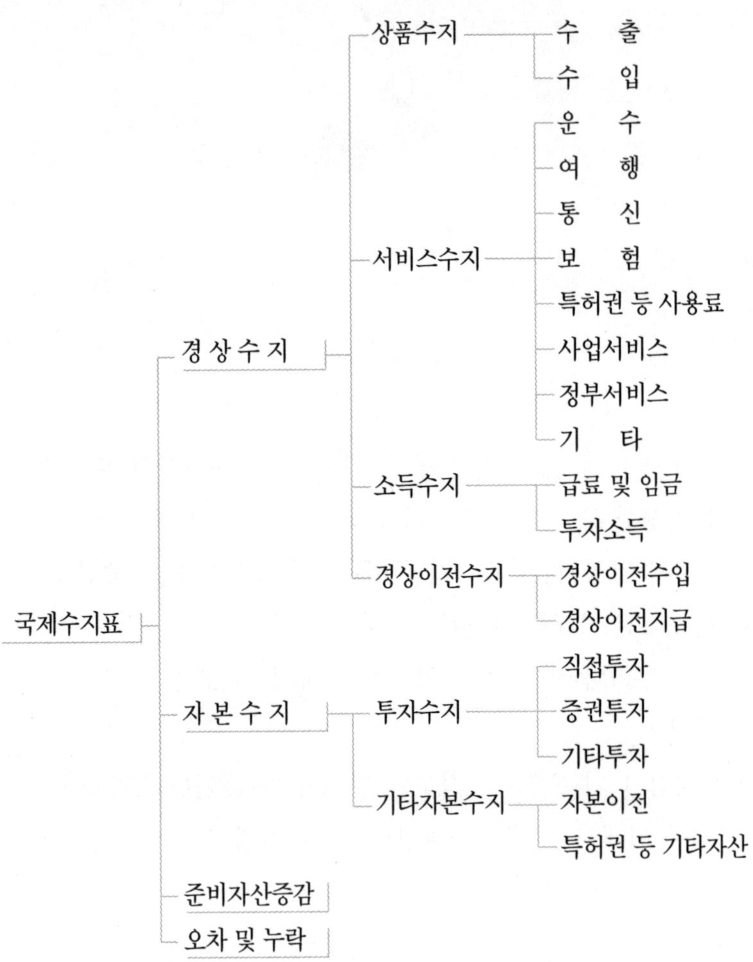

려주는 거래를 말한다.

● 상품수지 : 상품의 수출입차를 나타낸다.

● 서비스수지 : 외국과의 서비스거래 결과

● 소득수지 : 비거주 노동자에게 지급하는 임금과 대외금융자
  산과 부채에 대한 투자소득을 기록
● 경상이전거래 : 대가의 수수가 없는 무상거래

경상이전수지는 대가 없이 발생하는 거래로 기금 납부, 정부 무상 원조금, 축하금, 국제기구 분담금 등이 여기에 속한다.

국제수지 분석에서 경상수지를 가장 중요시하는데, 이유는 경상거래가 국민소득, 고용 등 경제 각 분야에 미치는 영향이 크기 때문이다. 즉 경상거래에서 외국에 판 재화와 서비스가 산 것보다 많아져 경상수지가 흑자가 되면 국민소득이 증대되고 고용이 확대될 뿐만 아니라 벌어들인 외화로 그 동안 외국에 진 빚을 갚을 수 있게 된다. 하지만 외국으로부터 산 재화와 서비스가 판 것보다 많아서 경상수지가 적자가 되면 국민경제에 심각한 타격을 주게 된다.

우리나라가 1997년의 경제위기를 겪은 것도 결국은 계속되는 경상수지 적자가 누적된 결과라고 할 수 있다.

5월 경상흑자 23억달러 2년 내 최대

경기침체가 지속되는 가운데 5월 경상수지가 23억 달러 흑자를 기록했다. 이는 22개월만에 최대치로 지난 5월까지 올해 누적 흑자 규모는 59억6000만 달러다.

한국은행은 '5월 중 국제수지동향'을 통해 5월 상품수지(무역수지)가 늘 어나고 소득수지도 흑자로 반전된 데 힘입어 경상수지 흑자가 4월보다 1 7억2000만 달러나 급증했다고 밝혔다. 이는 지난 99년 7월(27억8000만 달러)이후 가장

큰 폭의 흑자며 월간 흑자가 20억 달러를 웃돈 것도 18 개월 만이다. 이로써 1~5월 중 경상수지 흑자규모는 59억6000만 달러로 전년 동기(23억6000만달러)의 2.5배로 늘어났다.

한국은행은 경상흑자 증가 이유에 대해 비록 5월 수출이 7.7% 줄었지만 수입이 더 큰 폭(13.3%)로 감소해 상품수지에서 22억4000만 달러 흑자를 냈다고 밝혔다.

매일경제 2001-07-03

한 나라가 외국에 상품을 팔아 번 돈과 외국 물건을 수입하기 위해 쓴 돈의 차이를 무역수지라고 한다. 여기서 말하는 상품은 '만질 수 있는 물건'으로서 휴대폰 · 자동차 · 쌀 등이 있다.

산업자원부에서 사용하는 무역수지와 비슷한 말이 한국은행에서 쓰는 상품수지로 통계를 내는 방식이 약간 다르다.

무역수지는 해외로 나가고 우리나라로 들어온 상품을 모두 계산하지만 상품수지는 우리가 돈을 받고 팔았거나 돈을 주고 산 물건만 계산에 넣는다. 예를 들어 고장난 비행기를 수리하기 위해 외국으로 가져가면 이 경우는 무역수지에 포함되지만 상품수지에는 포함되지 않는다.

나라 사이에는 물건을 사고 파는 일만 있는 것이 아니다. 기술을 사고 팔거나(특허권 사용료) 관광 등으로 돈을 벌거나 쓰는 경우도 있다(이를 서비스를 거래한 것이라고 해서 '서비스수지'라고 한다). 또 우리나라에서 일하는 외국인 노동자에게 주는 임금과 해외에서 우리나라 사람이 받는 돈도 외국과의 돈거래로 볼 수 있다(소득수지). 이런 것들과 상품수지를 합해 '경상수지'라고 한다. 이 경상수지가 신문 · 방송 등에서 흔히 말하는 '국제수지'에 해당한다.

요즘 증권과 관련한 소식을 듣다 보면 '외국인 투자가들이 주식을 많이 산다'는 말을 자주 들을 수 있다.

이처럼 최근에는 물건을 사고 파는 것(실물거래)보다 증권과 같이 돈을 직접 거래하는(자본거래) 경우가 더 많아지고 있다. 주식 등에 투자해 돈을 벌려고 움직이는 나라간 자본거래(자본수지)도 중요해지고 있는 것이다.

한국은행(http://www.bok.or.kr)은 이러한 돈거래의 내역을 조사해 '국제수지표'라는 이름으로 매달 발표하고 있다.

집에서 가계부를 쓰는 것처럼 '나라의 가계부'를 만드는 것이다.

외환보유액

외환보유액이란 한 나라의 대외 지급 능력을 말한다. 좁은 의미로는 통화당국이 보유한 금 및 외환액의 합계이며, 넓은 의미로는 IMF 포지션과 특별인출권(SDR)을 포함한다.

> 외환보유액 = 금 + 외환액 + IMF 포지션 + SDR
>
> 가용외환보유액 = 외환보유액 - (해외점포예치금 + 기타)

한편 외환보유고는 경상수지와 깊은 관계가 있다.

앞에서 국제수지표는 복식부기 원리에 의거해 항상 사후적으로 일치하여야 한다고 설명하였다. 이 때 경상수지가 적자이면 외환보유고가 줄어들고, 경상수지가 흑자이면 외환보유고가 늘어난다. 물론 자본 유인이 많은 경우에도 외환보유고는 증가한다.

특히 1997년 환란의 직접적인 원인이 무리한 환율 방어에 외환보유고를 소진한 결과라는 반성과 함께 1997년 환란 이후 외환

외환보유액 942억달러 '세계 5위'

지난 6월말 현재 우리나라의 외환보유액은 942억5600만달러로 5월말에 비해 6억2200만달러 증가했다.

한국은행은 지난달 IMF 차입금 원금상환(6억9000만달러),엔화 및 유로화 등 기타통화표시 자산의 미달러화 환산액 감소 등에도 불구하고,금융기관의 외화예탁금 상환과 외화자산의 운용수익 등으로 외환보유액이 늘었다고 3일 밝혔다.

지난달말 현재 IMF 차입금 잔액은 10억3000만달러로 8월말까지 전액 상환할 계획이다.차입금은 올 상반기에 46억5000만달러를 상환했다.

우리나라의 외환보유액 순위는 일본 3619억달러(지난 5월말),중국 1758억달러(3월말),홍콩 1147억달러(5월말),대만 1106억달러(5월말)에 이어 세계 5위다.

국민일보 2001-07-03

보유고 확충에 힘을 쏟은 결과 현재 외환보유고는 1천억 달러에 가깝다.

그러나 무조건 외환 보유고가 많은 게 좋은가는 생각해볼 일이다. 왜냐하면 외국에 투자하여 이자를 얻을 수 있는 기회를 포기하는 결과이기 때문이다.

참고로 2001년 상반기 현재 외환보유고가 가장 많은 국가는 일본 〉 중국 〉 대만 〉 독일 〉 홍콩순이다.

[연도별 경상수지와 가용외환보유고]

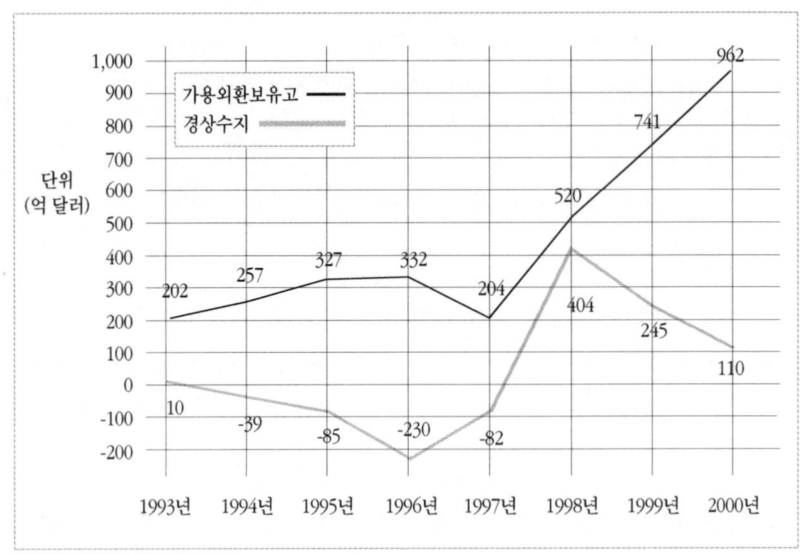

수익률과 금리

- 투자 수익률 계산
- 금리 결정과 변동
- 대출금리와 수신금리 결정 방법
- 금리와 주가

투자 수익률 계산

 투자와 투자 수익률

재테크란 자산을 운용(투자)하여 수익을 얻고자 하는 일체의
행위로 미래의 이익을 얻기 위한 현재의 경제
적 희생이라 할 수 있다. 이 때 현재의 경제적
희생이란 현재 가능한 소비활동의 유보로 희생
은 확실하지만 미래에 발생할 이익의 크기와
시기에 있어서는 불확실성이 내포되어 있다.
따라서 미래의 이익에는 현재의 소비를 유보하
고 미래까지 기다린 것에 대한 보상, 즉 시간에
대한 대가와 미래의 불확실성을 감수한데 대한
대가가 포함되어야 한다.

그러나 투자수익은 반드시 정(+, 이익)의
값만 얻을 수 있는 것은 아니다. 주가가 하락할

국고채수익률 年 6.03%

채권 금리가 소폭의 내림세로 돌
아섰다.

며칠 오르면 며칠은 내리는 방향
성이 불투명한 장세가 지속되고 있
다.

4일 국고채 3년물 유통수익률은
전날보다 0.02%포인트 떨어진 연
6.03%에 마감됐다.

회사채 AA-(3년만기)수익률도
0.02%포인트 내려간 연 7.19%를
기록했다.

특별한 재료없이 전날 금리 급등
에 따른 반발매수세가 유입되며 수
익률이 소폭 떨어졌다.

5일 금융통화위원회에서 콜금리
를 인하하더라도 그 영향은 단기물
로 제한될 것이란 전망이 대두되면
서 단기물외에는 거래량은 많지 않
았다.

한국경제 2001-07-05

때에는 투자자들이 손실을 감수해야 하는 상황 손실, 즉 부(—)의 수익률을 가져올 때도 있다.

투자자는 누구나 보다 높은 수익을 얻을 수 있을 것으로 기대되는 자산에 투자하려 할 것이며 이 때 투자 자산의 수익성의 우열을 비교하는 하나의 지표로서 투자원금과 투자수익의 비율을 나타내는 투자수익률이라는 개념이 사용되고 있다.

투자수익률이란 투자원금에 대한 투자수익의 비율로 최초의 투자원금에 대하여 일정기간이 지난 후에 받게 되는 합계액 중 최초의 투자원금보다 증가(감소)된 금액의 비율이다.

$$투자수익률 = \frac{기말의\ 가격 - 기초의\ 가격 + 투자기간\ 동안의\ 이자\ 등}{기초의\ 가격}$$

일반적으로 은행예금과 채권 등 금융상품에 대한 투자수익률은 연 단위 복리로 일정기간 동안 발생된 투자수익을 투자원금으로 나누어 투자기간으로 환산하여 표시하고 있다.

그러나 투자수익률이라는 단어는 우리가 일반적으로 받아들이는 것보다 훨씬 복잡하고 다양하게 사용되고 있으며, 자산에 따라 상이한 수익률 표시의 기준이 사용되고 있다.

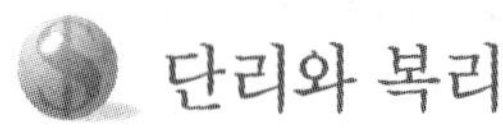 단리와 복리

수익률을 계산할 때 반드시 고려하여야 할 사항이 단리와 복

리의 개념이다.

◑ 단리 : 지급이자의 단순합계로 이자가 재투자되지 않고 만기에 한꺼번에 지급되는 경우에 타당하다. 동일한 단리일지라도 이자의 지급시기에 따라 그 가치의 차이가 발생하게 된다.

단리의 경우 원리금은 다음 식과 같다.

$$S_n = p(1 + i \times n)$$

S_n = 원리금

p = 원금

i = 이율(연 단위)

n = 기간(연 단위)

◑ 복리 : 만기 이전에 1회 이상 이자를 받는 경우 그 이자를 재투자하거나 다른 소비의 선택권을 갖는 것을 전제로 재투자한 이자가 다시 이자를 발생시키는 효과까지를 포함하여 계산한 투자수익률이다.

복리 수령상품의 원리금총액은 원금과 원금에 대한 이자, 이자에 대한 이자 등 원금에서 파생된 이자의 총액이다.

복리 계산 공식은 다음 식과 같다.

원리금(S_n)

　=원금(P)+원리금에 대한 이자(i)+이자에 대한 이자

$$S_n = P(1+i)^n$$

한편 1년에 이자지급횟수가 m회인 경우의 복리 계산 공식은 다음 식과 같다.

$$S_n = P \times (1 + \frac{i}{m})^{n \times m} \qquad m = 연중 \ 이자지급횟수$$

이 때 이자에 대한 이자는 투자기간이 길수록, 이자율이 높을수록, 재투자기간이 짧을수록 그 규모가 증가한다.

표면이율(coupon rate)

발행 금리라고도 하며 이자 지급액을 원금으로 단순히 나눈 것이다.

따라서 재투자를 고려하지 않은 채 단리 수령하는 연 단위 이자율이며 액면(원금+이자)에 대한 총수령 이자율을 의미한다.

계산식은 다음과 같다.

$$표면금리 = \frac{이자}{액면} \times \frac{365}{기간}$$

$$i = \frac{I}{F} \times 100$$

$I =$ 연간 표면이자 금액

$F =$ 원금, 액면금액

예) 액면금액 1억 원, 이자 2,742,465원, 기간 91일물

$$\therefore \text{표면금리} = \frac{2{,}742{,}465}{100{,}000{,}000} \times \frac{365}{91} = 11.0\%$$

발행수익률

기간수익률이라고도 하며 원금에 대한 총수령이자율을 의미한다.

할인식 상품의 선이자지급액의 재투자수익까지 포함하는 수익률로 채권이 발행시장에서 발행되어 처음 매출될 때 매출가액으로 사는 경우, 매출가액과 이로부터 얻어지는 수익의 비율로 연단위로 환산 비율이다.

$$\text{기간수익률} = \frac{\text{이자}}{\text{원금(할인액)}} \times \frac{365}{\text{기간}}$$

$$r = \left(\frac{S_n}{P}\right)^{\left(\frac{1}{n}-1\right)} \times 100$$

$r=$ 발행 수익률

$S_n=$ 만기 상환금

$P=$ 매출가액

$n=$ 잔존기간(연 단위)

예) 액면금액 1억 원, 이자 2,742,465원, 기간 91일물, 원금 97,257,535원

$$\therefore \text{기간수익률} = \frac{2{,}742{,}465}{97{,}257{,}535} \times \frac{365}{91} = 11.31\%$$

실효수익률

투자기간 동안 얻어지는 투자원금에 대한 총현금수입의 연 단위 수익률이다. 1년 이내 단기상품인 시장성자금은 최초 가입시점의 수익률로 1년간 재투자하였을 때의 복리수익률을 의미한다.

투자기간 동안 발생한 총수익률의 연 단위 기하평균 수익률과 같다.

$$\text{실효수익률} = \left(1 + \text{기간수익률} \times \frac{\text{기간}}{365}\right)^{\left(\frac{365}{\text{기간}}\right)} - 1$$

$$r = \left(\frac{S_n}{P}\right)^{\left(\frac{1}{n}\right)} - 1 \times 100$$

예) 91일물 표면금리 11%, 기간수익률 11.31%

$$\therefore \text{실효수익률} = \left(1 + 11.31\% \times \frac{91}{365}\right)^{\left(\frac{365}{91}\right)} - 1 = 11.80$$

유통수익률

발행된 채권이 유통시장에서 계속 매매되는 과정에서 시장여건에 따라 형성되는 수익률이다. 통상적으로 시장수익률은 유통수익률을 의미한다.

만기수익률(YTM : Yield to Maturity)

채권에 투자한 때부터 만기 상환시까지 채권으로부터 얻을 수 있는 현금 흐름의 현재가치와 그 채권의 시장가격을 일치시켜

주는 할인율로 자본 손실이나 자본이득은 물론 이자를 재투자하여 얻어지는 재투자수익까지 감안하여 산출되는 채권의 예상 수익률이다.

일반적으로 채권수익률이라 하면 만기수익률을 의미한다.

$$P = \sum_{t=1}^{n} \frac{CF_t}{(1+r)^t}$$

P = 채권의 현재 시장 가격

r = 유통수익률

CF_t = t기의 현금 유입

세후수익률

특정 비과세상품을 제외한 일반적인 금융상품에서 발생되는 이자소득은 세율에 따라 원천징수를 하게 되므로 실제로는 세금을 공제한 금액을 수령하게 된다. 특히 금융종합과세의 부활로 부부합산 연 4천만 원 이상의 금융소득은 종합소득과세 대상으로 높은 누진세율을 부담하게 된다. 따라서 세금을 제외한 실제 수령이자가 중요하다. 이 때 투자수익에서 세금을 공제한 후의 수익률을 세후수익률이라 한다. 세후수익률은 만기 전에 받은 투자수익을 세금을 공제한 후에 재투자할 것인가 아니면 세금을 공제하기 전에 재투자할 것인가에 따라 차이가 발생하게 된다.

금리 결정과 변동

 금리의 정의

자금이 거래되는 시장에서 자금을 빌린 대가로 자금수요자가 자금공급자에게 지급하는 대가가 금리이다.

그러나 자금공급자의 입장에서는 현재의 확실한 소비를 포기한 대가로 받는 미래의 불확실한 대가로 현재가치와 미래가치를 어떻게 교환할 것인가를 나타내는 개인의 시간 선호율이라고 할 수 있다.

또한 경제 전체로 볼 때 화폐를 투자로 이어지게 만드는 실물부문과 화폐부문을 연결하는 고리이기도 하다.

 명목금리와 실질금리

금리는 돈의 가치, 즉 물가 변동을 고려하느냐 안 하느냐에 따라 명목금리와 실질금리로 구분할 수 있다.

명목금리는 돈의 가치변동을 고려하지 않은 채 겉으로 드러난 이윤표상의 금리를 말하며, 실질금리는 명목금리에서 물가상승률을 뺀 금리이다.

> 실질금리＝명목금리－인플레이션

우리가 돈을 빌리고 빌려줄 때에는 명목금리로 이자를 계산하고 있지만 실제로 기업이 투자를 하거나 개인이 예금을 하려고 할 때에는 실질금리가 얼마나 될 것인가에 대해 많은 관심을 갖게 된다.

2분기 실질금리 마이너스될 듯

수신금리가 내림세를 지속하는 가운데 소비자물가상승률이 5%에 육박할 것으로 보여 가계의 입장에서 2.4분기 실질금리는 마이너스가 될 것으로 예상된다.

실질금리가 일시적이나마 마이너스를 보이는 것은 사상 처음 있는 일로 이제 돈을 갖고 있으면 있을수록 손해를 보는 시대에 접어든 것으로 평가된다.

15일 한국은행과 금융계에 따르면 작년동기대비 4.2~4.4%를 기록했던 1분기중 소비자물가상승률은 2.4분기에는 환율상승 등으로 더 높아져 5% 안팎을 기록할 것으로 보인다.

전철환(全哲煥) 한국은행 총재도 지난 6일 금융통화위원회 회의후 기자간담회에서 '요즘 같은 환율추세가 이어진다면 2.4분기에는 물가상승률이 5%에 근접할 것'이라고 예측했다.

한국은행의 다른 관계자도 '공공요금 인상과 환율상승으로 2.4분기 물가는 4%를 크게 넘어 5%대가 될 가능성이 있다'고 지적했다.

이에 비해 수신금리는 계속 하락, 지난 2월의 은행권 수신평균금리가 5.43%였으며 3월과 4월에는 은행권의 정기예금 금리 인하 등으로 평균금리가 더 내려가 5%를 약간 넘는 수준이 될 것으로 보인다.

2.4분기 수신평균금리가 5.2%라고 가정할 경우 이자소득세(16.5%)를 떼고나면 세후이자는 4.3%대에 그쳐 물가상승률(5% 예상)을 0.7% 포인트 가량 밑돌게 된다.

금융계 관계자는 '2.4분기에는 실질금리가 마이너스가 되는 것이 불가피해 보인다'면서 '이런 상황에서는 돈을 갖고 있으면 있을수록 손해가 나기 때문에 저축성향이 크게 떨어지며 이는 소비를 조장해 물가상승을 부추기게 된다'고 지적했다.

이 관계자는 또 '실질금리 마이너스 시대에는 자산가들이 더욱 유리해져 소득재분배가 제대로 되지 않으며 이를 바로잡기 위해 금리를 올리면 경기위축이 가속화되기도 한다'고 말했다.

매일경제 2001-04-15

금리에 영향을 미치는 요인

금리는 기본적으로 자금의 수요와 공급에 의하여 결정된다. 즉 어떠한 이유로 기존의 금융시장에 자금 공급이 증가하면 공급 초과로 금리는 하락하게 될 것이다. 반대로 신규 투자의 증가로 자금 수요가 증가한다면 금리는 상승할 것이라고 쉽게 예상할 수 있다.

그러나 자금의 수요와 공급에 영향을 미치는 경제적 요인이 다양하며, 경제적 요인뿐만 아니라 사회적·경제적 요인들이 동시에 영향을 미치기 때문에 금리 변동을 정확히 예측하는 것은 어려운 일이다.

따라서 여기에서는 기타 다른 요인을 무시하고 금리변동에 영향을 주는 경제적 요인을 중심으로 살펴보고자 한다.

통화량

통화량은 주로 명목금리에 영향을 준다.

단기적으로는 통화공급을 증가시키면 화폐시장의 초과공급으로 명목이자율과 실질이자율이 동시에 하락하게 된다. 이를 유동성효과(liquidity effect)라고 한다.

그러나 어느 정도 시간이 경과하면 통화공급의 증가로 인한 이자율하락은 투자지출로 이어지게 되고 이는 다시 소득 증가로 연결된다. 이렇게 증가한 소득은 통화수요의 증가로 이어져 이자율 상승 요인으로 작용하게 된다. 이를 소득효과(income effect)라고 한다.

한편 통화량의 증가는 물가상승으로 이어지게 된다.

물가가 상승하면 통화의 실질 잔고가 줄어들어 이자율이 상승하며, 특히 물가가 추가 상승할 것으로 기대되어 명목이자율을 상승시키게 된다.

통화량 증가 → (단기) 금리하락 → (장기) 금리상승

물가예상

대부자는 자금을 공급할 때 계약기간 만기시 어느 정도의 실질 구매력을 상환받게 될 것인가에 관심을 갖게 된다. 즉 명목이윤이 아닌 실질 구매력이 더 중요한 요소이다.

자금공급자의 입장에서는 현재의 소비를 포기하고 미래시점에서 소비행위를 하여야 한다. 그러나 물가가 상승한다면 통화의 실질가치(구매력)가 하락하여 비록 이자를 받는다 하여도 실질가치가 대여시점보다 줄어들 수 있다. 이 경우 오히려 공급자가 손해를 보는 결과가 초래된다.

따라서 대부자는 물가수준의 변동으로 인한 대부자금의 구매력변화를 보상받고자 하며, 차입자 역시 그러한 보상은 당연시하게 된다.

기대물가 상승 → 명목금리 인상

$$i = r + \pi^e$$

i : 명목이자율

r : 실질이자율

π^e : 예상 물가상승률

경제활동수준

GDP 증감, 시설투자 증감 등 경제활동수준이 변화하면 이에 따라 통화의 수요가 증가하여 자금시장의 수급에 변동을 가져와 금리의 변동요인으로 작용하게 된다.

> GDP 증가 → 통화수요 증가 → 금리상승
>
> 경기활황 → 투자증가 → 통화수요 증가 → 금리상승

국제금리와 환율

경제의 개방화가 국내금리에 미치는 영향이 확대되고 있다.

특히 금융시장의 개방은 수익을 따라 이동하는 투자자금이 채권 및 주식시장에 영향을 미치게 되고, 이는 다시 금리변동으로 이어지게 된다.

환율도 교역조건에 변화를 주어 금리변동을 초래하게 된다.

> 국내금리 〉국제금리 → 해외자본 유입 → 자본수지 흑자
>
> → 통화공급증가 → 금리하락

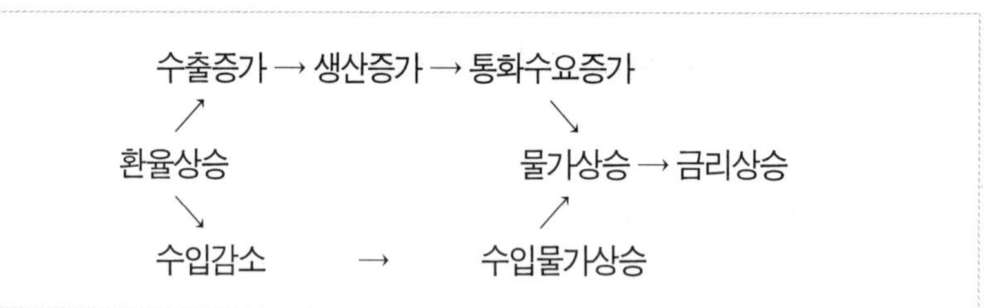

대출금리와 수신금리 결정 방법

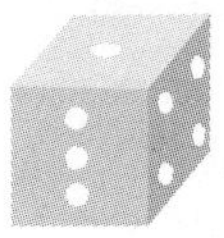

대출금리

우리가 은행에서 돈을 빌리는 경우 모든 사람들이 동일한 금리를 적용받는 것은 아니다. 개인에 따라 다른 금리가 적용될 뿐만 아니라 채권시장에서 거래되는 사채 금리도 동일한 금리는 없다.

그렇다면 동시에 거래되는 자금이 이처럼 금리 차이를 나타내는 이유는 무엇일까?

금융기관의 대출금리는 기본적으로 대출시장의 수요와 공급에 의해 결정되어야 한다. 그러나 대출시장의 특성 때문에 은행별 대출금리 결정방법도 시장금리에 영향을 미치게 된다. 일반적으로 개별 은행은 물가, 성장, 통화 등 거시적 요인과 자금조달비용, 차주의 도산위험 등을 반영한 신용프리미엄, 대출취급 경비, 적정 마진 및 시장에서의 경쟁상황 등을 감안하여 대출금리를 결정하

기업대출금리 사상 첫 7%대 하락

기업대출금리가 사상 처음으로 7%대로 하락했다.

한국은행이 30일 발표한 '4월중 은행.비은행금융기관 가중평균금리 동향'에 따르면 예금은행 평균 기업대출금리(신규취급액기준)는 지난 3월 연 8.02%에서 지난달에는 7.85%로 내려가 사상 처음 7%대로 떨어졌다.

기업대출금리가 이처럼 떨어진 것은 대기업대출금리가 저금리 단기회전대출 취급확대로 8.38%에서 8.18%로 하락했고 우량중소기업에 대한 대출금리 인하 등으로 중소기업대출금리도 7.86%에서 7.72%로 하락한데 따른 것이다.

수신금리는 자금운용에 어려움을 겪고 있는 은행들이 기업자유예금과 정기적금을 중심으로 금리를 인하하면서 3월 평균 5.22%에서 4월에는 5.14%로 내렸다.

수신금리는 지난 2월 전월대비 0.45%포인트, 3월 0.21%포인트, 4월 0.08%포인트로 하락, 그폭이 갈수록 줄고 있어 바닥까지 왔다는 인식이 확산되고 있다.

상품별로는 적기적금 금리가 0.29%포인트 내려 하락폭이 가장 컸고 기업자유예금(0.24%포인트), 상호부금(0.17%포인트), 주택부금(0.08%포인트), 정기예금(0.04%포인트)도 내림세가 이어졌다.

한은은 예금은행 평균수신금리는 0.08%포인트 내린 5.14%를 기록한 반면 대출금리는 0.16%포인트 떨어진 8.10%를 기록, 예대마진은 다시 2%대로 줄었다고 밝혔다.

잔액기준 평균금리는 수신의 경우 0.3%포인트 내린 5.75%, 대출금리는 0.68%포인트 하락한 9.07%를 기록했다.

종금사, 상호신용금고, 신협 등 비은행금융기관도 은행권 금리의 하락세로 경합하는 정기예탁금을 중심으로 수신금리가 내림세를 보였고 대출금리도 자본조달비용 감소등의 영향으로 하락세를 지속했다.

실적배당형 수신상품의 수익률은 가계금전신탁이 0.49%포인트 내린 7.51%, 기업금전신탁이 0.52%포인트 내린 7.29%, 투신사의 수익증권(채권형)이 1.78%포인트 오른 4.05%였다.

매일경제 2001-05-30

게 된다.

따라서 실질적으로는 프라임 레이트(prime rate : 기본금리)와 차입자의 조건에 따라 추가되는 가산금리로 결정된다.

금리 = 기준금리 + 가산금리

개인별로 금리차이가 나타나는 이유는 차입자에 따라 가산금리가 다르게 적용되기 때문이다.

가산금리는 프라임 레이트 연동대출의 경우 차주의 신용도 및 기여도와 기간프리미엄을 감안하여 0~9%대에서 결정되고, 시장금리 연동부 단기대출의 경우에는 신용도를 감안하여 0.5~2.5%대에서 결정되며, 당좌대출과 예·적금담보대출의 경우에는 각각 0.5~1.5%대 및 1.5% 수준에서 결정된다.

기준금리결정

프라임 레이트(prime rate)

기준금리라고 하며 자금의 원가와 대출취급 경비를 근거로
계산된 자금조달비용에 적정이윤을 가산한 금리이다.

프라임 레이트 연동대출의 경우 기준금리로 프라임 레이트를 사용해오고 있다. 프라임 레이트는 은행들이 자금조달비용에 업무원가와 적정이윤을 감안하여 자율적으로 결정하고 있으며, 프라임 레이트를 종전의 단일 금리체제에서 차주와 대출의 종류 및 기간에 따라 점차 세분화하는 경향을 보이고 있다.

시장금리 연동 단기대출의 기준금리는 CD나 CP 유통수익률 등 단기금융상품의 시장금리 수준을 감안하여 매일 결정한다. 시장금리 연동대출은 주로 대기업에 대한 어음할인, 무역어음할인, 외상채권대출 및 우량기업에 대한 일반자금대출 등 단기운전자금을 대상으로 운용하고 있으며, 중소기업은 중소기업 육성정책에 순응하여 일반적으로 기준금리를 0.5~1.0% 차감하여 적용하기도 한다.

가산금리를 개인별 차등 적용

프라임 레이트 연동대출의 가산금리는 대부분의 은행들이 차주의 신용도와 기여도 및 대출기간에 따른 가산금리로 구성하고

있다. 신용도 가산금리 산정시 대부분의 은행들은 종전의 신용평가표를 이용하여 결정한다.

기여도 가산금리는 차주의 대출거래뿐만 아니라 예금, 외환 및 무역거래 등이 은행수익에 기여하는 정도를 감안하여 결정한다.

[국내은행의 프라임레이트 연동대출 최고 가산금리 현황*]

(단위 : %)

최저 프라임 레이트	최고 가산금리		
		신용도+기여도	기간
8.95~9.75	4.0~7.0**	4.0~5.5	1.0~2.0

* 기업대출 기준

기간 : 기간이 길수록 금리는 높아진다.
위험요소 : 위험이 높으며 금리는 높아진다.
차입자의 신용도 : 신용도가 높을수록 낮은 금리가 적용된다.

 예금금리

은행의 예금금리는 시장금리, 다른 은행의 금리수준, 자금사

1년 정기예금금리 첫 4%대

이자소득세 빼면 물가상승률 못미쳐

은행들이 또다시 큰 폭의 금리인하를 단행하면서 은행 예금 금리(만기 1년짜리 정기예금 기준)가 처음으로 4%대에 진입했다.

이 같은 정기예금 금리는 물가상승률(올 상반기 4.8%)과 엇비슷한 수준이며, 이자소득세(16.5%)를 뺀 실질금리는 사실상 마이너스권으로 떨어졌다.

국민·주택 합병은행은 "시중 실세(실세)금리 하락 추세에 맞춰 8월 1일부터 정기예금 금리를 0.5%포인트 인하, 시행한다"고 발표했다.

이날 농협과 우체국도 예금 금리를 각각 최고 0.7%포인트와 0.6%포인트씩 인하한다고 발표했다.

하나·한미·신한은행도 조만간 비슷한 폭의 예금 금리인하를 단행할 방침이다.

이에 따라 국민·주택은행의 금리인하는 금명간 전 금융권으로 확산될 전망이다.

국민·주택은행은 1년짜리 일반 정기예금 금리를 5.4%에서 4.9%로 인하했다.

예금자들이 많이 가입하는 1년짜리 우대정기예금 금리도 연 5.9%에서 5.6% 수준으로 조정했다.

농협과 우체국도 1년짜리 정기예금을 5.3~5.7% 수준으로 인하했다.

1년만기 정기예금 금리가 4.9%선까지 떨어짐에 따라 예금자들이 이자소득세를 낸 후에 받는 실질(실질)금리도 4%대로 내려갔다.

시중은행들은 조만간 대출금리도 함께 인하할 방침이다.

은행들이 잇따라 금리를 인하하는 이유는 경기(경기) 침체가 계속되면서 은행에 자금이 계속 몰리고 있기 때문이다.

한국은행 조사에 따르면, 은행권의 예금은 지난 3월 이후 6월까지 4개월간 무려 26조원이 늘었다.

피데스투자자문 송상종 사장은 "기업들이 불투명한 경기전망 때문에 자금을 쓰지 않고, 개인들도 불경기에 대비해 은행저축을 늘리고 있다"고 말했다.

쉽게 말해 은행들이 금리를 계속 인하하고 있으나, 소비와 투자를 촉진하는 효과는 별로 발휘하지 못하고 있다는 얘기다.

김병주 서강대 교수는 "금리인하만으로 기업의 투자와 개인의 소비를 끌어낼 수 없다"며 "금리인하와 더불어 경제 체질을 강화하는 구조조정 노력이 수반돼야 한다"고 말했다. /선우정기자 jsunwoo@chosun.com

조선일보 2001-07-31

정 및 수신취급비용 등의 단기적인 요인과 자산부채종합관리(ALM)상 금리위험, 예대마진 및 경영전략 등에 따른 중장기적인 요인에 의하여 결정된다. 따라서 과거처럼 은행의 수익성보다는 예수금 규모로 우량은행을 판정한다면 은행은 경영목표를 예금, 즉 수신고를 증대하는 데 둘 것이다. 그러기 위해서는 수신규모를 늘리기 위하여 다른 은행보다 높은 예금금리를 제공해야 된다. 그래서 대출금리는 물론 예금금리도 은행에 따라 달라지게 된다.

[수신금리 결정요인과 역할]

	결정요인	역 할
단기	시장금리	가장 중요한 수신금리 결정요인으로 내부이전가격을 결정할 때 활용되며 통상 수신금리는 시장금리보다 낮은 수준에서 결정
	다른 은행 금리	개별 은행의 수신금리를 결정할 때 다른 은행과의 경쟁측면에서 감안되는 주요 변수
	자금사정	유동성이 부족할 경우 자금조달을 위해 수신금리를 인상하는 경향
	수신취급비용	수신업무를 취급할 때에 발생하는 직·간접 비용을 수신금리를 결정할 때 반영
중장기	ALM상 금리위험	수신과 대출간의 만기불일치로 금리위험이 발생하는 것을 방지하기 위해 수신만기 및 금리조정
	예대마진	적정 예대마진을 확보할 수 있는 범위 내에서 수신금리를 결정
	경영전략	시장점유율 제고, 고객세분화, 안정성 중시 등 개별 은행의 경영전략에 맞추어 수신금리를 결정

수신금리를 결정할 때 기준이 되는 시장금리로 수신상품의 만기에 대응되는 시장대표금리를 사용하는데, 통상 금리고시일 직전 1일 또는 3일~1주일간의 평균값을 사용한다.

[국내 은행의 기간별 시장대표금리(유통수익률)]

1일물	91일물	180일물	1년물	2년물	3년물
콜금리	CD	CD	산업금융채권	산업금융채권	회사채

　이렇게 결정된 시장금리에 예금상품별 특성을 감안하여 예금
종류별로 수신금리를 다르게 결정하며 동일한 예금이라도 예금
기간에 따라 금리를 차등 적용하고 있다.

금리와 주가

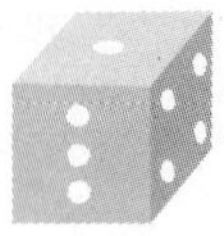

오늘날 주식시장의 움직임은 우리들의 생활에 커다란 영향을 미치고 있다. 마치 주가의 움직임에 따라 국가 전체가 울고 웃는 듯하다.

주가의 움직임을 이야기할 때 반드시 시장 이자율의 움직임이 같이 언급되어 있다. 즉 전일 이자율이 상승하여 주가 하락에 큰 영향을 주었다는 것이다. 그렇다면 이제 이자율의 움직임과 주가와는 어떤 관계가 있는가를 살펴보자.

앞에서 통화량에 대하여 살펴보았지만 어느 한 시점에서 우리 국민 모두가 가지고 있는 돈의 양은 일정하며 그 중 일부분은 필요할 때 사용하기 위하여 소유하기도 하고 일부는 미래를 위하여 저축하게 된다. 이 때 저축 수단은 다양하여 부동산에 투자를 하기도 하고 은행에 저축을 하기도 한다. 또한 채권을 사기도 한다. 그러나 이들 각각의 저축 수단들은 상호간에 차이가 있다.

부동산은 환금성이 떨어진다. 즉 은행에 맡겨둔 저축은 필요할 때마다 언제나 인출하여 필요한 곳에 사용할 수 있지만 부동산은 매입을 원하는 사람이 나타날 때까지 기다리거나 손해를 감수하면서 시중 가격보다 훨씬 낮은 가격으로 팔아야 한다. 또한 부동산 가격의 하락으로 손해를 보게 될 위험도 있다. 그러나 88 서울올림픽을 전후한 기간처럼 부동산 가격의 폭등으로 높은 수익을 얻을 수도 있다.

한편 채권이나 은행예금은 일정한 이자를 안정적으로 받을 수 있고 채권가격 상승(이자율 하락)으로 인한 수익이 발생하게 될 가능성도 있다. 물론 은행의 파산이나 채권발행 회사의 도산 염려가 있기는 하지만 그 위험은 다른 저축 수단에 비하여 상대적으로 낮다.

주식의 경우는 소유에 따른 배당소득과 함께 가격변동에 따른 이익을 기대할 수 있다. 그러나 가격변동의 위험이 기타 다른 수단에 비하여 크다고 할 수 있다.

운용수단	수익성	현금화	가격변동위험
채 권	낮음	높음	없음
예 금	낮음	높음	없음
부동산	높음	낮음	높음
주 식	높음	높음	높음

이처럼 개인들은 여러 가지의 투자 대상 가운데 자신의 취향에 따라 투자대상을 선택하게 된다. 즉 이들 사이에 서로 대체의 관계가 성립된다.

　이 때 이자율이 낮을 때는 가격변동의 위험을 안고 주식투자에 임하던 개인들이 이자율이 높아짐에 따라 주식에 투자하던 자금을 인출하여 이자율이 높아진 채권이나 은행의 예금으로 이동하게 될 것이다. 따라서 주식을 팔려는 사람은 늘어나지만 새로 주식을 사려는 사람은 나타나지 않아 그 결과 공급이 수요를 초과하여 가격이 내려가게 되는 것이다.

　따라서 이자율이 오르면 주식가격은 하락할 것으로 쉽게 예상할 수 있다.

주가상승 → 주식시장으로 자금이동 → 채권수요감소
→ 채권가격하락 → 금리상승

보험과 생활

보험이란

    우리는 항상 언제, 어느 곳에서, 어떤 일을 당할지 모르는 상황에서 생활하고 있다. 우리가 갑자기 당할 수 있는 예기치 않은 위협은 사망이나 상해, 질병, 중증의 장해, 교통사고 등 뜻하지 않았던 사고에서부터 태풍·홍수·지진·폭설 등과 같은 각종 자연재해에 이르기까지 매우 다양하다. 또 자녀의 교육이나 자신의 노후생활 등 미래에 대비해야 하는 부담도 안고 살아가고 있다.

    보험은 이처럼 일상생활에서 우연히 부딪치게 되는 각종 사고나 미래에 대비하기 위한 안전장치이다. 구체적으로 설명하자면 과학적인 통계에 의해 산출된 보험료로 기금을 마련했다가 누군가가 우연한 사고로 피해를 입었을 때 기금 가운데 일부를 보험금으로 지급해 안정적인 생활을 꾸려나갈 수 있도록 하는 상부상조의 경제제도인 것이다.

보험의 필요성

보험은 핵가족제도가 일반화되고 있는 현실에서 우연하게 발생한 각종 사고 때문에 불안정해지기 쉬운 가정의 경제생활을 뒷받침해주는 역할을 한다. 특히 산업재해에 의한 사상이나 질병의 증가, 자동차의 보급률 증가에 따른 사고 등에 대한 대비책이 되어 주고 있다. 이와 함께 노령인구의 증가 및 각 개인의 노후생활을 대비해주고, 인간답고 여유로운 생활을 보장하는 데 한계가 있는 각종 사회보장제도를 보완하는 기능도 가지고 있다.

또한 이 같은 보장기능 이외에 금융기능도 갖고 있어 재테크 상품으로도 이용할 수 있다.

다시 말해서 각종 사고에 대비한 보장도 해주면서 목돈도 마련할 수 있는 기회를 제공하고 있는 것이다. 따라서 보험은 생사는 물론 상해나 재해 등 우리의 일상생활에 깊숙이 관련되어 있을 뿐만 아니라 안정적인 재테크 수단으로도 활용되고 있다.

보험의 기본용어 정확히 알기

보험은 생명보험과 손해보험을 합쳐 총자산이 140조 원에 달하고 한해의 보험료 수입이 65조 원에 달하는 거대 산업으로 성장하고 있지만 의외로 생소하고 어려운 용어가 한둘이 아니다. 그러므로 기본적인 용어를 제대로 알고 있어야 보험가입이나 보험관련 정보를 취득할 때 도움이 될 수 있다.

◇ 보험금 : 보험사고가 발생했을 때 보험사가 지급해야 하는 약정된 금액을 말한다.

◇ 보험료 : 보험계약자가 향후 발생할지도 모르는 사고에 대비해 보험금 지급을 약속받고 보험사에 납부하는 금액이다.

◇ 보험자 : 보험사고가 발생할 경우 보험금을 지급할 책임을 지는 주체로서 보험회사를 말한다. 보험자는 다수의 사람을 계약자로 받아들여 계약을 맺고 이를 효율적으로 관리해야 하기 때문에 금융감독위원회의 사업허가를 받아야 한다.

◇ 보험계약자 : 보험회사와 계약을 체결한 뒤 보험료 납입 의무를 지는 사람이다. 보험계약자는 개인 또는 법인, 한 명 또는 다수 등 자격에는 상관이 없지만 만 20세 미만인 사람은 친권자나 후견인의 동의가 필요하다.

◇ 피보험자 : 보험계약이 체결된 당사자를 말한다. 즉 질병, 사망을 비롯한 보험사고의 대상이 되는 사람을 뜻한다. 이에 따라 피보험자는 보험계약자 자신이 될 수도 있고 한 명 또는 여러 명이 될 수도 있다.

◇ 보험수익자 : 보험계약자가 보험금 청구권을 지정한 사람으로 보험

금 지급사유가 발생했을 때 보험금을 지급받는 사람을 말한다.

◇ 보험기간 : 보험회사의 책임이 시작되어 끝날 때까지의 기간을 말한다. 책임기간 또는 위험기간이라고도 한다.

◇ 보험료 납입기간 : 보험계약자가 보험료를 내는 기간을 말한다. 보험료 납입기간이 보험기간과 같을 때는 전기납이라고 하고, 보험료 납입기간이 보험기간보다 짧을 때는 단기납이라고 한다.

◇ 고지의무 : 보험계약자는 보험에 가입할 때 보험사가 피보험자의 위험도를 판단할 수 있도록 현재병중, 과거병력, 직업 등에 대해 응답할 의무가 있다.

◇ 보험약관 : 보험사와 보험계약자 사이에 권리와 의무를 규정해 놓은 것을 말한다.

생명보험

 ## 생명보험이란

주로 사람의 생사와 관련해 야기되는 경제적 손실을 보전하기 위해 마련된 제도이다.

신라시대에 존재했던 창(倉)이나 고려시대의 보(寶), 조선시대의 계(契)도 상호부조제도로서 지금의 생명보험과 유사한 성격을 가졌다고 볼 수 있다.

우리나라의 근대적 생명보험은 1876년 일본과의 강화도조약 체결 이후 일본인에 의해 도입됐다. 이후 국내 최초의 생명보험회사는 실업가들이 1921년 설립한 조선생명보험주식회사이다. 세계적으로 생명보험의 역사를 보면 고대에도 장례비용이나 재해로 인한 손해를 공동으로 부담하는 제도가 있었고, 중세에는 상인들의 친목도모 단체인 길드(guild) 조직을 통해 항해중인 선박이나 적재화물의 손해를 공동으로 도와주는 제도가 있었다.

근대적 생명보험은 17세기에 이탈리아의 톤티(Tonti)가 고안한 톤틴연금에서부터 사망표와 보험수리에 대한 연구가 본격화되었으며 18세기 산업혁명 후에 영국에서 최초의 근대적 생명보험회사인 에퀴터블(Equitable) 생명이 설립되었다.

과거에는 생명보험과 손해보험이 일정한 영역을 두고 각각의 시장에서 보험을 모집했으나 최근에는 양쪽의 구분이 모호해져 생명보험에서도 손해보험상품을, 손해보험에서도 생명보험상품을 적극적으로 공략하고 있다. 생명보험회사에서 교통상해보험과 같은 각종 재해보장상품을 판매하고, 손해보험회사에서 질병관련 건강보험상품을 판매하는 것이 대표적인 예이다. 특히 최근에는 은행에서 보험업무를 취급하는 '방카슈랑스' 제도가 도입될 움직임이어서 은행들의 준비가 한창이다. 현재 국내에는 23개 생명보험회사가 영업중이나 감독기관으로부터 제재를 받는 등의 이유로 숫자는 유동적이다.

 보험료 산출 방법

생명보험 상품의 보험료는 대수의 법칙을 기초로 작성된 생명표와 사망률에 따라 합리적으로 산출된다. 이는 사고발생시 위험부담을 공평하게 나누기 위한 것이다.

① 대수의 법칙 : 특정사건의 발생비율은 한두 번의 관찰로는 측정이 곤란하다. 그러나 관찰 횟수를 늘려가면 일정한 발생확률이 나오고 이 확률은 비슷하게 진행되는데 이를 대수의 법칙이라

고 한다. 사람도 언제 사
고를 당할지 알 수 없으나
다른 사람들을 관찰해보면
대수의 법칙에 따라서 그
발생확률을 추산해볼 수
있다.

생보사 특약 개발 급증

생명보험사들이 올 4월에서 6월까지 주계약에 추가할 수 있는 특약을 포함, 총 5백44종의 신상품을 개발한 것으로 나타났다.

11일 보험개발원이 발표한 올 사업연도 1분기 생보사 상품개발 동향에 따르면 생보사들은 이 기간중 특약만 전년 같은 기간보다 1백58% 늘어난 2백92개를 새로 선보였다. 전체 신상품의 53.7%를 차지하는 것이다.

보험개발원은 다양해지는 가입자의 요구를 반영하기 위한 업계의 대응전략이 특약개발경쟁으로 이어지고 있다고 분석했다.

생보사들은 이 기간중 1백91종의 보장성 상품을 내놓았으며 저축성보험 신상품은 61종에 달했다.

보험개발원은 7월부터 일부 보험사가 변액보험 시판에 나섬에 따라 변액보험 신상품이 잇달아 선보일 것으로 내다봤다.

한국경제 2001-07-12

2 생명표 : 사람의
연령별 생존자수, 사망자수, 생존율, 사망률, 평균 여명 등을 나타
낸 표로 생명보험은 사람의 사망률에 관한 대수의 법칙을 기초로
하고 있다.

전 국민이나 특정지역을 대상으로 인구통계에 의한 사망상황
을 나타내는 국민생명표와 보험가입자에 대한 실제 사망숫자를
근거로 작성하는 경험생명표가 있다.

이 보험료는 예정위험률, 예정이율, 예정사업비율 등 세 가지
에 따라 계산되고 변동된다.

3 예정위험률 : 사망이나 장해 등 일정한 보험사고가 발생힐
확률을 대수의 법칙에 의해 예측한 것이다. 개인이 특정시점에 사
망할 확률을 미리 예측해 보험료 계산에 위험률을 적용하면 예정
사망률이 된다. 예정위험률이 낮아지면 사망보험의 보험료는 저
렴해지고 생존보험의 보험료는 비싸진다.

4 예정이율 : 생명보험회사는 보험료를 받아 보험금을 지급
하기 전까지 운용을 하고 이에 따른 기대수익을 미리 예상해 보험
료를 깎아주는데, 이 때 적용되는 할인율을 예정이율이라고 한다.
예정이율이 낮아지면 보험료는 비싸지고, 예정이율이 높아지면

보험료는 저렴해진다.

⑤ 예정사업비율 : 생명보험회사는 보험계약을 유지하고 관리하는 데 필요한 경비를 미리 예상해 보험료를 계산하고 있는데 이를 예정사업비율이라고 한다. 예정사업비율이 낮아지면 보험료는 저렴해지고, 예정사업비율이 높아지면 보험료는 비싸진다.

 배당금을 주는 이유

생명보험회사들은 예정위험률보다 실제 발생률이 낮으면 위험률 차익이 발생하고 예정이율보다 실제 운용수익률이 높으면 투자 이익이 발생한다. 또 예정사업비율보다 실제 사업비율이 낮으면 투자 손실이 나타난다. 이들 세 가지 이원(利源)을 잉여금이라고 하는데 생명보험회사들은 이 중 일정비율을 계약자 이익배당준비금으로 적립했다가 이를 재원으로 계약자에게 배당금을 주게 된다.

계약자 배당에는 1년 이상 유지된 계약에 대해 지급하는 이차배당과 위험률차 배당, 6년 이상 유지된 계약에 대해 지급하는 장기유지특별배당 등이 있다. 배당금 지급방법에는 발생할 때마다 현금으로 지급하는 방법, 계속 적립했다가 보험금을 줄 때 지급하는 방법, 계약자가 내야 할 보험료와 상계 처리하는 방법 등이 있다.

상품의 구성

보험상품은 보통 주계약과 특약으로 이뤄진다.

주계약은 보험계약에서 기본적으로 보장해주는 핵심적인 부분을 가리키는 용어이다.

특약은 계약자가 필요로 하는 보장을 주계약에 추가하는 것으로 특별보험약관을 줄여서 부르는 용어이다.

보험은 주계약만으로는 여러 사람의 다양한 욕구를 충족시키기 어렵기 때문에 보험계약자들이 원하는 사항을 특약으로 개발해 판매하고 있다.

예를 들면, 재해사망특약, 휴일재해보장특약, 암보장특약, 성인병특약 등 다양한 상품을 선보이고 있다.

상품의 분류

① 생존보험 : 피보험자가 보험기간으로 정한 일정시점까지 생존했을 경우에만 보험금을 지급하는 상품이다. 그러므로 보험기간중에 사망하게 되면 보험금이 지급되지 않고 납입한 보험료도 되돌려주지 않는 것이 일반적이다. 그러나 현재는 피보험자가 보험기간중 사망하더라도 보험금을 지급하는 상품이 많이 개발되어 시판되고 있다.

② 사망보험 : 피보험자가 보험기간중에 사망했을 경우에만 보험금이 지급된다. 그러므로 보험기간이 끝날 때까지 살아 있을

때는 보험금이 지급되지 않고 보험료도 환급되지 않는다.

③ 생사혼합보험 : 생존보험과 사망보험의 장·단점을 서로 보완한 상품으로 생존보험의 저축기능과 사망보험의 보장기능을 동시에 갖춘 상품이다. 일정기간 내에 사망·생존하는 그 어떤 사고에 대하여도 보험금을 지급한다. 현실적으로 각 생명보험회사가 판매하고 있는 상품은 대부분 이 부류에 속하는 것으로 가장 널리 이용되고 있다.

④ 보장성보험 : 암보험이나 상해보험처럼 적은 보험료를 내고 보험기간중 사망, 질병, 각종 재해에 대해 많은 보험금을 받을 수 있는 상품으로 각종 위험보장에 중점을 두고 있다.

⑤ 저축성보험 : 연금보험, 슈퍼재테크보험 등과 같이 위험보장 기능보다는 저축기능을 강화한 상품이다. 만기까지 생존하면 보험금을 받을 수 있기 때문에 원하는 기간에 목돈을 마련할 수 있다.

🌐 보험가입시 세제 혜택

사회보장제도를 보완하고 장기저축을 장려하기 위해 각종 세제혜택을 부여하고 있다. 소득세법과 조세특례제한법에 규정되어 있는 보험관련 세제혜택은 생명보험과 손해보험 모두 관련상품에 적용된다.

개인보험에 대한 세제혜택

1 보장성 보험에 대한 소득공제 : 근로소득자 본인 또는 소득이 없는 가족이 근로소득자(일용근로자 제외)나 배우자, 기타 부양가족을 피보험자로 해서 보장성 보험에 가입한 경우 납입보험료중 연간 70만 원까지 근로소득 금액에서 공제된다.

2 장애인 전용 보장성 보험 : 근로자 본인 또는 소득이 없는 가족이 장애인을 피보험자 또는 수익자로 해서 보험계약을 했을 경우 보험료 중 연간 1백만 원까지 소득공제가 가능하다. 또 장애인이 지급받는 보험금에 대해 연간 4천만 원까지 증여세가 비과세된다.

3 개인연금보험 : 만 20세 이상인 사람이 10년 이상 매달 1백만 원 이하의 보험료를 내기로 하고 개인연금보험에 가입했을 경우 연간 납입보험료의 40%(72만 원 한도)가 소득금액에서 공제된다.

4 개인연금보험 이자소득세 비과세 : 10년 이상 보험료를 납입하고 보험금을 5년에 걸쳐 연금으로 받을 때는 이자소득세가 비과세된다. 그러나 보험료 소득공제 혜택을 받은 뒤 가입일로부터 5년 이내에 중도해지하는 경우에는 연간 납입보험료의 4% 상당액(7만 2천 원)이 중도해약 세액으로 추징된다.

5 보험차익 비과세 : 보험계약일로부터 만기일 또는 중도해지일까지의 기간이 7년 이상인 보험계약에서 발생하는 보험차익에 대해서는 이자소득세가 비과세된다.

단체보험에 대한 세제혜택

1 단체퇴직보험 : 이 보험에 가입한 회사에 대해서는 보험료가 비용으로 인정되어 법인세가 비과세되며 회사가 부담한 단체퇴직보험료는 근로자의 근로소득에서 제외되고 근로소득세가 과세되지 않는다.

2 단체정기재해보험 : 업무상 각종 위험으로부터 보장해주기 위해 근로자를 피보험자와 수익자로 하는 단체정기재해보험에 가입한 회사는 보험료가 비용으로 인정되어 법인세가 비과세된다. 근로자에게는 회사가 부담한 보험료 중 연간 18만 원까지 근로소득세가 비과세된다.

상속보험금의 금융재산 상속공제

상속재산에 보험금을 포함한 순금융재산이 2천만 원 이상일 때 그 순금융재산의 20%(2억 원 한도)를 상속재산에서 공제해준다.

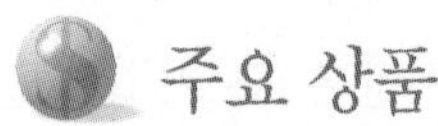 주요 상품

저축성 보험

이 보험에 가입한 근본 목적은 이자수입이므로 필요한 위험보장만을 선택하는 것이 바람직하다. 위험보장을 많이 선택하고 싶으면 별도의 보장성 보험에 가입하는 것이 좋다.

금리 연동형을 택할 것인지, 확정금리형을 선택할 것인지는 가입 당시의 금리수준, 가입자의 금융계획 및 선호도 등을 종합적

[저축성보험 예시]

(2001. 4. 30 현재)

상품명	특징 및 보장내용	월보험료 예시	가입연령
○○보험	- 시중 실세이율 변동에 따른 매월 공시이율 반영, 최저 3%(1종)~5%(2종) 금리보장으로 안정적인 재테크 가능 - 1종과 2종으로 구분, 1종은 1년 1회에 한하여 해약환급금의 50% 범위 내에서 중도 인출 가능, 2종은 매년 일정 생활자금 수령	234,900원 (성별·연령구분 없음, 7년 만기, 5년 납)	남 : 15~53세 여 : 15~63세
△△보험	- 6.5%의 확정금리형 상품으로 매년 100만 원을 지급하고 만기시 1천1백만 원을 지급 - 암, 각종 질병, 재해 등 보장	160,250원 (30세 남자, 10년 만기, 전기납, 주계약 2천5백만 원)	15~63세
××보험	- 무배당 신공시 이율을 적용하여 매월 단위로 금리변동(3월 현재 7.0%) - 매년 전년도 주보험 납입보험료의 50%(연 600%)를 지급받을 수 있어 긴급자금 융통에 이점 - 각종 특약부가시 저렴한 보험료로 높은 보장 가능	200,000원 (성별·연령에 관계 없음, 10년 만기, 전기납)	남 : 15~55세 여 : 15~65세

〈자료 : 생명보험협회〉

으로 고려해 결정해야 한다.

건강보험

각종 질병의 발병에서부터 요양까지 모든 과정에 들어가는

건강보험 판매 중단

삼성생명, 역마진 우려…임원 영입도

박기효 기자

저금리에 따른 역마진 염려로 생명보험업계에 위기의식이 팽배한 가운데 삼성생명이 최근 건강보험 판매를 중단하고 외국계 보험사에서 임원을 영입하는 등 비상경영체제에 돌입했다.

삼성생명(www.samsunglife.com)은 26일 이달 초 △신여성시대 건강보험 △파워남성건강보험 △스페셜보장보험 등 건강보험 상품 판매를 중단했다고 밝혔다. 종신보험 상품도 영업소별 판매량을 배정해 이달 중순부터 사실상 판매가 중단된 상태다.

삼성생명측은 "9월 보험료 인상을 앞두고 한꺼번에 가입자가 몰리는 것을 막기 위해 미리 판매를 중

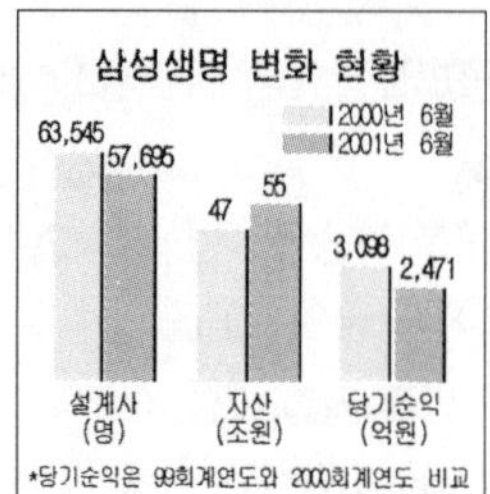

단한 것"이라고 설명했지만 업계에서는 역마진 문제로 판매하지 않는 것으로 보고 있다.

2000년 6월 자산이 47조원이었던 삼성생명은 1년 만에 자산이 55조원으로 눈덩이처럼 불어나 중소형

보험사보다 역마진 위험이 높고 보험료 인상 시기를 예측할 수 없는 상황에서 상품 판매를 중단한 것은 이례적이라는 게 업계 시각이다.

또 '보험업계의 사관학교'로 군림해 왔던 삼성생명은 외국계 보험사인 푸르덴셜생명의 영업담당 김승억 상무를 남성 종신보험 설계사 조직인 LT사업부 상무로 영입했다.

'타사에서도 배울 것은 배운다'는 식으로 바뀐 것이다. 김 상무는 '라이프 플래너, 푸르덴셜 성공의 비밀'의 저자이기도 하다.

한편 삼성생명은 이달 말 맥킨지컨설팅에 맡긴 '중장기 경영전략 방안' 최종보고서가 나오는 대로 분사 등을 통한 인력·조직 재정비, 자산운용 재구성 등 회사경영 전반에 변화를 줄 계획이다.

[건강보험 예시]

(2001. 5. 3 현재)

상품명	특징 및 보장내용	월보험료 예시 (주계약 2천만 원 기준)	가입연령
○○ 건강보험	- 남녀 발생빈도에 따른 보장내용 차별화 - 암, 뇌졸중, 심근경색 등 3대질병 집중보장(진단시 치료자금 2천만 원 지급) - 과로, 스트레스관련 질환 등 성인 특정질병 및 교통재해 보장	35,500원 (30세 남자, 80세 만기, 15년납)	15~65세
△△ 건강보험	- 남성에게 빈발하는 질병을 집중 보장하는 남성전용보험	45,000원 (30세 남자, 70세	

| △△
건강보험 | - 진단, 입원, 수술, 간병보장 등
종합치료보험 | 만기, 15년납) | 15~60세 |
| ××
건강보험 | - 30~40대 남성전용 종합질병보
장보험으로 남성 9대 질환, 화상
및 장기이식 중점보장
- 특정암, 뇌졸중, 심근경색증 진
단시 2천만 원 보장 | 33,400원
(30세 남자, 80세
만기, 15년납) | 20~54세 |

〈자료 : 생명보험협회〉

고액의 의료비를 종합적으로 보장해주는 상품이다. 암을 집중적으로 보장하는 상품과 각종 질병을 전체적으로 보장해주는 상품이 있다.

종신보험

사망을 보장해주는 상품으로 유가족이 가장의 사망에도 전혀 흔들림 없이 생활해 나갈 수 있도록 연령과 유가족수의 생활 정도에 따라 계산된 충분한 보험금을 지급한다.

이 상품의 특징은 가입자의 직업과 경제여건, 나이, 가족구성 등을 감안해 월보험료를 책정하고 평생보장으로 보장기간이 길며 사망원인에 따른 보험금의 차이가 없는데다 다양한 특약을 통해 원하는 급부를 추가선택할 수 있다.

[종신보험 예시]

(2001. 5. 15 현재)

상품명	특징 및 보장내용	월보험료 예시 (주계약 1억 원 기준)	가입연령
○○ 종신보험	- 사망원인에 관계없이 고액의 보험금(1억 3천만 원) 지급 - 암, 성인병 및 각종 재해관련 특약 부가	132,000원 (남자 35세 가입, 20년납)	15~65세
△△ 종신보험	- 사망 또는 제1급 장해시 최고 1억 원 지급 - 건강우대특약을 실시하여 보험료 최고 10% 추가 할인 - 중도 연금전환 가능	132,000원 (남자 35세 가입, 20년납)	15~60세
×× 종신보험	- 재해사망 2억 원, 일반사망 1억 원 지급 - 각종 암진단비, 수술비 지급 등 특약부가	124,000원 (남자 35세 가입, 20년납)	15~65세

〈자료 : 생명보험협회〉

외국계생보사 종신보험료 높다

외국계 생보사들이 과도한 수당체계로 종신보험료가 국내사보다 최대 30%가까이 비싼 것으로 나타났다. 이처럼 보험료가 부당하게 비싸다는 지적이 계속되자 ING생명 등 일부 외국사에서는 뒤늦게 보험료를 인하를 검토하고 있다.

10일 생보업계에 따르면 외국계 생보사의 종신보험료가 국내사보다 월 2~3만원 가량 비싼 것으로 나타났다.

같은 가입 기준으로 국내사들의 경우 종신보험의 보험료가 평균 월 13만대 인데 반해 푸르덴셜, ING생명 등 외국사들은 15만~16만 가량의 종신보험료를 받고 있다.

종신보험료 납입기간이 평균 20년 이상인 점을 감안하면, 외국계 생보사에 종신보험을 가입한 고객들은 많게는 700~800만원의 보험료를 더 부담하고 있는 셈이다.

이에 대해 국내 생보사들은 "외국사들이 남성 프로설계사들에게 과도한 수당을 지급하고 있기 때문에 보험료에 차이가 날 수 밖에 없다"고 지적했다.

국내 생보사들은 고객이 납입하는 보험료의 20% 가량을 설계사 수당 등이 포함된 예정사업비로 책정하고 있는 반면 외국사들은 예정사업비가 보험료의 27% 안팎에 달하는 것으로 알려졌다.

이에 대해 외국계 보험사의 한 관계자는 "1인당 생산성을 비교했을 때 외국사 모집인들에게 지급되는 수당이 많은 편이라고 할 수 없다"며 "게다가 시중금리 인하로 최근 종신보험료 인상이 예상되고 있지만 하반기에도 외국사들은 보험료 인상을 계획하고 있지 않다"고 설명했다.

그러나 보험료가 비싸다는 지적이 계속되자 ING생명은 종신보험료를 인하를 검토하고 있다.

ING생명은 모집인에 대한 수당체계를 재조정하는 한편 일부 부족분을 사업비로 충당하는 방식으로 종신보험료를 10~15% 가량 인하한다는 방침이다.

서울경제 2001-07-10

주택관련 대출

생명보험회사의 주택관련 대출은 고객이 다양한 대출기간과 상환방법을 자유롭게 선택할 수 있어 이용이 편리하다. 특히 최장 30년까지 대출이 가능해 장기간 목돈이 필요할 경우 이용하면 도움을 받을 수 있다. 아파트만을 담보로 하는 아파트담보대출과 부동산담보대출이 있다.

[주택관련 대출 예시]

(2001. 5. 29 현재)

상품명	대출대상	대출기간	금　리
○○대출	아파트, 수도권 내 연립주택(담보설정비 면제)	1~5년, 10년	7.5~9.5% (변동금리)
△△대출	아파트, 단독, 연립, 다세대주택 및 근린생활시설(담보설정비, 대출수수료 면제)	3년, 10년(변동금리형) 5년(확정금리형)	7.9~8.8%(확정금리형) 8.1~9.0%(변동금리형)
××대출	아파트(일반주택도 가능) (중도상환수수료 면제)	10, 15, 20, 30년	8.2~9.1% (변동금리)

〈자료 : 생명보험협회〉

여행 · 레저보험

국내외 여행이 늘어나면서 교통수단 등의 사고에 대비한 보험상품도 다양해지고 있다. 여행 · 레저보험은 비교적 짧은 기간을 보장하기 때문에 보험료가 대체적으로 싸다. 손해보험회사에서도 여행보험을 판매하고 있다.

[여행 · 레저보험 예시]

(2001. 5. 30. 현재)

상품명	특징 및 보장내용	보험료 예시	가입연령
○○보험	- 항공기, 선박, 철도사고 사망시 1억 원, 교통재해 1급 장해시 1억 원 지급 - 각종 재해 및 이질, 콜레라, 장티푸스 등 제1종 전염병으로 입원시 1회당 10만 원 지급	1,900원(남) 900원(여) 2박3일 여행시 일시납	가입제한 없음
△△보험	- 인터넷 통해 가입 - 생활레저활동 중 재해사망 및 1급 장해시 2천만 원 지급	일시납 2,410원(남) 일시납 680원(여) 3년 만기	15~50세
××보험	- 특정 여가활동중 사망시 5천만 원, 일반재해사망시 1천만 원, 재해로 인한 장해시 최고 1천만 원 지급 - 재해로 인한 골절수술 후 15일 입원시 응급치료비 등 65만 원, 입원 후 30일 통원시 통원비 15만 원 지급	1년 21,800원(남) 1년 15,200원(여) 1년 만기 1회만 납입	15~49세

〈자료 : 생명보험협회〉

변액보험

보험료 중 일부를 주식이나 채권으로 운용한 뒤 이익을 계약자에게 나눠주는 실적배당형 상품이다. 보험회사가 직접 운용하거나 투자신탁 등 전문회사에 위탁할 수 있다. 2001년 7월부터 일부 생명보험회사에서 선보인 상품으로 보험료 중 일부를 보험사가 특별계정으로 분리해 운용하고 그 실적에 따라 사망보험금과 해약환급금이 달라진다. 그러나 계약자 보호차원에서 보험자산

변액보험료, '종신'보다 20% 높아

변액보험은 보험사의 자산운용 실적에 따라 만기보험금이 달라지지만 보 험사가 보장하는 최저보장금과 종신보험의 보험가입금액을 비교한 결과 이다.

변액종신보험이 보험료가 더 많은 것은 예정이율이 5.5%로 일반 종신보 험보다 1%포인트 낮기 때문에 그 만큼 보험료 인상요인이 있다. 또 변액 보험은 자산운용 수익률이 낮아지더라도 최저 보험금을 보장해주고 자산 운용수익이 예정이율 5.5%를 넘으면 보험금을 더 받을 수 있기 때문에 변액보험의 보험료가 인상된 것이라는 설명이다.

교보생명의 '교보변액종신보험'도 일반 종신보험상품(베스트라이프종신 보험)보다 연령별로 15~20% 가량 보험료가 인상됐다.

푸르덴셜.메트라이프생명도 일반 종신보험에 비해 변액보험의 보험료가 20% 내외로 올렸다고 밝혔다.

변액보험의 최저 사망보험금 1억 원을 기준으로 35세 남자가 20년 동안 보험료를 낼 경우로 가정하면 삼성.교보생명은 일반 종신보험은 보험료가 13만2000원이었으나 변액보험은 15만6000원으로 2만4000원(18%) 올랐다. 메트라이프는 일반 종신보험이 13만4830원에서 변액종신보험은 16만 7000원으로 3만2170원(24%) 상승했다.

매일경제 2001-07-13

가치가 떨어져도 계약시 약속한 사망보험금은 그대로 보장된다.

사이버보험(인터넷보험)

인터넷보급이 확산되면서 인터넷 생명보험회사의 보험상품이 관심을 끌고 있다. 이 상품은 적게는 1만~2만 원대의 보험료로 각종 재해 및 질병을 보장해주고 있다.

인터넷보험상품은 각 보험사에서 개설한 홈페이지를 방문하면 상품내용을 24시간 조회할 수 있고, 회사에 따라서는 화상 상담도 받고 있다.

해당 보험사 홈페이지에 접속한 뒤 원하는 인터넷상품을 신청하면 된다. 신청시 화면에 나타나 있는 필수 기재사항을 입력하면 해당 보험사에서 고객에게 전화로 가입 여부를 확인하고 청약서를 보내준다.

고객은 청약서에 서명한 뒤 우편으로 발송하면 된다.

손해보험

손해보험이란

　손해보험이란 용어 그대로 '손해를 보상해주는 보험'을 말한
다. 즉 사고로 사람이 죽거나 다칠 경우는 물론 재산에 발생한 피
해나 손해를 보상해주는 보험이다. 주요 상품으로는 자동차보험
과 화재보험, 상해보험, 장기손해보험, 개인연금보험, 배상책임보
험, 해상보험, 보증보험 등 다양하다.

　현재 국내에는 11개의 일반 손해보험회사와 1개의 재보험회
사, 1개의 보증보험회사가 영업중이다.

손해보험의 운용 방법

1 수지상등의 원칙 : 보험료 수입과 보험금 지출을 같게 하는

것이다. 즉 보험가입자로부
터 받은 보험료가 각종 보험
사고로 인해 지급될 보험금
과 손해보험사를 경영하는
데 필요한 인건비를 포함한
사업비와 같아야 한다. 보험
료의 합계와 보험금의 합계
가 다를 경우에는 요금을 올
리거나 내려서 수지를 맞추
게 된다.

"손보 전면 가격자유화 추진"

최근 자동차 보험료 자유화 조치를 발표했던 금융당국이 일반 손해보험 에 대한 전면적인 가격자유화를 본격적으로 추진한다.

금융감독원(www.fss.or.kr)은 11일 "지난해 4월부터 부가 보험료 가격 자유화를 추진해왔지만 업체간 가격담합적 요소가 여전히 뿌리뽑히지 않 고 있어 가격자유화 조기 정착을 위한 개선방안을 마련하고 있다"고 밝혔다.

금감원은 이와 관련, 우선적으로 보험업계의 보험가격 자유화 추진 실 태를 면밀히 파악함으로써 가격담합 행위적 요소들을 찾아내 고쳐나가기 로 했다.

보험사가 새로운 보험상품을 금감원에 신고할 때 해당 보험종목의 경험 손해율을 명시하거나

회사의 관련 실적사업 비율을 함께 제출토록 하는 등 보험사의 개별 실적을 보험가격 산정에 반영토록 할 예정이다. 또 재 보험자에 대해 보험회사가 공동으로 결정해온 협의 보험료율의 적용 범 위를 단계적으로 줄여나감으로써 보험사별로 보험료율을 달리하는 시스 템을 조기에 정착시키고 시장에서의 불공정한 경쟁도 막기로 했다.

금감원은 이와 함께 오는 2002년 4월부터 순보험료 자유화 조치가 시행 되는 것과 관련해 이 같은 가격자유화 시스템이 연착륙할 수 있도록 보 험업계에 대한 경영지도를 보다 적극적으로 실시할 계획이다.

내외경제 2001-07-11

② 실손보상의 원칙 : 손해보험은 피해나 손해에 대해 모두 또는 그 이상을 보상해 주는 것은 아니다. 미래에 발생할 지 모르는 위험 전체에 대해 보험을 들었다고 하더라도 사고로 입은 실제 피해나 손해만을 보상하는 것이 일반적이다. 또 위험일부에 대해서 보험에 가입한 경우에는 실제 피해 또는 손해액에 대한 보험가입금액 비율로 보험금을 주게 된다.

손해보험 상품의 종류

자동차보험

자동차보험에는 차량 소유주가 '자동차손해배상보장법'에 따라 의무적으로 가입해야 하는 '책임보험'과 임의로 가입할 수 있는 '종합보험'이 있다.

1 책임보험 : 다른 사람의 신체적 손해만을 보상하기 때문에 통칭 '대인배상Ⅰ'로 불린다. '대인배상Ⅱ'는 종합보험의 대인배상 종목을 의미한다. 법에 따라 가입이 강제되는 사회보장성 보험으로 1인당 보상한도는 2001년 8월 1일부터 다음과 같이 대폭 상향조정됐다. 보험료는 기본보험료에 가입자 특성요율(보험가입 경력요율+교통법규위반 경력요율)과 할인·할증률을 곱해서 산출된다.

구 분	조정 전	조정 후	증 감
사망(최고)	6천만 원	8천만 원	2천만 원 증가
사망(최저)	1천5백만 원	2천만 원	5백만 원 증가
부상(1급)	1천5백만 원	1천5백만 원	-
부상(14급)	20만 원	60만 원	40만 원 증가
후유장해(1급)	6천만 원	8천만 원	2천만 원 증가
후유장해(14급)	2백40만 원	5백만 원	2백60만 원 증가
위자료(1급)	1백만 원	2백만 원	1백만 원 증가
위자료(14급)	6만 원	9만 원	3만 원 증가

또한 책임보험은 가입하지 않을 경우에는 미가입 기간에 따라 과태료가 부과되며 주요 내용은 다음과 같다.

구 분	과태료 및 부과기준
자가용	10일 이내 5천 원, 1일 초과시마다 2천 원, 최고 30만 원
영업용	10일 이내 3만 원, 1일 초과시마다 8천 원, 최고 1백만 원
이륜차	10일 이내 3천 원, 1일 초과시마다 300원, 최고 5만 원

②종합보험 : 대인배상Ⅱ, 대물배상, 자기신체사고, 자기차량손해, 무보험차량에 의한 상해 등 다섯 가지 담보종목으로 구성되어 있다. 무보험차량에 의한 상해는 다른 4종목에 모두 가입할 경우에만 들 수 있다. 나머지 종목은 원칙적으로 필요한 종목만 가입할 수 있으나 이는 해당 보험사와 상담해서 결정하는 것이 바람직하다.

보험료는 기본보험료에 특약요율, 가입자특성요율(보험가입경력요율＋교통법규위반 경력요율), 특별요율, 할인·할증률 등을 곱해서 산출한다.

◇대인배상Ⅱ : 보험에 가입된 사람이 사고로 다른 사람을 죽게 하거나 다치게 한 경우 지게 되는 법률상 손해배상 책임을 보상한다. '대인배상Ⅰ'인 책임보험에서 지급되는 금액을 초과한 손해를 보험가입금액 한도 내에서 보상해준다. 보험가입 금액은 1인당 5천만 원, 1억 원, 2억 원, 3억 원, 무한 중 선택할 수 있다.

◇대물배상 : 보험에 가입된 사람이 사고로 다른 사람의 차량이나 재물에 피해를 입혔을 경우 보상한다. 보험가입금액은 1사고당 2천만 원, 3천만 원, 5천만 원, 1억 원 중 선택할 수 있다.

◇자기신체사고 보상 : 보험에 가입된 사람이 자동차사고로 자신이나 가족이 상해를 입었을 경우 보험가입금액 한도 내에서 손해를 보상한다. 보상금액은 1인당 사망/부상/후유장해 기준으로 1천5백만 원/1천5백만 원/1천5백만 원, 3천만 원/1천5백만 원/3천만 원, 5천만 원/1천5백만 원/5천만 원, 1억 원/1천5백만 원/1억 원 중에서 선택할 수 있다.

◇자기차량손해 보상 : 자기차량이 다른 차량이나 물체 등에 의해 파손되거나 도난당했을 경우 보상한다. 파손에는 충돌, 접촉, 추락, 전복, 화재, 폭발, 낙뢰, 날아오거나 떨어지는 물체에 의한 것 등이 포함된다.

◇무보험자동차 상해담보 : 보험에 가입된 사람이 차량을 운행하거나 보행중 또는 다른 차에 타고 있다가 무보험차량에 의해 다쳤을 경우에 보상받을 수 있다. 피보험자가 가입한 보험사로부터 최고 2억 원까지 보상받을 수 있다.

③ 종합보험 보완상품 : 손해보험회사들은 자동차종합보험에서 지급하지 않는 각종 보장내용을 추가한 상품을 별도로 판매하고 있다. 이들 상품에 가입하면 종합보험을 통해 받게 되는 보험금 이외에 별도의 보험금을 받아 간병비나 합의금 등 여러 가지 용도로 사용할 수 있다.

◇고급형 자동차보험 상품 : 자동차보험에서 대인사고에 대해서 무한으로 보상해주던 것을 교통사고 발생시 대물사고까지 무한으로 보상받을 수 있게 설계된 상품이다. 예를 들어 출고된 지 1년 이내의 새 차가 사고났을 경우 새 차 가격으로 보상받을 수 있고 탑승자의 휴대품에 대한 손해도 일정한도 내에서 보상받을 수 있다. 간병위로금, 건강회복지원금, 사고수습지원금 등 십여 가지 이상의 보장내용이 들어 있다.

[고급형 자동차보험 상품의 주요 내용]

구 분	기존 자동차보험	고급형 자동차보험
대물배상	최고 1억	최고 1억 ~ 무한으로 확대
운전자 및 가족의 신체상해	최고 1억	최고 2억 ~ 무한으로 확대
간병지원금	없음	최저 20만~최고 2백만 원까지 운전자 및 가족 부상시 치료비에 더하여 지급
건강회복지원금	없음	최저 50만~최고 2백만 원까지 운전자와 가족이 치료 후 퇴원시 지급
사고수습지원금	없음	최고 대인 1백만 원/대물 10만 원
렌트비용	부족	실제 렌트비 전액
렌트차량손해	없음	실제 수리비 전액
차량신가보상	감가상각금액 공제 후 보상	출고 후 1년~1년 6개월 이내에 사고가 난 경우 신차가격 보상
휴대품손해	없음	최저 20만~최고 1백만 원까지 탑승자 개인의 휴대품(카메라, 휴대폰 등) 손해 보상
차량점검비용	없음	차량 수리 후 추가 점검비용으로 최고 20만 원 한도 내에서 지급
차량운반비용	부족	사고로 자동차의 주행을 할 수 없게 되었을 때 최고 20만 원 한도 내에서 지급
전손제반비용	없음	차량사고로 전부 손해가 발생한 경우 가입금액의 7%(한도 없음)를 별도로 지급
기 타	–	·본인 또는 가족이 입원 치료할 때 생계비용으로 최고 2백만 원까지 지급 ·임시숙박비용 : 사고로 타지에서 숙박하는 경우 부담한 경비 지급(10만원 한도) ·귀택비용 : 사고로 차량을 운행할 수 없어

귀가하는 데 든 비용 지급(10만 원 한도)
· 보모비용, 휴업손해비용, 광택비, 성형지원
금, 육아지원금 등

〈자료 : 손해보험협회〉

◇장기운전자보험 : 자동차보험에서 보상되지 않는 벌금, 형사합의지원금, 방어비용, 생활안정비용 등을 지급한다. 주말에 교통사고를 당했을 경우 보험가입금액의 최고 15배까지, 무보험차량이나 뺑소니차량에 사고를 당했을 때는 보험가입금액의 최고 20배까지 보상한다. 명절기간이나 출퇴근 시간에 사고를 당했을 때 보장해 주는 상품도 있다.

자동차보험 가입요령

◇운전자의 나이를 한정하는 상품을 선택한다.

자동차보험은 자동차등록증상 소유주로 되어 있으면 누구나 가입할 수 있다. 미성년자인 경우 부모 중 한 명이 동의한 경우 자동차등록을 할 수 있다. 이에 따라 자동차보험은 운전자의 나이에 따라 만 26세 이상만 운전할 수 있는 상품, 만 21세 이상만 운전할 수 있는 상품, 연령에 관계 없이 운전할 수 있는 상품 등 세 가지로 구분해 놓고 있다. 운전자의 나이를 만 21세와 만 26세 이상으로 한정할 경우 각각 20%와 30%의 보험료를 할인받을 수 있다. 운전자의 나이는 주민등록상의 생년월일로 사고 당시의 '만으로 계산한 나이'이다.

◇소형차는 보험료가 상대적으로 싸다.

자동차보험은 배기량에 따라 보험료가 차등화되어 소형차는 보험료를 적게 낸다. 자동차 책임보험료(가정용 및 출퇴근용 기준)의 경우 1천cc 미만의 경차는 15만 5천9백 원, 1천cc 이상은 17만 4천9백 원, 1천5백cc 이상은 18만 9천 원, 2천cc 이상은 21만 5천2백 원이다. 다만, 2001년 8월부터 모든 차종의 보험료가 자유화됨에 따라 회사별로 다소 차이가 있을 수 있다.

◇에어백 장착차량은 보험료를 할인받을 수 있다(보험사별로 차이가 있음).

에어백을 운전석에만 장착한 차량은 자기신체손해 부분의 보험료를 10%, 앞좌석 모두 장착한 차량은 자기신체손해 부분의 보험료를 20% 할인받을 수 있다.

◇자기부담금을 높게 선택할수록 보험료는 낮아진다.

자기차량이 파손됐을 때 차량수리비의 일부를 본인이 부담하는 자기부담제도는 5만 원, 10만 원, 20만 원, 30만 원, 50만 원 중에서 선택할 수 있는데 자기부담금을 높게 설정할수록 가입자가 내는 보험료는 낮아지게 된다.

◇사고를 내지 않으면 보험료가 할인된다.

보험가입 후 사고를 내지 않으면 매년 보험료가 10%씩 낮아져 최고 60%까지 할인받을 수 있다. 이에 따라 8년 동안 사고를 내지 않으면 보험료를 정상가의 40%만 내면 된다. 다만, 국내에 있으면서 3년 동안 자동차보험에 가입하지 않으면 무사고 할인혜택이 모두 없어진다.

그러나 이 조치는 2002년 1월부터 무사고 기간이 12년이어야

만 최고 할인율인 60%를 적용받을 수 있다.

◇ '가족한정특약'은 보상범위가 좁지만 보험료는 저렴하다.

'가족한정특약'은 자동차를 운전할 수 있는 사람의 범위를 제한해 누구나 운전할 수 있는 경우에 비해 보험료가 상대적으로 저렴하다. 그러나 운전자의 범위를 가족으로 한정하고 있기 때문에 다른 사람이 운전하다가 발생한 사고는 보상을 받을 수 없다. 가족한정특약 가입시 운전을 할 수 있는 사람은 기명 피보험자 및 그의 부모와 양부모(호적상등재), 기명 피보험자의 배우자와 동거중인 부모 또는 양부모, 법률상 혼인 관계나 사실혼 관계에서 출생한 자녀, 양자 또는 양녀 및 며느리 등이다.

차보험료 손해율 지역편차 40% 넘어

자동차보험료의 지역별 차등화에 대한 논란이 빚어지고 있는 가운데 타 지역에 비해 충남·전남·전북·강원지역은 손해율이 높은 반면 부산·경남·제주 지역은 매우 낮은 것으로 나타나 눈길을 끌고 있다.

10일 삼성화재 LG화재 현대해상 등 각 손해보험사에 따르면 오는 8월 자동차보험료 자율화를 앞두고 자동차보험료의 산출근거가 될 손해율(보 험료와 지급보험금의 비율)에 있어 지역간 손해율 편차가 큰 것으로 집계됐다.

삼성화재의 경우 올 1월부터 5월 말까지 전체 손해율은 73.8% 이지만 충남은 96.6%, 전북은 95.7%, 전남은 88.3%, 충북은 85.7%로 전체 손해 율을 크게 웃돌고 있다. 반면 부산은 54.3%, 제주는 59.9%, 경남은 65. 0%라는 낮은 손해율을 기록했다. 이에 따라 손해율이 가장 높은 충남지 역과 가장 낮은 부산지역의 손해율 차는 무려 42.3% 포인트나 벌어져 지 역별 편차가 큰 것으로 나타났다.

LG화재 역시 1~5월 전체 손해율은 67.5%인 가운데 강원이 99.4%, 충남이 83.1%, 대전이 79.8%, 전남이 78.4% 순으로 손해율이 높은 것으로 조 사됐다.

반면 제주가 49.5%, 부산이 54.6%, 서울이 59.5%에 그쳐 손해율이 가장 높은 강원지역과 가장 낮은 지역간 손해율 차는 44.9%포인트를 기록했다 . 손해율은 사고 율에 따라 좌우되는데 도로사정이 좋지 않거나 운전자들 의 교통법규 위반이 많은 지역일수록 높아지는 편이다.

문제는 적정손해율(73%)을 웃돌게 되면 손보사들이 수익을 내기가 사실 상 어렵다는 점이다. 즉 보험료를 100으로 볼 때 사고로 지급되는 보험 금으로 73이 나가야 영업부문에서 손익을 맞출 수 있다. 그러나 실제 손해율이 적정손해율보다 높은 경우 수익을 내기가 어려워 손해율이 높 은 일부지역의 경우 인수거부 사례가 빚어지고 있다.

내외경제 2001-07-10

사고당하면 보험사에 'SOS'

여름 휴가철을 맞아 관광지나 휴양지로 떠나는 차량이 늘어나면서 교통사고도 빈발하게 된다. 사고가 일어나지 않도록 안전운전을 하는 것이 가장 좋겠지만 돌발상황이 발생할 수도 있기 때문에 교통사고 발생시 행동요령을 숙지하고 떠나는 것이 바람직하다.
또 장기간 운행을 하다보면 예상치 못했던 고장이 발생하는 수도 있다. 손해보험사들은 올해부터 긴급출동서비스를 유료(특약)로 전환했다는 점을 유의해야 할 것이다.

■ **사고발생시 행동요령** : 교통사고는 대부분 쌍방의 과실로 발생하므로 일방적으로 자신의 과실을 인정하거나 면허증, 검사증 등을 상대방에게 넘겨주는 것은 금물이다.
따라서 교통사고 발생시 임의로 상대방의 책임을 면제 또는 경감하여 주는 증서를 작성하거나 약속할 경우에는 보험사의 보상책임이 없는 손해 부분은 보험계약자에게 부담하게 하는 경우도 있으므로 주의해야 한다.
사고가 나면 상대방과 싸울 필요 없이 쌍방의 보험회사에 사고처리를 위임하는 것이 바람직하다. 또 사고발생시에는 즉시 멈춰 사고현장을 보존해야 한다. 그 후 목격자, 상대방 운전자의 성명이나 주소 전화번호 등 연락처를 확보해야 한다.
만약 부상자에 대한 구호조치나 경찰에 인사사고 신고를 하지 않으면 뺑소니로 처리될 수 있으므로 각별히 주의해야 한다.
뺑소니로 처리되면 종합보험에 가입했더라도 '교통사고처리특례법'

의 혜택을 받지 못하고 형사처벌을 받게 된다.

■ **간단한 차량접촉사고** : 사고발생 즉시 가입한 보험사에 전화하여 사고발생 사실을 신고하고 보험처리가 유리한지 자비처리가 유리한지 여부와 사고처리에 대한 필요한 조언을 받는 것이 좋다.

보험사에 연락이 어려운 경우에는 사고 현장에서 불필요하게 다투지 말고 사고장소, 사고내용, 운전자 및 목격자 인적사항 등을 서로 확인한 후 돌아와서 해당 설계사 등에 연락, 보험처리하는 것도 바람직하다.

■ **차량 견인시 유의사항** : 사고가 나면 여기저기서 견인차가 몰려온다. 경황이 없는 상황이지만 무조건 견인에 응하지 말고 견인비용과 어디로 견인되는지 등을 확인해야 한다.

보험사에서 견인비를 보장해주는 것은 사고지역 인근정비공장을 기준으로 한다는 것을 유의해야 한다.

가장 좋은 방법은 보험사에서 보내준 견인차량을 이용하는 것이다.

■ **자동차를 빌려 떠날 때** : 자동차를 빌려(렌터카 이용) 휴가를 떠날 때는 빌린 차가 보험에 가입했는지 여부를 확인해야 한다.

최근 일부 렌터카회사에서 일반자가용을 10~20% 싸게 불법으로 대여하다 적발된 사례가 있으므로 차량대여 때에는 반드시 번호판의 '허'자를 확인해야 한다. 또 렌터카라도 보험에 가입하지 않은 경우가 있기 때문에 뜻하지 않은 피해를 입을 수 있다.

■ **긴급출동서비스 유료** : 올해부터 각 손해보험회사들이 긴급출동서비스를 특약으로 운영하고 있기 때문에 특약가입자만 무료로 서비스받을 수 있다.

특약 미가입자는 비상견인, 비상급유, 배터리충전, 타이어교체, 잠금장치해제 등의 서비스를 받으려면 1만~3만 원의 실비를 내야 한다.

또 보험사들은 유료화와 함께 긴급출동서비스를 5회로 제한하고 있다는 점도 주의해야 한다.

■ **기타 유의사항** : 손보협회에 따르면 자가용 승용차운전자의 대부분(81%)이 운전자와 가족(부모, 배우자, 자녀)만이 운전할 수 있는 보험(일명 오너보험)에 가입되어 있다.

이 경우 가족 이외의 사람(형제, 처남, 동서 등)이 운전하다 사고가 나면 보험혜택을 전혀 받을 수 없는 경우가 있다. 따라서 장거리 운행시 피로하다고 해서 운전대를 남에게 넘겨주는 것은 금물이다.

화재보험

주택을 비롯한 건물이나 그 안에 있는 각종 도구 및 시설물이 화재나 폭발, 파열로 입은 손해를 보상해준다. 화재진압에 따른 소방손해 및 피난손해에 대한 보상도 가능하다. 만기 때 납입보험료를 돌려주지 않는 소멸성보험과 만기시 환급금을 돌려주는 저축성보험이 있다.

상해보험

일상생활중 발생하는 갑작스럽고 우연한 외래 사고 때문에 신체에 상해를 입은 경우 그 손해를 보상해주며 사망, 후유장해 보험금, 의료비 등을 지급하는 보험으로 예기치 못한 불의의 사고에 대비할 수 있다. 특히 여성의 폭력피해나 신체 중 얼굴의 상해는 물론 질병까지 보상해주는 여성전용보험도 선보이고 있다.

[여성전용보험]

상품명	상품내용
여성안전지킴이보험	−타인의 물리적 강제력에 의한 신체상해(폭력상해) 등을 보장
토탈레이디케어종합보험	−얼굴 상해에서부터 강력범죄 및 상해사고 등을 보장 −보상내용 : 여성이 대중교통사고 사망시 최고 7억 원, 후유장해보상금으로 1억 6천만 원 보장, 매2년마다 여행자금 지급 −15년 만기로 가입하면 ○월보험료 : 78,130원 ○만기환급금 : 1천2백만 원
토탈여성건강보험	−특정암, 골다공증 등 여성에게 자주 발생하는 질병 보상 −보상내용 : 유방암·자궁암은 물론 심장·뇌혈관질환 및 당뇨, 위궤양 등 각종 질병에 대해 진단자금, 입원·수술급여금, 임시생활비 등을 지급 ○여성특정암 진단자금 : 1천5백만 원 ○특정질병 수술급여금 : 3백만 원 ○장기간병자금 : 1백만 원 −35세의 주부가 15년 만기로 가입할 경우 ○월보험료 : 27,700원
참여성건강보험	−감기에서 암까지 모든 질병은 물론 상해보험까지 보장 −보험기간 : 10년, 15년 만기 −보장내용(여 35세, 15년, 상해 1급) ○교통상해 사망 : 5천만 원 ○교통사고 이외의 사망 : 2천만 원 ○질병사망(특약) : 5백만 원＋적립금 ○A/R 상해 후유장해 : 60만∼2천만 원 ○가정관리비(모든 질병＋상해) : 4∼19일 20만 원, 20∼60일 50만 원, 61일 이상 1백만 원, 3일 초과

참여성건강보험	일당 1만 원
	○입원의료비 : 5백만 원 한도
	○암, 여성 특정질병 수술시 : 1백만 원
	○골다공증, 관절염 수술시 : 50만 원
	○물혹 등 부인과 질환 수술시 : 50만 원
	─아내사랑 Plan
	○가입대상 : 기혼여성(대도시 위주)
	○월보험료 : 4만 원대
	○기념일축하금 : 가입2차년도 이후부터 매년 계약당일에 20만 원 지급
	○만기환급금 : (10년)4백만 원, (15년)기본계약기 납입보험료 전액
	─여성건강 Plan
	○미혼여성 및 중소도시에 거주하는 여성
	○월보험료 : 2만 원대
	○기념일축하금 : 없음
	○만기환급금 : (10년)4백만 원, (15년)기본계약기 납입보험료 전액

〈자료 : 손해보험협회〉

개인연금보험

안정된 노후생활을 보장해주는 연금보험 상품으로 보험료에 대한 소득공제와 이자소득에 대한 세금을 전액 면제받을 수 있어 수익성이 매우 높다. 연금지급 개시전에는 다양한 종류의 위험보장을 받을 수 있으며, 연금 지급시까지 생존할 경우에는 약정기간에 연금이 지급된다.

장기종합보장보험

주택, 건물 또는 이에 수용된 가재도구나 동산에 생긴 화재 ·
폭발 · 파열 등으로 생긴 손해는 물론 상해 · 질병 · 후유장해 배상
책임, 임시생활비 손해까지 종합적으로 보상받을 수 있다. 보험기
간은 3년 이상이고 만기시에는 납입보험료의 대부분을 목돈으로
돌려받을 수 있다.

[장기종합보장보험의 주요 보상내용]

구 분	주 요 보 상 내 용
화재(폭발 · 파열)	-화재(폭발 · 파열 포함)로 인해 피해가 발생한 경우 보험에 가입한 금액한도 내에서 실손해액 보상 -화재손해에 따른 위로금을 가입금액의 10% 한도 내(사고당 1백만 원 한도)에서 지급 -화재잔존물 처리비용을 보험가입금액의 10% 한도 내에서 지급
도 난 손 해	-집기, 비품 및 가재도구 등 보험에 가입한 금액한도 내에서 실손해액 보상 -강도를 당했을 때 손해위로금을 사고당 1백만 원 정액 지급
신체상해손해	-화재, 폭발, 파열 및 강도, 절도로 인해 보험가입자 본인뿐만 아니라 가족이 입은 신체상해 -종업원의 상해사고시 보험가입금액 한도 내에서 지급
배상책임손해	-음식물배상책임 : 판매한 음식물로 인해 고객에게 피해를 끼친 경우 보험가입금액(연매출에 비례하여 가입) 한도 내에서 보상 -가스사고배상책임 : 가스 소유, 사용, 관리중 사고로 인하여 피해를 입힌 경우 보험가입금액(점포의 평수, 사용하는 가스의 종류 등에 따라 다름) 한도 내에서 보상

	−임차자배상책임 : 화재로 인해 건물주에게 입힌 손해를 가입금액 한도 내에서 지급 −시설소유자배상책임, 주차장배상책임 등
전세금 등 기타 손해	−임차한 건물에 화재가 발생하여 건물주로부터 전세금을 되돌려받지 못하는 경우 임대차계약서에 명시된 전세금을 한도로 보상 −화재, 폭발 및 파열 등의 사고로 인해 휴업할 경우 휴업손실보험금 지급

〈자료 : 손해보험협회〉

건강보험

암발생으로 인한 치료비, 수술비, 입원비 등 암과 관련된 손해를 체계적으로 보상받을 수 있다. 또한 교통상해나 과로사, 응급비용, 일상생활중 배상책임 손해 등 손해보험 고유의 각종 위험까지도 종합적으로 보상받을 수 있으며 만기시에는 이미 납입한 보험료를 목돈으로 되돌려받을 수 있다.

여행보험

집에서 출발해 여행을 마치고 다시 집에 도착할 때까지 발생한 상해, 질병, 배상책임 손해, 휴대품 손해 등을 종합적으로 보상받을 수 있다. 여행지역에 따라 국내여행보험과 해외여행보험이 있다. 여행기간중의 위험만 보상하므로 보험료는 매우 저렴하지만 사망 또는 1급 장해시 각각 1억 원의 보험금을 지급한다. 가입연령에 제한은 없으며 국내여행보험은 출발 2~3일 전, 해외여행보험은 출발 1주일 전에 가입하는 것이 좋다.

[여행보험 보험료 및 보상한도액]

구 분	국내여행 보험	해외여행 보험
1인당보험료	3일 3,760원 5일 5,750원 7일 7,080원	5일 14,100원 7일 17,400원 10일 19,200원
보상한도액	사망 · 후유장해 1억 원 치료비　　　5백만 원 질병사망　　1천만 원 배상책임　　1천만 원 휴대품손해　1백만 원	사망 · 후유장해　1억 원 치료비　　　　2천만 원 질병사망　　　2천만 원 배상책임　　　2천만 원 휴대품손해　1백50만 원 항공기납치　1백40만 원

〈자료 : 손해보험협회〉

해상보험

　해상사업에 관련이 있는 무역업자, 해운업자 등이 특정의 해상사업을 꾸려가는 데 있어서 앞으로 우연히 발생할지도 모를 물적손실 및 비용손해와 배상책임으로 인한 경제적인 손해를 보상받을 수 있는 보험이다. 선박, 적하, 운송보험 등이 있다.

국제경제-금융

- 신용평가제도
- 개인의 신용정보관리
- 국제결제은행과 BIS비율

신용평가제도

 신용평가제도란

신용평가제도는 IMF 환란 이후 우리에게 매우 낯익은 단어로 국가와 기업의 신용등급 변화가 뉴스로 다루어질 만큼 중요한 상식으로 다루어지고 있다. 그러나 신용평가제도는 새로운 것이 아니다. 그 이전에도 물론 존재하고 있었다. 다만, 그들의 신용평가 능력은 회의적이었고, 단지 금융기관의 자금 배분에 필요한 요식 행위에 불과하였기 때문에 아무도 신용평가제도의 중요성을 인정하지 않았다. 그러나 1997년 우리나라 기업과 금융기관의 신용도 저하로 외자 차입이 불가능해지고 그 결과 사상 초유의 환란을 겪게 되는 과정에서 우리에게 전혀 생소하였던 국제적인 신용평가 기관인 무디스(Moody's)나 S&P 등이 아주 낯익은 이름이 되었다. 이들 기관들이 정기적으로 부여하는 신용등급은 국가는 물론 기업들의 외채 조달에 있어 조달 금리는 물론 차입의 가능 여부를

S&P, 하이닉스 신용등급 상향

국제 신용평가회사인 S&P가 27일(현지시간) 하이닉스반도체와 하이닉스반도체 미국법인에 대한 신용등급을 상향 조정했다.

S&P는 이날 하이닉스반도체가 해외주식예탁증서(GDR) 발행을 성공적으로 마쳐 단기 유동성 압력이 완화됐다는 점을 반영, 하이닉스반도체와 하이닉스반도체 미국법인의 신용등급을 종전 B-에서 B로 상향 조정한다고 밝혔다.

S&P는 특히 하이닉스반도체의 전망이 안정적이라고 평가, 두 법인 모두를 감시대상에서 제외했다. 이에 앞서 하이닉스반도체는 지난 5월24일, 하이닉스반도체 미국법인은 3월7일 각각 감시대상에 포함됐었다.

S&P는 그러나 하이닉스반도체의 총부채가 아직도 12조원에 달해 이 이상의 신용등급 상향을 검토하기에는 불충분했다고 덧붙였다. 또한 현재 반도체시장 약세에 따른 변동성과 자본 및 설비 투자의 필요성 등도 문제점으로 남아 있다고 지적했다.

서울경제 2001-06-27

결정하는 중요한 변수로 작용하고 있다.

아시아 외환위기를 뒤돌아볼 때 국제신용평가기관의 신용등급이 한 단계 하락함에 따라서 아시아 국가들의 채권금리는 0.2~0.5% 정도 상승하였고, 주가는 약 3% 정도 하락하였다.

그러나 신용등급이 투기등급으로 전락하는 경우 주가는 약 7% 정도 하락한 것으로 나타났다.

신용평가제도의 중요성

신용평가제도란 제3의 독립된 신용평가기관이 기업의 여러 가지 재무 상황과 경제 상황을 판단하여 채권 발행자가 그들이 발행한 채권의 원금과 이자를 약속대로 상환할 수 있는 능력의 정도를 간단한 기호나 문장으로 불특정 다수에게 고지하여 투자자들이 그 채권의 안정성을 판단하는 지표로 사용할 수 있도록 하는 제도이다.

따라서 신용평가제도는 기업의 채무상환능력을 객관적이고 공신력 있는 기관이 평가하여 고지함으로써 기업에 관한 정보의 비대칭에서 발생하는 비효율을 제거시켜서 금융시장의 활성화에 기여한다.

또한 투자자에게는 기업에 관한 정확한 정보를 제공함으로써 투자자의 손실을 보호하고 기업에게는 담보나 보증 없이 자신의 부채상환능력에 상응하는 금리로 자금을 조달할 수 있는 기회를 확대해줌으로써 기업이 원활하게 자금을 조달할 수 있도록 하여 준다.

신용평가기관

국제적인 신용평가기관은 Standard & Poor's, Moody's Investord Service, Inc., Fitch & IBCA, Duff & Phelps, Inc., Tomson Bank Watch Inc., The Japan Bond Research Institute 등 수없이 많다. 그러나 이중 Standard & Poor's, Moody's Investord Service, Inc., Fitch & IBCA를 3대 신용평가기관이라 하며 이들의 영향력은 지대하다.

국내 신용평가기관으로는 한국신용평가(주), 한국신용정보(주), 한국기업평가(주) 등이 있어 환란 이전부터 국내기업의 신용평가업무를 해왔다.

환란 이전에는 이들 신용평가기관들의 신용평가 능력에 의구심을 품는 전문가들이 많았지만, 환란 이후 신용평가업무의 중요성이 증대되고 국제적인 신용평가기관들이 속속 국내에 진출함에

따라 국내 신용평가기관들도 신용평가의 객관성과 신뢰성 확보에
노력하고 있다.

 ## 신용등급의 의의

우리에게 익숙한 무디스와 S&P의 신용등급은 9등급으로 되
어 있으며 무디스는 Ba, S&P는 BB 이하의 등급은 투기등급으로
분류되어 국제투자자들로부터 기피 대상이 되거나 더높은 금리를
지불하여야 한다.
이들이 부여하는 신용등급의 기준은 다음의 표와 같다.

[무디스와 S&P의 신용등급 비교]

	무디스		S&P
Aaa	원리금 상환이 안전하게 보장되고 투자위험이 최소임	AAA	최상급 신용등급
Aa	안전성은 다소 떨어지나 모든 기준에서 양질의 채권	AA	원리금 상환능력 충분 원리금 상환능력은 충분하나
A	우량한 투자조건을 갖출 중상급 채권이지만 미래의 위험은 배제할 수 없음	A	경제 여건의 변화에 다소 영향을 받을 수 있음
Baa	불황시 주의를 요하는 중급채권	BBB	적당함. 단, 경제적 여건 변화에 취약함

Ba	장래 불확실, 투기적 채권	BB	
B	원리금 상환가능성이 매우 낮음	B CCC CC	원리금 상환이 위험함, 투기성 채권
Caa	원리금 상환이 위험함, 지급불능 가능성	C	이자지급능력 없음
Ca	지극히 투기적, 지급불능	D	연체중 채권으로 원리금 지급 불가능
C	투자전망이 매우 불량		

* 무디스는 Ba, S&P는 BB 이하는 투기등급으로 분류한다.

국내 신용평가기관들이 부여하는 신용등급의 기준

현재 국내 신용평가기관들은 기업어음, 보증기관, 회사채 등에 대하여 신용등급을 고시하고 있다.

기업어음 평가는 무담보어음이나 중개어음을 발행하여 종합금융회사, 증권사, 은행을 통해 단기자금을 조달하고자 하는 기업은 신용평가전문기관으로부터 기업어음 신용평가를 받아야 한다.

보증기관 평가는 회사채 발행보증 업무를 영위하고자 하는 금융기관(보증기관 포함)은 연 1회 이상 신용평가기관으로부터 신용평가를 받아야 한다.

그러나 제일 중요한 신용평가는 회사채의 평가이다.

회사채 신용등급은 무보증회사채 발행 및 거래시 투자판단 및 발행조건 결정의 기준으로 활용되고 있다. 또한 시가평가펀드의 시가산정시 기준으로 활용되고 있다.

우리나라에서는 회사채의 평가등급을 원리금 지급능력에 따라 AAA부터 D까지 10등급으로 분류하고 있다. AAA부터 BBB까지는 원리금 상환능력이 인정되는 투자등급이며, BB에서 C까지는 환경변화에 따라 크게 영향을 받는 투기등급으로 분류된다.

[회사채 평가등급표]

등급	상환능력
AAA	원리금 지급능력이 최상급이다.
AA	원리금 지급능력이 매우 우수하지만 AAA의 채권보다는 다소 뒤떨어진다.
A	원리금 지급능력은 우수하지만 상위등급보다 경제여건 및 환경악화에 따른 영향을 받기 쉬운 면이 있다.
BBB	원리금 지급능력은 양호하지만 상위등급에 비해서 경제여건 및 환경악화에 따라 장래 원리금의 지급능력이 저하될 가능성이 있다.
BB	원리금 지급능력이 당장은 문제가 되지 않으나 장래 안전에 대해서는 단언할 수 없는 투기적인 요소를 내포하고 있다.
B	원리금 지급능력이 결핍되어 투기적이며 불황시에 이자 지급이 확실하지 않다.
CCC	원리금 지급에 관하여 현재에도 불안요소가 있으며 채무 불이행의 위험이 많아 매우 투기적이다.
CC	상위등급에 비하여 불안요소가 더욱 많다.
C	채무불이행의 위험성이 높고 원리금 상환능력이 없다.
D	상환 불능상태이다.

※ 상기 등급 중 AA부터 BB등급까지는 +, - 부호를 부가하여 동일 등급 내에서의 우열을 나타낸다.

한편 기업이 직접금융시장에서 1년 이상 장기 무보증회사채를 발행하고자 할 때는 의무적으로 신용평가전문기관의 신용등급을 첨부해 발행기업에 대한 전문적인 지식이 부족한 소액투자자를 보호하고 채권시장에서의 합리적인 가격형성을 유도하고 있다.

따라서 국채 및 정부가 원리금의 지급을 보증한 채권, 지방채, 한국은행의 통화안정증권을 제외한 모든 무보증회사채는 신용평가등급을 받아야 은행과 투신의 신탁재산에 편입될 수 있다.

회사채 신용등급의 용도

- 은행, 여신전문금융기관 등 금융기관의 여신심사 참고
  자료
- 투신, 펀드 등 국내외 기관투자가의 투자심사기준
- 거래기업의 신용판단을 위한 기준
- 이자율(또는 수익률) 산정의 참고자료

개인의 신용정보관리

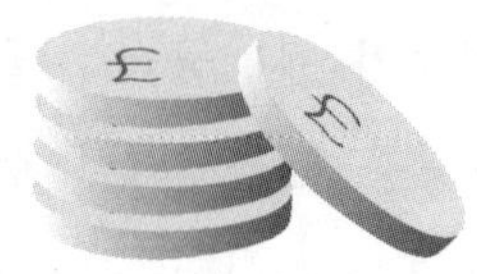

 신용정보관리의 중요성

1997년 환란 이후 급격한 경제 악화로 신용불량자가 양산되었고, 신용불량자는 정보화 사회와 신용정보의 공유 노력으로 사회적으로 설 자리를 잃을 우려마저 있다. 따라서 정부에서는 2001년 7월 신용정보 불량자(108만 명)에 대한 사면을 단행하였다.

신용불량자가 양산된 이유

- IMF 이후 사회 전반적인 경기침체와 기업의 구조조정 등으로 가계소득이 감소하고 대출 등 여신거래 상환능력의 약화가 장기적으로 지속됨
- 주식시장 붕괴로 인한 정부의 기업운영 개선방안과 소비 촉진을 위한 정책
- 신용카드 복권제와 세수 확대를 위한 정부의 신용카드 활

성화 정책과 카드사의 현금서비스 이용한도 제한 폐지, 신
용카드 발급조건의 완화조치 등
- 무자격 서비스 사용자에 대한 상품판매(중 · 고등학생에게
휴대폰 서비스, 무소득자인 대학생에게 신용카드 발급)

[경제성장률 및 개인파산 추이]

	1996년	1997년	1998년	1999년	2000년
경제성장률(%)	6.8	5.0	-6.7	10.9	8.8
신용불량자(천 명)	960	1,490	2,207	2,351	2,471
개인파산(건)	1	14	250	460	148

〈자료 : 한국은행, 법원〉

일반적으로 신용정보 관리라고 하면 신용불량정보만을 관리
대상으로 생각하고 있는데, 사실은 개인의 주요 거래내역 역시 신
용정보 관리대상이다.

현행 금융기관들이 관리하고 있는 신용정보는 신용거래정보,
신용불량정보로 구분할 수 있다.

신용거래정보
- 신용거래내역정보 및 변제정보
- 대출현황정보
- 가계당좌 · 당좌예금 개설 및 해지 사실
- 신용카드 발급 및 해지 사실

- 채무보증현황정보
- 신용거래자의 연대보증인

신용불량정보

- 약정기일에 변제하지 아니한 연체채무 관련 정보
- 대손상각 처리한 채무 관련 정보
- 어음 또는 수표의 거래정지처분 및 부도 관련 정보
- 상습적 연체자 관련 정보
- 사기, 결탁, 기타 부정한 방법으로 신용거래질서를 문란케 한 사실 관련 정보
- 공공기관이 보유하고 있는 불량기록정보
- 어음법상의 어음채무 불이행 관련 정보
- 기타 채무불이행 또는 계약불이행 관련 정보
- 신용불량거래의 연대보증 관련 정보

신용불량 소멸시효 7년으로 단축

7월부터 신용불량정보 최장 등록기한이 10년에서 7년으로 단축돼 상당수 신용불량자들이 추가로 '신용사면'을 받게 됐다. 또 신용불량자 등록사 실도 사전에 알 수 있게 된다.

금융감독원은 최근 개정된 '신용정보 이용 및 보호에 관한 법률'에 따라 이같은 내용의 신용정보업 감독규정을 금융감독위원회의 의결을 거쳐 시 행할 계획이라고 밝혔다. 또 신용정보 인프라를 확충하기 위해 은행연합 회에 집중되는 신용정보의 범위를 넓히기로 했다. 지금까지 신용카드는 누가 어느 회사 카드를 쓰는지에 대한 정보만 수집했는데 앞으로는 결제 금액까지 수집해 신용상태를 정보로 쓸 수 있도록 할 예정이다.

한편 금감원은 신용대출 활성화를 위해 액수에 관계없이 모든 대출금 현 황을 은행연합회가 통합 관리한다는 방침이다.

매일경제 2001-07-03

물론 신용불량정보의 등록은 개인의 경제생활을 구속한다는 점에서 중요하지만 신용거래정보 역시 대출한도 삭제, 연대보증인 자격, 신용카드한도 설정 등에 영향을 미치게 된다.

신용불량정보의 등록

신용불량정보 등록 대상은 연체채무정보, 대손상각 처리한 채무 관련 정보, 어음·수표 거래정지 관련 정보, 사기·부정한 방법 등으로 신용거래질서를 문란케 한 사실 관련 정보, 채무불이행 정보, 연대보증 정보 등이다.

불량정보의 최소등록기준은 금액이 1만 원 이상(보증인 정보의 경우 50만 원 이상), 연체횟수 4회차(3개월 이상)로 정한다. 그러나 신용불량 사유 발생일로부터 10년이 경과한 정보, 소멸시효가 완성된 채권 정보, 미변제 금액이 1만 원 미만인 경우, 연대보증 금액이 50만 원 미만인 경우는 정보를 수집·등록할 수 없다. 소멸시효 완성 전에 신용불량으로 등재된 경우 소멸시효 기간이 경과해도 불량정보는 그대로 남는다. 채무를 변제하지 않는 한 불량정보는 최장 15년간 유지된다. 연체 금액이 1만 원 이상이면 신용불량 등록 대상이지만 채무의 종류에 따라 기준이 다르다.

신용카드 대금은 5만 원을 6개월까지 연체해도 등록되지 않으나 휴대폰 요금은 1만 원을 1개월만 연체해도 곧바로 신용불량으로 등록되므로 유의해야 한다.

신용불량자 등록기준에 따르면 금액에 관계 없이 모든 금융기관에서 3개월 이상 연체할 경우 신용불량자로 등록되며 연체액수가 클 경우 신규여신 및 예금거래가 중단되고 신용카드 발급과 사용도 금지된다.

세금을 5백만 원 이상 체납하고 1년이 경과하도록 납부하지 않은 경우에도 신용불량자로 등록된다.

한편 금융기관이나 정부 등이 신용불량등록을 하고자 하는 경우에는 반드시 대상자에게 15일~45일 전 이내에 통보하여야 한다. 보증인의 경우, 등록하기 3개월 이전에 도달을 증명할 수 있는 방법으로 통지하여야 한다.

이 때 본인이 주소 불명으로 신용불량등록예고 통지서를 수령하지 못한 경우에도 신용정보 제공자가 인지한 최종주소지로 통지하였으나 반송된 경우에는 통지의무를 이행한 것으로 본다.

신용불량자 리스트는 은행연합회 전산망을 통해 모든 금융기관에서 공유한다. 기존에는 금융기관별로 관리했으나, 새 규정에 따라 은행연합회 전산망을 통해 통합관리되고 있다. 그러나 신용불량자에 대한 제재는 금융기관별로 내부관리 규정에 따라 자율적으로 판단하기 때문에 다르다.

 신용불량 등록해제 및 기록 유지

신용정보 제공자는 대금 변제 등 소비자에게 신용불량정보 해제사유가 발생한 경우 15일 이내에 신용정보업자에게 통지해야 한다.

등록사유가 소멸된 후에도 연체대출금이 5백만 원을 넘으면 연체기간에 따라 6개월 이내는 1년간, 6개월~1년은 2년간, 2년 이내는 3년간 신용불량 기록이 보존된다. 그러나 5백만 원 이하 연체대출금 또는 1천만 원 이하의 카드 연체금은 90일 이내에 상환하면 즉시 신용불량자 기록을 삭제할 수 있다.

한편 사유 소멸 후에도 신용불량정보 내용에 따라 해제와 동시에 삭제되는 경우와 해제 후에도 일정기간 동안 기록이 유지되는 경우로 나뉜다. 기록 유지 기간은 채무내용에 따라 최장 5년이다.

● 등록사유 발생일로부터 6개월 이내에 해제사유 발생시 1년

● 등록사유 발생일로부터 6개월 초과 1년 이내에 해제사유 발생시 2년

● 등록사유 발생일로부터 1년 초과 후 해제사유 발생시 3년

● 해제사유가 발생하지 않은 신용불량정보는 등록사유 발생일로부터 10년이 경과한 날을 해제사유 발생일로 하여 최장 5년 동안 보존한다.

그러나 신용불량정보 해제사유가 해제코드 중 보증인변제, 강제회수, 손실처리, 양도, 기타인 경우에는 위의 기록보존기간에 1년을 추가하며, 신용불량정보는 일부라도 채무자 변제 이외의 원인에 의하여 해제된 경우 원래의 기록보존기간에 1년을 추가한다. 또한 부도거래처 및 금융질서문란자의 경우 해제사유 발생일로부터 5년간 기록을 보존한다. 특히 어음부도거래처의 경우 부도어음을 반드시 회수(회수인정 포함)하여야만 불량정보의 해제가 가능하다.

그러나 경미한 사안인 경우에는 해제와 동시에 삭제된다.

● 불량발생일로부터 90일 이내의 채무 변제자

● 불량등록금액이 50만 원 미만인 자

● 불량자의 연대보증인 및 관련인

[신용불량 등록기준 및 기록 유지 기간]

거래내역		불량 등록기준	기록 즉시 삭제	기록 유지 기간
카드대금		5만 원 이상 6개월 연체	50만 원 미만이거나 등록일로부터 60일 이내에 변제시	금액에 따라 1~2년
		50만 원 이상 3개월 연체		
은행대출금		1천5백만 원 이하 6개월 연체	50만 원 미만이거나 등록일로부터 60일 이내에 변제시	금액에 따라 1~2년
		1천5백만 원 이상 3개월 연체		
인터넷 PC		1만 원 이상 3개월 연체	50만 원 미만	1년
세금체납		1년 경과 1천만 원 이상	변제시	-
		연 3회 이상 체납 및 1천만 원 이상	변제시	-
		결손처분액이 5백만 원 이상	변제시	-
통신 요금	휴대폰 요금	1만 원 이상 1개월 연체	50만 원 미만	1년
	상품 대금	1만 원 이상 3개월 연체	50만 원 미만	1년

국제결제은행과 BIS비율

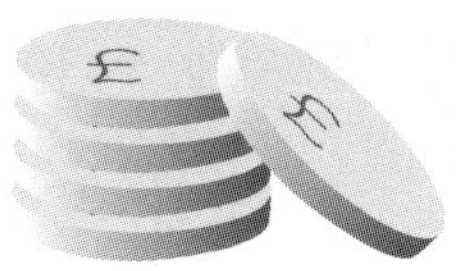

BIS(Bank for International Settlements : 국제결제은행)는 1930년 헤이그협정을 모체로 설립된 세계에서 가장 오래된 국제금융기구이다. 회원은행간 금융협력을 증진하고, 국제통화 및 금융시장의 안정을 도모하며, 국제금융거래의 편의제공, 국제결제업무와 관련한 수탁자 및 대리인으로의 역할을 목적으로 설립된 선진국 중앙은행간의 정책협력을 주요 기능으로 하며, 현재 우리나라를 비롯하여 44개국의 중앙은행이 회원으로 참여하고 있다.

당초에는 제1차 세계대전 이후 독일의 배상문제를 원활히 처리하는 것을 주목적으로 발족했다. 제2차 세계대전 이후에는 유럽에서의 결제대리 기관으로 EPU(유럽지불동맹)나 EMA(유럽통화제도)의 실무를 담당, ECSC(유럽석탄철강공동체)의 재무보관역할도 겸하고 있다.

BIS는 의사결정기구인 총회 및 이사회와 집행기구인 사무국으로 구성되어 있으며, 월마다 한 차례의 월례회를 개최하여 경기, 경제, 금융문제 등을 토의한다. 또 매년 6월에는 연차총회가 개최되는데, 그 연차보고는 세계경제와 유로시장의 동향을 파악할 수 있는 좋은 자료가 된다.

우리나라의 한국은행은 1975년 연차총회에 옵서버 자격으로 참석한 이래 국제통화협력을 위해 노력한 결과 1997년 1월 14일 정식회원으로 가입하였다.

 BIS비율

국제 상업은행들의 신용리스크의 효율적 관리를 통한 은행의 건전성 제고 및 은행간 경쟁의 형평성 확보를 위하여 1988년 7월 국제결제은행의 은행감독위원회(바젤위원회)가 제정한 '자기자본측정과 적정자기자본 수준에 관한 국제적 합의'에 근거하여 산출된 은행의 자기자본비율이다.

BIS비율은 자기자본을 대출이나 보증 등을 포함한 위험자산으로 나눈 비율이다.

BIS개정 2005년으로 연기

강형구 기자

국제결제은행(BIS)의 바젤은행감독위원회는 25일(현지시간) 금융기관의 자기자본비율규제 개정(신BIS규제) 시기를 당초 2004년에서 2005년으로 1년 연기한다고 발표했다.

이에 대해 각국의 민간금융기관은 물론 신용평가회사와 금융당국은 일제히 환영한다는 반응을 보였다.

바젤은행감독위원회는 이날 2004년 발효 예정인 신BIS규제에 대한 금융기관의 의견을 참고해 2002년 초 새로운 규제안을 공개하고 2005년부터 적용할 수 있도록 2002년 말까지 규제안을 확정짓겠다고 밝혔다.

바젤위원회의 이러한 결정은 새로운 규제안 적용에 시간적 여유가 필요하다는 미국과 유럽 은행들의 주장에 따른 것이다.

워싱턴에 위치한 국제금융연구소의 존 하셀틴은 "새로운 BIS규제안이 적용되면 금융기관의 자기자본비율이 지나치게 낮아지게 된다"고 말했다.

또한 "바젤위원회가 규제안 적용을 지나치게 서두를 경우 충분한 시장검증이나 토론을 배제한 채 결론이 날지도 모른다"고 주장했다.

바젤위원회는 그러나 이날 발표에서 중소기업에 대한 대출시 금융기관들이 보유해야 하는 자금 규모 등을 포함해 업계의 민감한 몇 가지 사안에 대해서도 추후 검토해 나가겠다고 밝혔다.

위원회는 또 금융기관이 부적절한 시스템이나 사기 등으로 발생하는 영업리스크에 대비해 쌓아야 하는 충당금 규모를 축소할 계획이다.

한편 바젤위원회는 다음달 16일 열리는 위원회에서 최종적인 신BIS규제안을 발표할 예정이었다.

바젤은행감독委 2002년 말까지 규제안 확정

$$\text{BIS자기자본비율} = \frac{\text{자기자본}}{\text{위험가중자산}} \times 100 \geqq 8.0\%\,(\text{의무비율})$$

$$= \frac{\text{기본자본} + \text{보완자본} - \text{공제항목}}{\Sigma\,(\text{부내자산} \times \text{최저위험가중치}) + \Sigma\,(\text{부외자산} \times \text{신용환산율} \times \text{최저위험가중치})} \times 100$$

◇**기본자본** : 연결대차대조표상 납입자본금, 자본준비금, 이익잉여금, 외부주주지분

◇**보완자본** : 재평가적립금, 유가증권평가익, 대손충당금, 부채성자본조달수단, 기한부 후순위채

◇**부내자산** : 대차대조표 자산이라고도 한다. 신용환산율을 적용하지 않는 자산

◇**부외자산** : 각주계정 등으로 신용환산율을 적용하여 부내자산(대차대조표 자산)화해야 하는 자산

◇**위험가중치** : 주로 신용리스크의 정도를 파악하기 위한 것으로 민간부분에 대한 신용대출의 표준적 리스크(100%)에 대한 상대적 리스크

◇**최저위험가중치** : 차주별, 담보별, 과목별루 구분된 자산의 위험가중치 중 제일 낮은 가중치

◇**신용환산율** : 특별한 원칙에 따라 결정된 것은 아니며 과거 경험을 토대로 거래유형에 따라 부실자산화할 가능성을 기초로 BIS에서 결정한 부외자산을 부내자산으로 환산해주는 변환계수

은행, 종합금융, 신용금고 등 일반 금융기관의 건전성을 판단하는 기준으로 BIS비율이 8% 이상인 금융기관은 건전한 은행으로, 8%에 미달하는 은행은 결제능력이 부족한 은행으로 분류하고 있다. 그러나 이러한 판단 기준에 대하여 학자들 사이에 논란이 많다. 특히 국내금융기관의 구조조정과정에서 8%에 미달하는 은행

은 부실은행, 8% 이상은 우량은행이라는 등식이 성립되어 8% 이하인 은행은 인원 감축 및 흡수 합병 등의 많은 어려움을 겪었다.

하지만 BIS비율만이 은행 경영의 전부는 아니다. BIS비율 이외에도 1인당 생산성이나 자본이익률 등 다양한 경영지표들이 있다. 또한 은행에 따라, 취급업무에 따라 BIS 비율의 중요성은 달라질 것이다.

BIS비율을 '금과옥조'처럼 여기는 당국의 잘못된 시각은 환란 이후 자금시장의 경색과 기업의 부도로 이어지고 있다. 다시 말해서 은행들이 BIS비율 제고를 목적으로 위험 가중 자산을 줄이려고 기업에의 대출을 기피하여 금융기관 본래의 기능을 소홀히 하는 분위기가 조장되거나 위험가중치가 낮은 부분에만 자금운용을 함으로써 금융기관의 수익성이 낮아질 수 있다는 것이다.

따라서 이러한 분위기를 반영하듯 BIS비율 산정방법의 개편에 대한 논의가 활발히 진행되고 있다.

신BIS자기자본비율

BIS기준 자기자본비율은 금융기관의 여러 가지 리스크 중에서 신용리스크만을 감안하여 산정한 비율이다. 그러나 금리 및 자본자유화, 파생금융상품거래 증가에 따른 은행의 시장리스크가 증가함에 따라 이들이 은행 경영의 건전성에 미치는 영향이 증대하였다. 이에 따라 시장리스크를 감안하여 은행의 건전성을 평가하기 위하여 새로 제정한 자기자본비율 신BIS자기자본비율이라 한다.

경제생활과 세금

우리나라 세제의 기본 구조

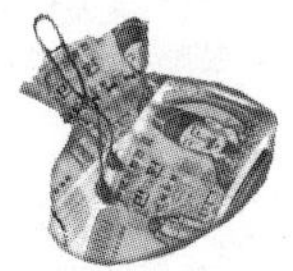

 우리나라 세제의 기본 구조

정부에서는 다양한 일을 한다. 소방경찰들은 화재를 진압하고, 경찰은 범죄를 예방하고 군인들은 나라를 지킨다. 뿐만 아니라 경부고속철도도 건설하고, 강물을 맑게 만들기 위하여 하수종말처리장도 건설한다.

그리고 이 많은 일을 하는 데는 돈이 필요하다. 2001년도에 정부에서 필요로 하는 돈의 규모는 101조 원 가량이다. 이 많은 돈의 대부분은 국민들이 납부하는 세금이다. 즉 정부의 수입은 바로 국민들이 내는 세금이다. 그러나 정부에서 돈이 필요하다고 무조건 국민들에게서 세금으로 징수할 수는 없는 일이다. 왜냐하면 정부에서 세금을 많이 걷으면 걷을수록 국민들이 사용할 수 있는 돈이 줄어들기 때문이다.

따라서 어떠한 세금을 부과할 때에도 반드시 국회의원 또는

빈부격차 완화 세제개편 나선다

민주당은 외환위기와 경제난으로 벌어진 계층간 소득격차를 줄이기 위해 소득격차완화기획단을 구성하고, 이 기구를 통해 소득세, 재산세, 상속세, 부동산 거래 관련세 등 전반적인 세제 개편을 검토하기로 했다. 민주당은 특히 이번 기획단 활동을 통해 김대중 대통령의 임기 안에 마무리지을 경제·사회분야 개혁 정책의 뼈대를 정리한다는 방침이어서 주목된다. ▶관련기사 3면

이해찬 정책위의장은 26일 "1998년 집권 이후 외환위기를 벗어나기 위해 경제·사회정책의 중점을 기업 경쟁력 회복에 두었다면, 앞으로는 이 과정에서 빚어진 소득격차를 보정하는 데 무게중심을 둘 것"이라며 이런 방침을 밝혔다.

이 의장은 "소득격차완화기획단은 우선 세전 소득과 세후 소득을 비교분석해 현행 세제가 소득분배 효과가 있는지, 아니면 오히려 소득격차를 더 벌리는지 조사하게 될 것"이라고 밝혔다. 그는 "이런 검증 결과를 바탕으로 소득세와 재산세, 상속세, 증여세 등 세제 전반을 재검토할 예정"이라고 말했다.

이 의장은 또 "기획단은 자산소득(부동산·증권 등)과 임금소득 가운데 어느 쪽에서 소득격차가 더 벌어지는지를 조사할 방침"이라며 "그 결과를 토대로 예를 들면 부동산 거래세를 낮추고 보유세를 높이는 등의 제도개선이 가능할 것"이라고 말했다.

그는 "빈부 격차의 대물림이 일어나지 않도록 교육 측면에서 (중산층과 서민들에게) 지원을 강화하는 것도 시급하다"며 "이를 위해 기획단이 정보화에 따른 계층간 격차 심화(디지털 디바이드) 해소를 비롯한 공교육 강화 방안도 마련하게 될 것"이라고 밝혔다.

그러나 이 의장은 이번 세제개편 작업이 경제·사회 정책의 큰 틀을 재정비할 정도로 방대한 것임을 감안해 "기획단의 소분과별로 기초조사작업을 벌인 뒤 김 대통령 임기 안에 마무리할 것을 추려 우선적으로 시행하도록 할 것"이라고 밝혔다.

민주당은 기획단의 단장은 최고위원 가운데 한 사람을 임명하고 실무총괄은 김민석 의원에게 맡기기로 했다. 박창식 기자 cspcsp@hani.co.kr

---

지방의회의원들이 만든 법률에 의거하여 부과하도록 되어 있다.

한편 세금은 주로 국가의 수입을 목적으로 부과하지만 때로는 정부에서 바라는 소기의 정책적 목적을 달성하기 위한 수단으로 사용되기도 한다. 예를 들면, 지금 서유럽의 몇몇 선진국에서는 석유나 석탄 같은 화석연료를 사용하고 탄산가스를 배출하는 경우 탄소세를 부과한다. 이 경우 탄소세를 부과하는 이유는 지구온난화의 주범이 화석연료를 사용할 때 발생하는 탄산가스에 있기 때문에 화석연료의 사용을 줄이려는 정책적 목적을 달성하기 위한 수단이라는 것이다. 우리나라의 경우에도 자동차 주행에 따른 주행세를 이와 유사한 세금으로 볼 수 있겠다.

세금의 종류도 무수히 많다. 우리에게 익숙한 소득세나 부가가치세를 비롯하여 일반인들에게는 생소한 도축세나 주행세 등도 있다.

　이처럼 다양한 세금은 분류 기준에 따라 몇 가지로 구분할 수 있다.

　우선 세금은 크게 국세와 관세로 나누어진다. 국세는 우리 국토 안에서 이루어진 경제활동의 대가에 대한 납세 부과행위이고, 관세는 수출이나 수입처럼 국경을 초월한 경제행위에 부과되는 세금이다. 또한 부과주체에 따라 국세와 지방세로 나누기도 하고, 납세의무자와 조세부담자가 동일한 직접세와 납세의무자와 조세부담자가 다른 간접세로 나누기도 한다.

 ## 조세부담률

국　세	내국세	직접세	소　득　세
			법　인　세
			재산재평가세
			부당이득세
			상속세 및 증여세
		간접세	부가가치세
			주　　　세
			인　지　세
			전　화　세
			증권거래세
			특별소비세
		목적세	교　육　세
			농어촌특별세
			교　통　세
	관　세		

지방세	도　세	보 통 세	취 득 세
			등 록 세
			경주 · 마권세
			면 허 세
		목 적 세	공동시설세
			지역개발세
	시 · 군세	보 통 세	주 민 세
			재 산 세
			자 동 차 세
			농 지 세
			도 축 세
			담배소비세
			종합토지세
			주 행 세
		목 적 세	도시계획세
			사업소비세

　GDP(국내총생산) 중에서 조세가 차지하는 비율을 총조세부담률이라고 한다. 즉 국민들이 벌어들인 소득 중에서 조세로 납부하는 비율이 어느 정도인가를 나타낸다.

$$조세부담률 = \frac{총조세액}{GDP}$$

　예를 들어 2000년도 총명목 GDP는 5,321천억 원이고 조세총액은 981천억 원이었다. 따라서 조세부담률은 약 18.7%이다.

종합소득세

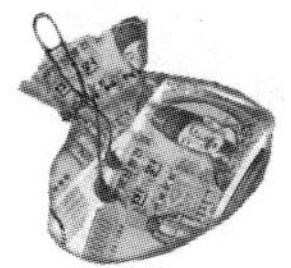

 종합소득세와 분리과세

소득세는 개인의 소득을 과세 대상으로 하는 국세로 개인의 모든 소득을 합산하여 과세하는 종합소득과세와 소득의 원천에 따라 구별하여 부과되는 분리과세 소득으로 구분된다.

종합소득과세 대상에는 이자소득, 배당소득, 부동산소득, 사업소득, 근로소득, 일시 재산소득, 기타 소득 등이 속한다.

분리과세 소득 대상에는 퇴직소득과 양도소득, 산림소득이 해당된다.

탤런트 이승연씨 소득세 소송 패소

대법원 3부(주심 이규홍 대법관)는 25일 탤런트 이승연씨가 광고모델 전속계약금을 사업소득으로 보고 고율의 종합소득세를 부과한 것은 부당하다며 강남세무서를 상대로 낸 종합소득세 부과처분 취소청구 소송 상고심에서 원고 패소를 판결한 원심을 확정했다.

재판부는 판결문에서 "탤런트의 광고출연은 연기자 고유의 활동으로 수 익을 목적으로 이뤄져왔으며, 독립적인 사업활동으로 볼 수 있을 정도의 반복성을 가지고 있는 만큼 전속계약금은 기타소득이 아닌 사업소득으로 볼 수 있다"고 밝혔다.

이씨는 지난 94~95년 L사 등 9개 업체에게서 받은 광고모델 전속계약금 에 대해 세무당국이 고율의 세금을 부과하는 사업소득으로 간주해 4억50 00여만원의 종합소득세를 부과하자 소송을 냈다.

매일경제 2001-06-25

- 근로소득 : 근로자가 근로를 제공한 대가로 얻은 소득

- 이자소득 : 개인이 보유하고 있는 예금, 적금 등 금전적 자산의 보유에서 발생하는 이자 또는 할인액(금융소득 종합과세 참조)

- 부동산소득 : 개인이 부동산이나 부동산에 관한 권리를 임대하고 그 대가로 받는 소득

- 배당소득 : 개인이 보유하고 있는 유가증권에 대한 배당금(의제배당금 포함)

- 사업소득 : 개인이 사업을 영위하여 얻은 소득 단, 법인이 사업을 영위하여 얻은 소득은 법인세 부과 대상이다.

- 일시 재산소득 : 서화나 골동품의 양도소득, 산업재산권의

양도소득 등 일시적으로 얻은 소득

　－ 기타 소득 : 종합합산 및 분류과세 대상소득으로 열거되지 아니한 소득 중 세법에서 기타 소득으로 열거하고 있는 소득(현상금, 포상금, 복권, 경품권 등)

　－ 퇴직소득 : 근로자가 퇴직할 때 수령하는 퇴직급여, 명예퇴직수당, 단체 퇴직보험금 등

　－ 산림소득 : 조림 후 5년 이상인 산림에서 벌채 또는 양도로 인하여 발생하는 소득. 그러나 인공 조림이 아닌 자연적으로 조성된 산림의 벌채와 양도로 발생한 소득은 기간의 길고 짧음에 관계없이 사업소득에 속하므로 종합합산대상소득이다.

　－ 양도소득 : 자산의 양도차익에 대한 과세

소득의 크기와 세율

소득이 많은 사람과 소득이 적은 사람이 동일한 세금을 부담한다면 어떠하겠는가. 아마도 불공평하다고 이구동성으로 외칠 것이다. 그래서 소득이 많은 사람은 많은 세금을 내도록 세율체계가 구성되어 있다. 특히 소득세의 경우에는 누진세라 하여 소득이 높을수록 세금이 많아지는데 그 증가율은 일정하지 않고 소득이 많을수록 세율자체가 높아져서 결과적으로 부담하는 세금은 많아진다는 뜻이다. 그렇다고 무작정 높게만 할 수는 없는 노릇이다. 왜냐하면 세율이 높아서 열심히 일하여 돈을 많이 벌었더니 국가에서 대부분을 세금으로 빼앗아간다면 누가 열심히 일을 하겠는

가. 그래서 근로자들의 근로의욕도 북돋우고 공평성도 확보할 수 있는 적절한 세율체계가 국가 전체적으로 대단히 중요하다.

현행 우리나라 소득세의 세율체계는 다음 표와 같다.

[종합소득의 크기와 세율]

소득의 크기	세율	누진공제액
1천만 원 이하	10%	-
1천만 원 초과 4천만 원 이하	20%	1백만 원
4천만 원 초과 8천만 원 미만	30%	5백만 원
8천만 원 초과	40%	1천3백만 원

 ## 종합소득공제와 연말정산

소득공제

종합소득공제란 국민의 최저 생활 보장과 공평과세의 실현을 위하여 납세의무자의 인적사항을 고려하여 일정한 금액을 과세소득금액에서 공제해주는 제도이다.

그러나 이 제도는 2000년 말에 도입된 근로주식저축 공제가 증시 부양의 방편으로 유휴자금을 주식시장으로 끌어들이기 위하여 도입되었던 것처럼 각종 경제정책 수단으로도 사용되고 있다.

여기서 소득공제란 과세 표준이 되는 소득의 일부분을 공제해주는 제도이다. 따라서 과표가 낮아지고 개인에 따라서는 누진

"연말정산, 챙긴만큼 법니다"

월급생활자들이 한해동안 낸 근로소득세를 다시 계산해보는 연말정산(년말정산) 시기가 다가왔다.

기업체는 월급에서 매월 간이(간이) 세액표에 따라 소득에 맞춰 일률적으로 근로소득세를 뗀다.

이 때문에 연말정산을 꼼꼼히 한 월급쟁이라면 많게는 100만원까지 낸 세금을 되돌려 받기도 한다.

물론 소득보다 세금을 적게 낸 사람은 내년 2월 10일까지 덜 낸 만큼 더 내야 하는 경우도 생긴다.

정병춘 국세청 법인세과장은 "올해는 기부금을 많이 낸 월급 생활자에 대한 소득공제 혜택이 대폭 늘어났다"며 "꼼꼼히 영수증을 모으면 의외의 실속을 챙길 수 있을 것"이라고 말했다.

◆올해 달라진 내용=정부가 기부금과 주택자금으로 쓴 돈에 대해 과세대상 소득에서 제외해주는 경우가 크게 늘었다.

월급쟁이들이 국영 아동·노인·장애복지 시설에 기부한 금품이나 한국복지재단·한국노인복지시설협회·한국장애인복지시설협회 같은 결연기관을 통해 기부한 금품은 전액 과세대상 소득에서 제외된다.

사립학교·기능대학·국립대병원에 시설비나 교육·연구비를 기부한 경우도 전액 공제를 받는다.

예를 들어 자녀가 다니는 사립 초·중·고교에 학습기자재를 사서 기부했다면, 올해부터 소득공제 혜택을 받을 수 있다.

동네 유료 양로시설이나 노인교실, 불우이웃돕기 행사에 낸 비용도 근로소득금액의 10%까지는 소득세를 면제받는다.

이는 노동조합비나 교원단체회비도 마찬가지.

주택자금으로 쓴 비용은 올해부터 300만원까지 과세대상 소득에서 빠진다.

주택청약저축·근로자주택마련저축·장기주택마련저축은 작년처럼 불입액의 40%까지 소득에서 공제된다.

반면 주택청약부금은 올해 11월 1일 이후 가입분은 해당이 없으므로 주의해야 한다.

올해 10월 말까지 주택청약부금으로 낸 돈이 240만원 이하면 그 40%인 96만원까지 소득공제를 받을 수 있다.

또 10월 말까지 불입액이 240만원을 넘을 경우에는 불입액의 40%, 최대 불입액 450만원까지 소득공제가 된다.

예를 들어 10월 말까지 불입액이 300만원이면 소득공제 금액이 40%인 120만원, 10월말까지 불입액이 500만원이면 최대 불입 인정액 450만원의 40%인 180만원까지가 소득공제 대상이 된다.

또 주택에 저당권을 설정하고 금융기관으로부터 10년 이상 장기 주택자금대출을 받았을 경우, 올해 11월 1일 이후 이자를 갚기 위해 쓴 돈도 공제를 받는다.

반면 지금껏 공제혜택을 받던 주택마련저축차입금 상환액 가운데 주택을 새로 장만하는 경우에 대한 원리금 상환액 공제는 올해부터 폐지됐다.

이 밖에도 해외에서 빈 월급에 세금을 물리지 않는 범위도 월 150만원까지로 늘어났다.

◆신용카드 사용액도 공제 확대=올 연말정산부터 신용카드 사용액에 대한 소득공제가 본격화된다.

작년 12월 1일부터 올해 11월 30일까지 신용카드 사용액이 올해 받은 총급여의 10%를 넘으면, 초과 금액의 10%까지 과세대상 소득에서 빠진다.

단 공제한도는 300만원까지다.

예를 들어 올해 총급여가 3000만원인 A씨가 신용카드로 900만원을 썼다면, A씨는 총급여액의 10%(300만원)가 넘게 신용카드를 썼으므로 일단 소득공제 대상이 된다.

A씨는 총급여의 10%를 초과해 신용카드를 사용한 금액(600만원)의 10%, 즉 60만원을 과세대상 급여에서 줄이게 돼 대략 12만원 내외의 근로소득세 감면을 받는 셈이다.

단, 세금이나 공과금을 내거나 외국에서 사용한 금액, 현금서비스를 받은 금액은 공제혜택을 받지 못한다.

하지만 병원비를 신용카드로 쓴 경우는 소득공제 대상이 된다.

◆연말정산에 주의할 점=올해 한 번 이상 직장을 옮긴 사람들은 전(전) 근무지에서 '소득자별 근로소득원천징수부' 사본과 '근로소득원천징수영수증'을 제출받아 새로 구한 직장의 소득과 합산해 계산해야 한다.

그렇지 않을 경우 내년 5월에 종합소득세 신고를 따로 해야 하고, 가산세(가산세)도 내야 한다.

연말정산 자료는 국민연금과 국민건강보험료 산정에 기본이 되는 자료다.

따라서 공제받는 금액이 적다고 해서 징확히 직어내지 않으면, 1년 내내 보험료를 실제보다 많이 내는 불이익을 받을 수도 있다.

맞벌이 부부가 이를 속이고 배우자 공제를 받거나, 형제들이 동시에 부모와 장인·장모를 모신다고 인적(인적) 공제를 받을 경우 곧바로 국세청 전산망에 조회돼 가산세를 물 수 있다.

문의 국세청 납세서비스센터 (02)734-2100,720-2100,397-1221~8 /조희천기자 hccho@chosun.com
조선일보 2000-12-05

세율 자체가 낮아지는 효과를 가져와 세제상의 혜택을 받게 된다.

소득공제에는 근로소득공제, 인적공제, 특별공제, 기타 소득공제가 있으며 그 금액의 크기와 범위는 법률의 개정에 따라 수시로 바뀌고 있으며 연말정산시 세무서 홈페이지나 각 기업의 경리 담당자에게 문의하면 확인이 가능하다.

세액공제

세액공제는 소득공제와 다르다. 소득공제가 소득자체를 낮추어 주는 제도라면 세액공제는 계산된 납부세액에서 해당 금액을 차감하여 주는 제도이다.

현행 소득세법상 세액공제의 대상과 범위는 다음 표와 같다.

구 분		공 제 요 건	공 제 금 액
세액공제	근로소득	산출세액 (50만 원 이하 : 45%, 50만 원 초과 : 30%)	공제한도 60만 원
	주택자금이자	1995. 11. 1~1997. 12. 31 중 미분양 주택을 취득하기 위한 차입금 이자	차입금이자상환액의 30%
	근로자 주식저축	주식저축 가입자(한도 3천만 원)로 30% 이상을 실제로 주식에 투자한 자	연간 납입액의 5%

연말정산

개인의 모든 소득을 합산하여 과세하는 종합소득과세에는 앞에서 살펴본 바와 같이 다양한 공제제도가 있다. 그러나 근로자의 근로소득 지급시 종합소득 공제사항을 정확히 적용하기에는 징수의 효율성 측면에서 바람직한 방법이 아니다.

따라서 근로자의 부양가족 수 등 간단한 사항만 반영한 간이
세액조견표에 따라 매월 근로소득세를 징수하고 다음 연도 1월에
종합공제대상 항목을 반영하여 근로소득세를 계산하고, 전년도 1
년 동안 간이세액조견표에 따라 징수한 세액과의 차액을 정산하
는 절차를 연말정산이라고 한다. 연말정산 절차상에 잘못된 부분
은 종합소득세의 확정신고 기간인 다음 연도 5월 1일부터 5월 31
일까지 주소지 관할 세무서장에게 정정 신고하면 된다.

금융소득종합과세

 금융소득종합과세란

국민 누구에게나 소득세법에 따라 소득이 발생하는 곳에 과세가 있다. 따라서 금융상품에 투자하여 이자소득이 발생하면 이자소득세를 납부하여야 한다.

2000년까지만 하여도 이자소득세는 분리과세였다. 따라서 이자소득이 발생하였다 하여도 이자수령시 이자지급기관에서 공제하는 원천징수로 모든 납세의무가 종결되었다.

그러나 2001년부터는 잠정 중단되었던 금융소득종합과세가 부활되어 이자소득이나 보험차익 등 금융소득을 근로소득 등 기타 소득과 합산하여 과세하게 된다.

우리나라에 금융소득종합과세가 시행된 것은 이번이 처음은 아니다. 1993년 '금융실명거래법 및 비밀에 관한 긴급재정 명령'의 발효로 시작된 금융소득종합과세는 1997년 IMF 경제난 후에

금융소득종합과세 확대 논란

정부가 중장기 세제개편 방안 중 하나로 내놓은 '금융소득종합과세 대상 확대' 방침을 두고 논란이 뜨겁다. "초저금리로 적용 대상이 크게 줄어든 만큼 불가피한 선택"이라는 긍정론과 함께 "제도 금융권으로부터 자금이 급속히이탈하는 등 부작용이 클 것"이라는 우려도 높다.

■ 종합과세 대상 확대 취지

금융소득종합과세는 연간 이자, 배당 소득이 부부 합산으로 4,000만원을 넘을 경우 10~40%의 고율 세금을 부과하는 제도로 1996~97년 시행하다 중단된 후 올해 다시 부활됐다.

문제는 최근 1년제 정기예금 금리가 연 6.0% 아래로 떨어지는 등 초저금리 기조가 고착되면서 과세대상이 예상보다크게 줄어들었다는 점. 97년 종합과세 대상이 3만4,936명에 달했지만 올해는 2만명을 넘지 않을 것으로 추산된다.

정부는 이에 따라 중장기적으로 이자 및 배당소득 하한선을 2,000만~3,000만원으로 낮춰 대상을 확대할 방침이다. 정부 관계자는 "대상 확대가 이뤄지면 조세정의 실현과 부의 재분배 효과를 높일 수 있을 것"이라며 "특히 종합과세 적용 대상을 확대하는 대신 일반 이자소득세(15%)를 낮추면서민들에게 큰 혜택이 돌아갈 것"이라고 설명했다.

■ 문제점

현재 연 6.0%의 금리를 적용했을 때 이자소득이 4,000만원 이상 발생하려면 예금총액이 6억6,000만원을 넘어야 한다. 어지간한 사람이라면 종합과세는 신경을 쓰지 않아도 된다는 얘기다.

하지만 적용 하한선을 2,000만원으로낮출 경우 예금총액이 3억3,000만원만 돼도 종합과세 대상이 된다. 물론 여전히 큰 금액이기는 하지만 노후에 퇴직금을 받아 금융기관에 넣어두고이자수입으로 생활을 꾸려가는 사람들에게도 종합과세가 적용돼 타격이 클 수 밖에 없다.

제도 금융권 예금이 투기성 상품으로 대거 옮겨갈 가능성이 적지않다. 한미은행 이건홍 재테크팀장은 "종합과세 대상이 되면 명단에 등재되고 세원이 노출되기 때문에 새로운 포트폴리오 과정에서 투기 상품으로 돈이 몰릴수 있다"며 "더구나 외환자유화와 맞물려 해외로 자금이 유출될 가능성도 없지 않다"고 우려했다.

종합과세를 회피할 수 있는 분리과세 상품이 도처에 널려있는 것도 문제다. 당초 5년 이상 저축성 상품, 5년이상 수익증권 등에 투자할 경우 종합과세에 포함되지 않고 분리과세(30%)를 선택할 수 있도록 했지만 최근 1년만 예치해도 분리과세가 되는 상품이마구 쏟아지고 있다.

금융 전문가들은 "거액자산가에게고율세금을 부과하자는 취지는 좋지만 빠져나갈 방법이 숱한 상황에서 대상만 확대해서는 부작용만 나타난다"며 "분리과세상품을 축소하고 노후 절세형상품을 개발하는 등의 보완책 마련이 더 효과적일 것"이라고 지적했다.

한국일보 2001-06-01

'금융실명거래 및 비밀보장에 관한 법률'로 대체되면서 경제활성화 지원이라는 명분하에 일시적으로 실시가 유보되었다. 그 후 1999년 12월 유보조항을 삭제함으로써 2001년 금융소득부터 합산과세한다.

그러나 모든 금융소득이 합산대상 소득은 아니다.

비과세금융상품에서 발생한 금융소득과 세금우대저축에서 발생한 소득 및 분리과세 상품에서 발생한 금융소득을 제외한 금융소득으로 부부합산 4천만 원을 초과하는 금융소득만이 금융소득종합과세 대상이다.

일단 부부합산 금융소득이 4천만 원을 초과하면 소득세 확정신고시 금융소득을 합산 신고하여야 하는 번거로움뿐만 아니라 소득세에 적용되는 누진세율이 적용되기 때문에 고액의 소득세를 납부하여야 한다(금융소득 4천만 원 이하는 종합과세 대상이 아니므로 16.5%의 세율만 부담한다). 따라서 세후 수익률을 높이기 위해서는 비과세상품과 세금우대 상품은 물론 분리과세 상품을 적절하게 이용하는 것이 대단히 중요한 재테크 수단이다.

이제 일반적으로 적용되는 종합합산과세를 회피하기 위한 몇 가지 구체적인 방안을 살펴보자.

◑ 연간 발생하는 금융소득의 규모 축소와 금융소득의 분산

종합과세 대상에서 제외되는 비과세 상품과 세금우대 상품 및 분리과세 상품 등을 적극 이용하여야 한다.

◑ 예금 가입자의 분산

종합과세는 부부의 연간 금융소득금액이 4천만 원 이상이다. 그러나 자녀명의나 부모명의의 금융소득은 종합과세 대상에 포함되지 않는다. 또한 세금우대 통장은 가족 단위가 아닌 개인 단위로 1인 1통장에 가입할 수 있기 때문에 증여세에 해당되지 않는 범위(10년마다 배우자 5억 원, 직계존비속간 성년 3천만 원, 직계존비속간 미성년 1천5백만 원) 내에서 자녀명의로 분산하는 것도 금융소득종합과세를 회피할 수 있는 좋은 방법이다.

◑ 금융상품의 만기 분산

이자소득의 집중을 막아 연간 금융소득이 4천만 원 이하가 되도록 금융소득의 수령 시기를 조정하는 방법이다.

◑ 타익신탁을 이용하여 금융소득을 가족에게 증여

이 때 증여세 부과 대상 범위 이내로 조정하여야 한다. 또 증

여세일 경우와의 세부담을 비교 평가하여 적은 쪽을 선택하는 것
도 좋은 방법이다.

　　◐ 분리과세 상품과 매년 분리과세 여부를 선택할 수 있는 상
품의 적절한 활용

　　금융소득의 발생 규모에 따라 분리과세 여부를 결정할 수 있
는 상품의 적절한 활용은 금융소득종합과세를 회피할 수 있는 방
법이다.

　　◐ 현행 주식의 차익에는 이자소득세가 부과되지 않는다.

　　따라서 수익증권이나 뮤추얼 펀드 등에 가입하여 발생하는
소득은 금융종합소득과세 대상에 포함되지 않는다.

 금융소득종합과세의 회피방법

　　소득이 있는 곳에 납세의무가 있다. 따라서 금융상품에 투자
하여 이자소득이 발생하면 이자소득세를 납부하여야 한다. 그러
나 저축을 장려하고 저소득자들의 생계를 지원하기 위해 비과세
및 세금우대 제도 및 금융종합소득과세로부터 분리과세하는 제도
를 두고 있다.

비과세 금융상품

　　비과세제도는 발생이자소득에 대하여 전액 비과세하는 제도
이고, 세금우대제도는 일반이자소득세가 16.5%인데 반하여 10%
의 이자소득세와 0.5%의 농특세를 부담하여 일반소득자에 비하여

6% 정도의 감면혜택이 주어지는 제도이다.

　　이자소득에 대하여 소득세가 면제되는 비과세 저축은 다음
표와 같다.

[비과세 상품의 비교]

상품명	가입대상	가입한도	비　고
근로자우대 저축/신탁	연간 소득 3천만 원 이하 근로자	월 50만 원	
농어가목돈 마련저축	2ha 이하 농경지 보 유 농민 및 20t 이하 어선 보유 어민	일반농어민 : 월 12만 원 저소득농어민 : 월 10만 원	농·수협 단위 조합에서 취급
신개인연금 신탁	만 20세 이상 국민	분기 3백만 원	소득공제 2백40만 원
장기주택 마련저축	만 18세 이상 무주택 자 또는 25.7평 이하 주택 소유자	월 1백만 원	소득공제 (최고 1백80만 원)
비과세 생계형저축	65세 이상 국민, 생활보호 대상자, 국가유공자, 장애인	총액 2천만 원	기존 예금 및 신탁상품에 특약으로 가입

세금우대상품

　　한편 일반 이자소득세에 비하여 저율 과세되는 세금우대 저
축에는 세금우대종합저축, 근로자장기저축, 장학적금, 신노후생

활연금신탁 등이 있다.

세금우대종합저축은 소액가계저축자의 소득증대 및 노후생활안정을 위해 저축기간이 장기인 예금에 대해 소득세를 이자소득의 10.5%(소득세 10.0%, 농특세 0.5%) 저율로 원천징수(주민세는 면제하고 농어촌특별세는 징수함)하는 제도로 가입대상은 거주자인 실명의 개인으로서 모든 금융기관을 통해 1인 1통장에 가입할 수 있다.

세금우대 한도는 예금 종류와 상관 없이 원금을 기준으로 1인당 일반인 4천만 원, 노인 및 장애인 6천만 원, 미성년자 1천5백만 원이다. 여기서 노인은 남자 60세, 여자 55세 이상인 국민이다. 계약기간은 1년 이상이어야 한다. 대상 상품에는 은행 상품으로는 소액가계저축 · 근로자장기저축 · 장학적금 · 노후생활연금신탁이 있으며, 기타 금융기관들이 취급하는 하이일펀드, 소액채권저축, 근로자증권저축이 있다. 단, 주택청약저축과 신용협동기구 출자금 및 예탁금은 제외된다. 그러나 저축기간이 1년 이하라도 다음 사유에 해당되는 경우에는 세금우대혜택이 주어진다.

▶ 저축가입자의 사망 또는 해외이주
▶ 천재지변
▶ 저축가입자의 퇴직
▶ 사업장의 폐업
▶ 저축가입자의 3개월 이상의 입원치료 또는 요양을 요하는 상해 · 질병의 발생
▶ 저축취급기관의 영업정지, 영업인가 · 허가의 취소, 해산결의 또는 파산선고

근로자 장기저축은 근로자의 저축증대와 재산형성을 돕기 위해 근로자에게 50만 원 한도 내에서 세금우대혜택을 주는 제도이다. 장학적금은 초·중·고등학생들의 저축의식 고취를 위해 세금우대혜택을 주는 적금이다.

분리과세란 무엇인가

분리과세란 개인이 금융상품에서 얻은 소득을 종합합산 대상에 포함할 것인지 분리하여 적용할 것인지를 선택할 수 있는 상품이다. 그러나 원천징수세율이 30%로 높은 편이다. 따라서 금융소득 이외에 아무런 추가 소득이 없고, 금융소득금액에 따라 면세점 이하이거나 원천징수세율보다 낮은 10%의 소득세율이 적용된다면 당연히 종합과세를 선택하여야 할 것이다. 그러나 기타 다른 소득이 많아 높은 누진율을 적용받게 된다면 분리과세를 신청하여 30% 이자소득세를 원천징수함으로써 납세의무를 마치는 상품이다.

분리과세 상품은 만기가 5년 이상인 장기채권, 5년 이상의 장기저축, 5년 이상의 장기적금 등이 분리과세 대상이다. 또 정부가 외환위기 이후 경제회복을 위해 발행하였던 고용안정채권 등 비실명채권도 분리과세 대상이다.

최근 은행들이 분리과세 대상인 5년 이상 장기채권에 투자한 상품을 이용한 분리과세 상품을 내놓고 있다. 그런데 이 상품들은 만기가 5년 이상인 채권에 운용되지만 발행 후 일정기간이 경과한 채권에 운용하기 때문에 가입자들은 5년 이내에도 분리과세 대상이 될 수 있다. 한편 보험회사들이 판매하고 있는 장기저축성 보험 역시 보장성과 분리과세를 겸한 유용한 재테크 수단이 되고 있다. 특히 장기저축성 보험은 가입한도가 무제한이라는 점에서 고액의 금융소득자에게는 합산과세로 높은 누진세율의 적용을 피할 수 있는 유용한 방법이다.

[분리과세형 상품]

구 분	상 품 명	취급기관
5년 이상 장기채권	은행후순위채권	발행은행
	산업금융채권	산업은행, 증권사
	국민주택채권	증권사
	국 고 채	증권사
	비실명채권	증권사
5년 이상 장기저축	예금, 적금, 부금	은행, 신용금고, 농협, 새마을금고
5년 이상 펀드	분리과세 공사채펀드 분리과세 국공채펀드 분리과세 주식펀드	투자신탁회사
장기저축성 보험	무배당 슈퍼재테크 일시납 즉시연금	보험사

양도소득세

 양도소득세란

양도소득이란 자산을 양도하는 과정에서 발생한 차익이다. 만약 여러분이 아파트를 1억 5천만 원에 구입하였다가 1년 후에 2억 원을 받고 팔았다면 이 때의 매매차익 5천만 원이 양도차익이다. 한편 소득이 있는 곳에 납세의무가 있음은 이미 지적하였다. 따라서 이 때 벌어들인 5천만 원은 당연히 과세 대상이 된다.

그러나 모든 자산을 양도하여 소득이 발생했다고 양도소득세가 부과되는 것은 아니다. 대표적으로 여러분이 증권거래소에 상장된 주식에 투자하여 매매차익이 발생하여도 양도소득세 납부의무는 없다. 서화나 골동품 등의 자산에도 양도소득세 부과의무는 없다.

그렇다면 양도소득세 부과 대상 자산은 무엇일까? 양도소득세 부과 대상이 되는 자산은 토지 또는 건물 등의 부동산, 부동산

국세청, 양도소득세 산출기준 마련

올해부터 일반 납세자들도 양도소득세를 쉽게 계산해 납부할 수 있게 됐다.

국세청 김보현(金輔鉉) 재산세과장은 8일 "올해 1월1일부터 상속세와 증여세 뿐 아니라 양도소득세에도 국세청장이 산정·고시하는 건물기준시가가 적용됨에 따라 국세청은 일반인들도 양도소득세를 쉽게 계산할 수 있는 산출기준을 마련했다"고 밝혔다.

그동안에는 양도소득세 과세시 행정자치부 건물시가표준액이 적용됐는데 이를 계산하려면 책자에서 일일이 산정요소별 적용지수를 찾아 계산해야 하기 때문에 시간이 많이 걸리고 틀리기 쉬워 세무서나 대리인들에게 의뢰해야 하는 불편을 겪었다.

이에 따라 국세청은 상업용 건물과 단독주택 등 일반주택에 대해 상속-증여세 부과시 적용하는 기준시가를 통합해 건물기준시가를 마련, 고시했으며 이 기준시가는 상속-증여세는 물론 양도소득세 과세시에도 적용하게 된다.

김 과장은 "납세자들은 이제 취득건물의 기준시가를 계산할 경우 국세청장이 2001년 1월에 고시한 건물기준시가에 국세청 고시기준율만 곱하면 된다"고 말했다.

국세청 고시기준율은 건물의 취득연도와 신축연도, 구조, 내용연수 등을 감안해 표로 체계화돼 있다.

국세청은 이같은 양도소득세 계산시 취득 당시 기준시가 산출기준을 홈페이지(www.nts.go.kr)에 게시해 일반인들이 편리하게 이용할 수 있도록 했다.

국세청 관계자는 "양도소득세는 연간 납부실적이 100만여 건이나 될 정도로 시민들과 밀접한 세금"이라며 "국세청이 제시한 산출기준을 이용하면 세무사 대행수수료를 절약할 수 있다"고 말했다.

세계일보 2001-01-09

에 관한 권리, 골프장 회원권, 콘도미니엄 회원권 등의 특정시설이용권, 사업용 고정자산과 함께 양도하는 영업권, 비상장주식 등이다. 이들 자산은 양도시 발생한 양도차익에서 특별공제, 양도소득공제, 소득공제 등을 제외하고 남는 순양도차익에 해당 세율을 곱하여 납부세액이 결정된다.

여기서 양도란 '자산에 대한 등기·등록에 관계없이 매도, 교환, 법인에 대한 현물출자 등으로 인하여 그 자산이 유상으로 사실상 이전되는 것'으로 매도, 교환, 현물출자, 부담부증여, 대물변제, 공용수용 등이 포함된다.

양도소득세의 세율은 양도자산의 종류별, 보유기간별, 등기여부에 따라 다르며, 불성실신고시에는 10%의 가산세를, 납부불성실시에도 10%의 납부불성실가산세를 추가납부하여야 한다.

[양도소득세 과세 대상과 세율]

대상자산	보유기간	과표	세율
- 토지		3천만 원 이하	20%
- 건물	2년 이상	6천만 원 이하	30%
- 부동산에 관한 권리		6천만 원 초과	40%
- 부동산을 취득할 수	2년 미만	-	40%
있는 권리	미등기자산	-	65%
중소기업 출자지분	1년 이상	-	10%
대기업 출자지분	1년 이상	-	20%
중소기업 출자지분		3천만 원 이하	20%
	1년 미만	6천만 원 이하	30%
대기업 대주주의 출자지분		6천만 원 이상	40%

 ## 양도가액과 취득가액의 계산

(1) 양도차익 계산시 적용되는 자산의 양도 및 취득가액은 원칙적으로 기준시가를 적용한다. 그러나 부동산 투기 억제 등 특정의 경우에는 실거래가액을 기준으로 양도차익을 계산한다.

한편 양도차익 계산시 어느 한쪽(양도가)을 기준시가에 의하여 계산하면 다른 한쪽(취득가)도 기준시가에 의하여 계산하고, 어느 한쪽(양도가)을 실거래가로 하면 다른 한쪽(취득가)도 실거래가로 계산해야 한다.

- 비상장법인의 주식 등 양도
- 기타 자산(기준시가가 고시된 특정시설물이용권은 제외)의 양도
- 부동산을 취득할 수 있는 권리의 양도
- 취득 후 1년 이내인 부동산의 양도
- 미등기 부동산 양도
- 조세부담을 회피할 목적으로 허위계약서를 작성하는 등 부정한 방법으로 부동산을 취득 또는 양도하는 경우로서 국세청장이 정하는 기준에 해당하는 경우
- 과세표준 및 세액의 결정일 이내에 증빙서류를 갖추어 양도 및 취득 당시의 실거래가액을 신고하는 경우

 양도세의 비과세 및 감면

양도소득세 부과 대상 자산이라고 하여 모든 경우에 양도소득세를 납부하여야 하는 것은 아니다. 일정 조건에 해당되는 자산의 양도시에는 양도소득세 부과 대상에서 제외시키거나 세액의 일정비율을 감면해주기도 한다.

신축주택 양도세 내년까지 면제

정부와 여당은 신축주택에 대해 수도권을 포함한 전국에서 양도소득세를 내년말까지 면제하고 취득세와 등록세 감면적용 지역과 평형을 크게 확대하기로 했다.

정부와 여당은 23일 정책연합 3당과 재경·행정·건교부 고위 관계자들이 참석하는 당정회의를 열어 이러한 내용을 골자로 한 주택·건설경기 활성화 방안을 확정할 예정이다.

당정은 현재 비수도권지역에서만 연말까지 한시적으로 25.7평 이하 신축주택을 매입한 뒤 5년 안에 팔아도 양도소득세를 면제해주고 있는 것을 수도권지역으로 확대하고 기한도 내년말까지 연장, 전국적으로 세법에서 정한 고급주택을 제외한 모든 신축 주택에 양도세 면제혜택을 줄 방침이다.

현행 세법상 고급주택은 건물 연면적 80평 이상이거나 토지 연면적 150평 이상으로 주택 및 부수 토지의 기준시가가 6억원을 넘는 집, 또 아파트와 같은 공동주택의 경우 전용면적 50평 이상이고 기준시가가 6억원을 넘는 집으로 규정하고 있다.

주택업자와 입주자가 함께 부담하는 취득세와 등록세의 감면과 관련해서는 주택업자의 경우 지금은 18평 이하에 한해 면제되지만 면제대상 평형을 25.7평까지 등으로 확대하고 입주자의 경우 현행대로 12평 이하는 면제, 12~18평은 50% 감면할 예정이다.

서울경제 2001-05-22

비과세 양도 자산

우리가 잘 알고 있는 대로 고급주택과 미등기주택이 아닌 1세대 1주택으로 다음 조건에 해당되는 주택은 양도소득세 비과세 대상이다.

또한 2001년 말까지 한시적으로 주택 경기 활성화를 위한 조치로 고급주택이 아닌 신규주택이나 미분양주택을 주택 건설업자로부터 직접 매입하여 5년 이내에 매도하는 경우에는 양도소득세를 부과하지 않는다. 5년을 초과 보유한 후 매각하여도 매각 후 5년 이후에 발생한 차익만 양도소득세 부과 대상이 된다. 그러나 분양권을 넘겨 받는 형태의 신규주택 구입은 양도세 면제대상이 아니다.

면제세액 기준 3억 원 이하의 8년 이상 자가 경작지(상속농지는 선대의 경작기간 포함)를 양도하는 경우에는 양도소득세가 면제된다. 또한 농민이 종전의 농지를 팔고 다른 농지를 사서 경작하는 경우에는 과세하지 않는다(새로 취득한 농지는 3년 이상 경작해야 함). 다만, 새로운 농지를 종전의 농지를 매도한 후 1년 안에 사야 하며, 미리 새 농지를 사 놓았다면 1년 안에 종전 농지를 팔아야 하며 새로운 농지가 종전의 농지면적보다 크거나 가격이 종전

농지가격의 반 이상이면 비과세 대상이다. 경작상 필요에 의하여 자기의 농지를 교환(교환에 의해 새로 취득한 농지는 3년 이상 경작해야 함)하는 경우에도 비과세이다.

상속 및 이농 주택으로 피상속인 및 이농인(어민포함)이 5년 이상 거주하였거나 귀농 주택으로 연고지·본적지 소재주택을 300평 이상의 농지와 함께 취득하여 1가구 2주택이 된 경우에는 양도소득세가 부과되지 않는다.

양도세 비과세 대상 1가구 1주택

- 3년 이상 보유한 1가구 1주택의 양도
- 임대주택법에 의한 임대주택으로서 5년 이상 거주한 경우
- 주택이 공공사업용으로 양도되거나 수용되는 경우
- 해외이주 또는 1년 이상 계속하여 국외거주를 요하는 취학 및 근무상 이유로 세대 전원이 출국하는 경우
- 1년 이상 거주 후 전근이나 진학을 목적으로 다른 시·군으로 집안이 모두 이사하는 경우
- 1가구 1주택 소유자가 이사를 목적으로 다른 주택을 구입하여 2주택이 된 경우 2년 이내에 매도하면 비과세이다. 다만, 2년이 되었고 매도되지 않았지만 2년이 되는 날 한국자산관리공사에 매각을 의뢰하여 경매·공매에 의해 양도되는 경우에는 2년 이내에 양도하지 못하더라도 비과세된다.

감면 대상 자산

일정 조건에 해당되는 자산을 양도하는 경우에는 양도소득세의 일정 부분을 감면해준다.

우선 공공사업용 수용으로 사업인정 고시일 2년 전에 취득한 토지에 대하여 1억 원 한도 내에서 현금보상은 25%, 채권보상시는 35%를 감면한다.

2호 이상의 국민주택 규모인 25.7평 이하의 주택을 5년 이상 임대하면 50%, 10년 이상 임대하면 100% 전액 감면한다.

신축 또는 미분양주인 국민주택 규모 이하 주택을 2호 이상을 구입하여 5년 이상 임대 후 매도시 양도차액에 대하여 100% 감면한다. 또한 2001년 말까지 기존 주거주택을 팔고 미분양주택이나 신규주택을 취득하면 양도 금액을 불문하고 10%의 양도세 특례세율이 적용된다.

그러나 비과세 경우와 동일하게 미등기주택이나 고급주택은 면제대상이 아니다.

고급주택

단독주택 : 건물면적이 80평 이상(또는 토지 150평 이상)이고 지방세법상 취득세 시가표준액이 2천만 원 이상이며, 실거래가액이 6억 원을 초과하는 주택

공동주택(아파트 등) : 전용면적이 50평 이상이고 실거래가액이 6억 원을 초과하는 주택

[양도소득세 비과세 및 감면 요건 요약]

비과세	1세대 1주택	3년 이상 보유한 1세대 1주택	
	8년 이상 자가경작 농지	농지소재지에 거주하고 8년 이상 보유할 것 경작 및 양도일 기준 농지일 것	
	신규주택	50평 미만, 거래가격 6억 원 이하의 신규아파트나 건평 80평 또는 대지 150평 미만의 주택이나 미분양주택을 구입하여 5년 이내에 매도시(2003년 6월까지 한시적 사항)	
	농지 교환, 분합, 대토	분합, 교환 : 토지가액의 차액이 큰 가액의 1/4 이하일 것 대토 : 취득 농지 면적이 양도농지보다 크거나 가액의 1/2 이상일 것	
	파산선고에 의한 양도	법원이 채무자의 파산선고	
감 면	수　　용	공공사업용 수용으로 사업인정 고시일 2년 전에 취득한 토지	연간 1억 한도 내에서 25% 채권 보상 시는 35%
	장　　기 임대주택	2호 이상의 국민주택 규모 이하의 주택을 5년 이상 임대	5년 이상 : 50% 10년 이상 : 100%
	신　　축 임대주택	고급주택이 아닌 신축 또는 미분양주택	100%
		기존 주택을 팔고 미분양주택이나 신규주택 취득시	특례세율 10% 적용 2001년 말까지 한시적

장기보유자특별공제

장기보유한 자산을 처분할 때에는 보유기간에 따른 특별공제를 부여한다.

> ▶ 보유기간 3년 이상 5년 미만 — 양도차익의 10/100
> ▶ 보유기간 5년 이상 10년 미만 — 양도차익의 15/100
> ▶ 보유기간 10년 이상 — 양도차익의 30/100

기본공제

양도소득이 있는 거주자에 대하여 당해 연도의 양도소득에서 주식과 부동산에 각각 2백50만 원씩 합계 연 5백만 원까지는 과세대상이 아니다.

미등기 양도자산에 대한 불이익

미등기 자산에 대해서는 등기자산에 비하여 여러 가지 불이익을 부과하고 있다.

> ▶ 장기보유특별공제의 적용 배제
> ▶ 양도소득기본공제의 적용 배제
> ▶ 양도차익의 계산에 있어서 실지거래가액 적용 또는 일방실사
> ▶ 75%의 높은 세율 적용
> ▶ 소득세법 또는 조세감면규제법의 규정에 의한 비과세 · 감면의 적용 배제

# 양도소득세신고와 납부

양도소득세가 과세되는 자산을 양도한 거주자는 양도일이 속하는 달의 말일부터 2개월 이내에 양도소득금액계산명세서, 주민등록등본·등 관계 서류를 갖추어 주소지 관할 세무서장에게 자산양도차익 예정신고를 하여야 한다.

자산양도차익 예정신고시 산출세액(10% 감면)에서 조세감면규제법에 의한 감면세액과 자산양도차익 예정신고납부세액공제 등을 차감한 금액을 다음해 5월 31일까지 자진 납부하여야 한다.

예정신고 납부세액이 1천만 원을 초과하고 2천만 원 이하인 경우에는 1천만 원을 초과하는 금액을, 납부할 세액이 2천만 원을 초과하는 경우에는 그 세액의 50% 이하의 금액을 납부기한 경과 후 45일 이내에 분납할 수 있다.

# 부동산 양도신고

매매계약을 체결한 부동산(토지·건물)에 대하여는 그 부동산의 소유권 이전에 관한 등기를 신청하는 날까지 토지(취득 당시의 등급 기재된 것) 및 건축물관리대장, 토지 및 건물등기부등본, 양도소득세 감면이 있는 경우에는 감면신청서 등 관계 서류를 갖추어 주소지 관할 세무서장에게 부동산 양도신고를 하여야 한다.

그러나 다음에 해당되는 부동산은 양도신고를 안 해도 된다.

▶ 등기부등본 등에 의하여 3년 이상 보유한 사실이 확인된 주택
▶ 등기부등본 등에 의하여 8년 이상 보유한 사실이 확인된 농지
▶ 파산선고에 의한 처분
▶ 경매 · 판결 · 화해 및 이와 유사한 사유로 소유권이 이전되는 부동산
▶ 토지 또는 건물 매각시는 검인계약서상 양도금액이 2천만 원 이하, 토지와 건물을 함께 매각하는 경우에는 5천만 원 이하일 경우

단, 이 경우에도 양도 신고를 하면 15%의 세액공제 혜택이 주어진다.

증여세와 상속세

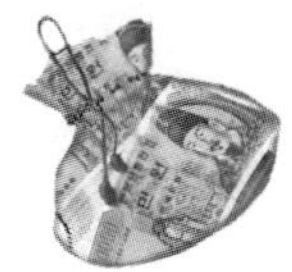

 증여세

증여세 부과 대상

증여란 무상으로 자산을 이전하는 행위를 말한다. 현금화가 가능하고 재산적 가치가 있는 물건, 권리(증여의제 포함)를 무상으로 증여받은 자는 증여세를 납부하여야 한다.

또한 증여세의 초과누진제로 높은 세율이 부과되는 것을 회피하기 위하여 여러 해에 걸쳐 분할하여 증여하는 행위를 방지하고자 일정 기간 동안 증여받은 자산을 모두 합산하여 과세한다. 이 경우 합산기간은 1999년 1월 1일 이후 증여

정태수씨, 18억 증여세부과처분 취소 소송 제기

정태수 한보그룹 전회장(78)은 1일 구로세무서를 상대로 18억2 600여만원의 증여세부과 처분 취소청구소송을 서울행정법원에 제기했다.

정씨는 소장에서 "구로세무서는 원고가 대성목재공업주식회사 주식을 큰 아들에게 증여했다며 세금을 부과했지만 과세처분 이유가 되는 구체적인 증여사실에 대해 설명하지 않고 있을 뿐 아니라 큰아들에게도 같은 액수 의 증여세를 부과해 이중과세했다" 며 "이번 증여세 부과처분은 국세기본 법을 위배한 부과처분"이라고 주장했다.

정씨는 구로세무서로부터 지난 해 8월 이 사건 납세고지서를 수령하고 같 은 해 9월 국세청장에게 심사청구했지만 청구기각 결정되자 소송을 제기 했다.

매일경제 2001-03-01

분은 10년간 증여된 자산을 합산하여 과세하며, 법개정 전인 1998
년 12월 31일 이전 증여분은 5년간 이루어진 자산을 합산하여 과
세한다.

세 율

증여세는 상속세를 회피하기 위한 수단으로 사용되고 있는 점
을 감안, 상속세와 증여세의 과표 구간에 따른 세율은 동일하다.

세대를 건너뛴 증여에 대하여는 30%가 할증된다. 즉 할아버
지가 아들을 거치지 않고 손자에게 바로 증여하는 경우에는 30%
할증 부과하게 된다는 뜻이다. 그러나 정당한 사유가 인정되는 경
우, 예를 들어 아들이 사망한 경우 등은 할증하지 않고 정상 과세
한다.

[증여세의 과표 구간과 세율]

과세표준	세 율	누진공제액
1억 원 이하	10%	-
5억 원 이하	20%	1천만 원
10억 원 이하	30%	6천만 원
30억 원 이하	40%	1억 6천만 원
30억 원 초과	50%	4억 6천만 원

증여재산공제액(면세)

증여라고 하여 모든 증여재산이 과세 대상이 되는 것은 아니다. 친족간의 증여는 일정 금액에 대해서는 증여세를 부과하지 않는다. 이 때 공제금액은 증여세 합산규정에 따라 과거 10년간 이루어진 증여재산의 합계가 공제액 범위 이내이면 증여세가 부과되지 않는다.

구 분		금 액
배우자		5억 원
직계존비속	성년	3천만 원
	미성년자	1천5백만 원
기타 친족		5백만 원
장애인		5억 원

 상속세

과세대상

상속이란 자산 및 부채의 소유자가 사망하여 자산이 무상 이전되는 것을 말한다.

상속인이 승계하는 피상속인 명의의 재산으로서 금전으로 환가할 수 있고 경제적 가치를 가지는 모든 물건과 재산적 가치가 있는 모든 권리가 상속세 부과 대상이다.

사전 증여로 과세 부담(누진세 적용)을 회피하는 행위를 방지하기 위하여 다음의 행위는 상속 자산에 포함시켜 누진 과세한다.

➡ 상속 개시일 전 10년 이내에 피상속인이 상속인에게 증여

故 정회장 유가족, 상속세 크지 않을 듯

고(故)정주영 전 현대그룹 명예회장의 유가족이 납부해야 할 상속세 규모가 세간의 예상보다 그리 크지는 않을 것으로 보인다.

고인 의 재산 대부분이 이미 생전 사전상속된 상태이고 별세 당시 가장 큰 재 산이었던지분도 현대건설에 무상 증여됐기 때문이다.

국세청 관계자는 27일 "현재 현대그룹 등 재계등에서 확인된 정 전회장 의 재산규모를 감안,단순계산을 할 경우 상속인들이 내야할 상속세 총계 는 65~70억원사이가 될 것으로 예상된다"고 밝혔다. 그러나 이 관계자는 "구체적인 액수는 상속세 신고를 받아 실사확인 작 업을 거쳐야 확정될 수 있을 것"이라는 단서를 달았다.

현대그룹 등에 따르면 정 전 명예회장이 별세한 지난 21일 종가기준으 로 정 전명 회장의 공식적인 주식 재산은 현대건설 지분 15.77%(739억원)와 지분 0.51%(106억원),지분 0.28%(7억원) 등 총 852억원이었다.

주식 외에 골동품 등 다른 재산 또는 개인부채가 있을 수 있지만 현재 확인된 바로는 거액의 별도재산이 없는 것으로 현대측은 설명했다.

국세청 관계자는 "정 전명예회장의 재산 가운데 지난주 무상 증여된 현 대건설지분을 제외하고 중공업.상선 지분 113억원과 선산,가회동자택 등 을 합쳐도 상속재산 가액이 150억원 안팎에 불과한 것으로 파악된다"고 말했다.

이에따라 "과세표준액이 30억원을 넘으면 상속액의 50%를 내도록 한 현 행법상 상속세는 최대한 잡아도 70여억원으로 추정된다"고 설명했다.

이 관계자는 "현대건설 지분의 경우 현대건설 법인으로 지난주 증여된 상태로 세법상 영리법인에 지분이 양도되면 증여세를 내지 않아도 되고 대신 법인세는 현대건설이 올해 흑자를 낼 경우에만 부과된다"고 말했다 . 만약 현대상선과 현대중공업 지분 역시 정 전명예회장 상속인들이 가족 회의를 통해 계열 법인에 증여하게 되면 상속세를 내지 않아도 된다.

이와함께 정 전명예회장이 안장된 경기 하남시 창우동 소재 3000평 선산 의 소유주가 최근 장자인 정몽구 현대.회장으로 바뀐 것으로 확 인돼 이번 상속세 대상에 포함될 경우 상속세액은 다소 늘어날 전망이다 . 한편 상속세법에 따르면 유족은 사망 등 상속개시 6개월 안에 상속세액 을 자진신고하고 국세청은 그 신고내용을 바탕으로 재산누락 여부를 조 사,최종 상속세를 확정 고지하게 된다.

매일경제 2001-03-27

한 재산

　⊙ 상속 개시일 5년 이내에 피상속인이 상속인이 아닌 자에게 증여한 재산

　⊙ 상속 개시일 1년 이내에 피상속인이 상속 재산을 처분하거나 재산을 인출한 경우. 그 금액이 재산 종류별로 계산하여 2억 원 이상인 경우, 그 자금의 사용 용도가 불투명한 경우 5억 원 이상이면 2년 이내 처분재산(채무 부담 행위도 동일)

세율(증여세와 동일)

상속재산 중에서 위에서 열거한 각종 공제제도를 제외한 상속재산은 다음 표와 같은 누진세율에 의거해 상속세를 납부하여야 한다. 그러나 대습상속은 결정세액의 30%가 가산된다.

대습상속

민법상 상속인이 될 직계비속 또는 형제·자매가 상속 개시 전에 사망하거나 결격자인 경우 등 선순위 상속인이 사망한 경우 후순위 상속인에게 상속되는 제도이다.

즉 할아버지에게 자녀 또는 형제가 없는 경우 손자에게 상속되는 제도를 말한다.

상속세 면세

상속재산에 대한 각종 공제제도를 허용하고 있으므로 이것을 적절하게 이용하면 상속세를 줄일 수 있다. 현행 공제제도에는 기초공제, 배우자상속공제, 기타 인적공제가 있으며, 이들 공제액이 5억 원 미만인 경우 5억 원까지 일괄 공제제도가 있어 5억 원 미만의 재산은 상속세 납부 대상이 아니다. 이 외에도 상속재산의 투명성 제고를 위하여 금융자산으로 상속하는 경우 특별히 원금기준 최고 2억 원까지 금융자산의 20% 상당액을 공제해주고 있다.

[상속공제제도]

구 분	공제액
기초공제	- 가업상속재산 가액 : 1억 원 - 영농상속재산 가액 : 2억 원
배우자공제	- 5억 원까지 공제 - 법정 상속시는 최대 30억 원까지 공제
기타 인적공제	- 자녀공제 : 1인당 3천만 원 - 미성년자공제 : 1인당 연 5백만 원×20세까지 연수 - 연로자 공제 : 1인당 3천만 원 - 장애자 공제 : 1인당 연 5백만 원 ×75세까지 연수
일괄공제	- 5억 원 : 기초공제와 기타 인적공제 합계액이 5억 원보다 적은 경우
금융자산 상속공제	- 순금융자산의 20% 상당액. 단, 최고 2억 원
재해손실공제	신고기한 내에 화재, 자연재해 등으로 인하여 손실된 상속 재산가액 공제

상속 금융자산의 확인

피상속인의 금융자산은 확인이 불가능하여 손해를 입는 경우가 있다. 따라서 피상속인의 금융자산의 존재 유무가 불확실한 경우에는 자격이 있는 상속인이 피상속인의 사망 확인서류, 상속사실증명서, 상속인 대표 확인서, 신청인 신분증 등을 갖추어 금융감독원 '금융소비자 보호센터'로 조회 요청하면 확인할 수 있다.

상속 순위와 법정 상속 비율

상속은 유언 상속과 법정 상속으로 나누어진다.

유언 상속은 피상속인의 유언에 따라 각각의 상속 비율이 결정된다.

법정 상속은 피상속인의 유언이 없는 경우에 민법에 정하여진 비율에 따라 상속 비율이 결정된다. 법정 상속 순위는 다음 표와 같다.

[법정 상속 순위]

순 위	대상자
1순위	피상속인의 직계비속(배우자)
2순위	피상속인의 직계존속(자녀)
3순위	피상속인의 형제, 자매
4순위	피상속인의 4촌 이내의 방계혈족

상속인 사이의 법정 상속 비율은 피상속인의 배우자는 피상속인의 자녀에 비하여 50%가 추가된다. 그리고 피상속인의 자녀는 성별 및 혼인 여부, 장남에 관계 없이 동일한 비율로 상속된다.

상속의 포기

상속은 자신에게 유리한 부분만 물려받을 수 없다. 따라서 재산은 상속하면서 부채의 상속은 거부할 수 없다. 그러므로 재산을 상속받을 경우 부채도 물려받아야 하므로 부채가 자산보다 많은 경우에는 상속 여부를 신중히 판단하여야 한다. 즉 부채가 재산보다 많아 상속을 포기하고자 할 경우에는 상속 개시가 있음을 알게 된 날로부터 3개월 이내에 가정법원에 단순승인, 한정승인 또는 상속포기신고서를 제출하여야 한다. 3개월 이내에 상속포기 의사 표시가 없거나 상속재산을 처분한 경우에는 상속을 승인한 것으로 간주한다.

이 때 중요한 것은 본인이 상속을 포기한 경우 다음 순위의 상속자에게 재산과 부채가 상속된다. 즉 자녀가 있는 경우 자녀에게 상속된다는 것이다. 따라서 부채가 재산보다 많아 상속을 포기하고자 하는 경우에는 자신은 물론 후순위 상속자의 포기 여부도 반드시 확인하여야 한다.

> **단순승인** : 피상속인의 재산과 부채를 제한 없이 전액 승계
> **한정승인** : 재산의 한도 내에서 채무를 동시에 승계
> **포기신고** : 재산과 채무를 조건 없이 포기

상속세 신고 및 납부 기한

상속세 기준일로부터 3개월 이내에 신고하여야 하며, 법정 기한 내에 신고한 경우 산출세액의 10%를 공제받게 된다. 그러나 법정 기한 내에 신고하지 않거나 적게 신고할 때에는 20%가 가산된다.

구 분	공제가산율	비 고
신고세액공제	산출세액 × 10%	법정 기한 내에 신고할 경우
과소신고가산세	과소신고액 × 20%	법정 기한 내에 신고하지 않은 경우와 적게 신고할 경우

 부동산세제의 구조

부동산보유세 인상 '혼선'

나영필 기자

판교신도시 내 벤처단지 규모를 놓고 경기도와 감정싸움까지 치달았던 민주당 정책위가 이번에는 부동산 보유세 강화 등 세제 개편 방침을 놓고 불협화음을 내고 있다.

이해찬 정책위 의장이 재산세 종합토지세 등 부동산 보유세를 강화할 방침이라고 발표하자 강운태 제2 정조위원장이 조세저항을 이유로 사실상 불가능하다는 의견을 피력한 것.

그러나 이 의장은 소득격차완화 기획단을 구성해 부동산 보유세뿐만 아니라 소득세 상속제 증여세 등 세제 전반을 개편해 소득격차를 줄이겠다고 아예 청사진까지 제시했다.

당 정책위에서는 이 의장 지시에 따라 기획단 구성과 운영방식에 대한 검토에 들어갔다.

당 정책위는 "기획단이 부동산 보유과세뿐만 아니라 소득분배 효과를 노리는 세제개편은 물론 각종 사회보험 등 복지와 노동 교육 등 정책 전반에 대한 연구 검토를 거쳐 핵심과제를 선정할 것"이라고 설명한다.

그러나 현재 여당의 경제정책을 총괄하면서 과거 행정자치부 장관

빈부격차 완화 "필요"
조세저항 심해 "안돼"
與 정책위 불협화음

등을 역임한 '전문가' 강 위원장 설명에 따르면 이 의장의 소득격차완화기획단이 '현실과는 거리가 멀다'는 단면을 엿볼 수 있다.

강 위원장은 "행위가 아니라 단순히 보유하고 있다는 이유로 과세하면 조세저항이 심할 뿐만 아니라 세목 특성상 '국민 대중세' 성격을 띠고 있어 인상 자체가 쉽지 않다"면서 "올해는 힘들다"고 딱잘라 말했다.

강 위원장은 이어 "취득·등록세를 낮추고 재산세·종합토지세 등 보유세를 높이는 방안은 장기적 과제"라며 내년에 대선 지방선거 등이 있는 점을 감안하면 이번 정부에서 추진하기는 사실상 불가능하다는 것을 암시했다.

강 위원장은 "취득·등록세 등 거래세를 낮추자면 온국민이 환영하겠지만 1300만명이 내는 재산세를 올린다면 반발이 만만치 않을 것"이라며 "(내가)행자부 지방세과장으로 근무했던 80년대 당시부터 나온 방안이지만 추진하기는 쉽지 않았다"고 설명했다.

김영룡 민주당 수석 전문위원은 "부동산 보유세를 강화하는 방안을 비롯해 소득격차 완화기획단 구성과 운영방식에 대해 검토하는 단계"라며 "주말을 전후로 위원장에게 보고해 윤곽이 드러나게 될 것"이라고 말했다.

우리나라의 부동산세제는 중앙정부에서 부과하는 국세와 지방자치단체가 부과하는 지방세로 나눌 수 있으며, 이것은 다시 법률적 근거에 의거해 조세형태로 부과되는 직접조세와 부동산의 소유 및 전용과 관련하여 부과되는 각종 부담금형태의 간접조세로 나눌 수 있다.

현행 우리나라의 부동산세제는 다음 표와 같다.

[부동산세제의 구조]

구 분	과세단계	세 목
직접조세	취득단계	취 득 세
		등 록 세
		교 육 세
		농어촌특별세
	보유단계	종합토지세
		재 산 세
		도시계획세
		교 육 세
		공동시설세
	이전단계	양도소득세
		상 속 세
		증 여 세
간접조세	개발부담금	
	농지전용부담금	
	산지전용부담금	
	농지조성비	
	대체조림비	
	대체초지조성비	

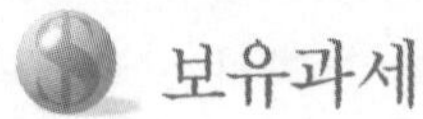

보유과세

종합토지세

종합토지세는 과세기준일인 매년 6월 1일 현재 사실상의 토지소유자의 24개 지목의 모든 토지를 이용형태에 따라 분리과세, 별도합산과세, 종합합산과세로 나누고 토지의 성격과 보유수준에 따라 세율을 차등 부과하는 세제이다.

① 종합합산과세 : 보유과세의 근간으로 분리과세와 별도합산과세에 속하지 않으며 비과세, 감면 대상이 아닌 모든 토지를 대상으로 한다. 전국의 토지를 소유자별로 합산한 가액에 최저 0.2%에서 최고 5%까지의 9단계 누진율이 적용된다.

② 별도합산과세 : 일반 영업용 부동산의 부속토지로 건축물의 바닥면적에 용도지역별 적용배율을 곱한 면적 이내의 토지를 대상으로 한다. 별도합산 대상 토지의 세율은 소유자별로 별도합산 대상 토지를 합하여 종합합산 대상 토지보다 낮은 세율인 0.3~2%의 9단계 초과 누진세율로 부과한다.

③ 분리과세 : 국가 정책상 특정 토지에 대하여 특별히 저율 또는 고율로 과세할 필요가 있는 경우 분리하여 단일 세율을 적용하는 토지를 대상으로 한다.

종합토지세 1인당 9만4천6백 원

올해 종합토지세 부과액은 지난해보다 2.5% 가량 늘어났으나 납세대상 자의 증가로 1인당 세부담액은 다소 줄어든 것으로 나타났다.

행정자치부는 10일 올해 종토세 부과액 규모는 모두 1조3639억원으로 지난해 1조3303억원보다 2.5% 늘어났다고 밝혔다. 납세대상자는 1441만명으로 지난해 1399만명보다 3%(42만명) 증가한 것으로 밝혀졌다.

이에 따라 1인당 세부담액은 9만4600원으로 지난해 9만 5000원보다 0.4% 줄었다. 종토세 규모가 소폭 증가한 것은 올해 개별 공시지가 적용률을 지난해 전국 지가 평균상승률(2.94%)의 범위 내에서 결정토록 한 데 따라 각 시·군·구가 적용률을 지난해 29.3%에서 올해 32.2%로 2.9%포인트만 인상 했기 때문이라고 행자부는 밝혔다.

종토세는 매년 6월 1일 현재의 토지소유자에게 토지 현황에 따라 부과 하며 납기는 오는 16일부터 이달 31일까지다. 납세의무자가 납부기한일을 넘겨 11월 중에 납부하면 세액의 5%에 해당하는 가산금이 부과된다.

이후 1개월을 초과할 때마다 1.2%의 가산금이 부과돼 최고 5년 간 77%의 가산금을 문다.

내외경제 2000-10-10

▶ 전답, 과수원 등 개인의 자경농지

▶ 기준면적 내의 목장용지

▶ 특수개발림과 종중림 등의 임야에는 0.1%의 세율

▶ 일정기준에 충족되는 공장용지

▶ 토지개발공사, 주택공사, 수자원개발공사 등 공공기관이
분양 또는 임대 목적의 토지

－ 한전의 발전시설용지 등에는 0.3%의 세율

－ 골프장, 별장, 고급 오락장 토지

－ 1가구 1주택에 부속된 주거용 토지(공동주택의 경우에는
도로 등 공용부분의 토지를 제외한다) 중 993㎡(특별시·광
역시는 662㎡)를 초과하는 부분 등에는 5%의 고율이 적
용된다.

구 분	대 상 토 지
종합합산과세	별도합산과 분리과세 대상 이외의 토지
별도합산과세	영업용 토지의 부속토지로 건축물의 바닥면적에 용도지역별 적용배율을 곱하여 얻어진 면적을 초과하지 않은 토지
분리과세	전답, 임야, 목장용지, 과수원 기준면적 내의 공장용지, 공공 목적의 보유 토지 골프장, 별장, 고급 오락장 토지, 기준면적을 초과하는 주택 용지

종합토지세의 세율구조

종합합산			별도합산			분리과세	
과 표	세율		과표	세율		과표	적용 세율
	명목	실효		명목	실효		
2천만 원 이하	0.2	0.2	1억 원 이하	0.3	0.30	전답, 임야,	
5천만 원 이하	0.3	0.20~0.26	5억 원 이하	0.4	0.30~0.38	목장용지,	0.1
1억 원 이하	0.5	0.26~0.28	10억 원 이하	0.5	0.38~0.44	과수원	
3억 원 이하	0.7	0.28~0.56	30억 원 이하	0.6	0.44~0.55	기준면적 내의 공	
5억 원 이하	1.0	0.56~0.74	50억 원 이하	0.8	0.55~0.65	장용지, 공공 목	0.3
10억 원 이하	1.5	0.74~1.11	100억 원 이하	1.0	0.65~0.82	적의 보유 토지	
30억 원 이하	2.0	1.11~1.71	300억 원 이하	1.2	0.82~1.07	골프장, 별장, 고	
50억 원 이하	3.0	1.71~2.22	500억 원 이하	1.5	1.07~1.24	급 오락장 토지,	5.0
50억 원 초과	5.0	2.22~5.00	500억 원 초과	2.0	1.24~2.00	기준면적을 초과 하는 주택용지	

비과세 · 감면

국가 및 지방자치단체가 소유한 토지, 제사 · 종교 · 자선 · 학술 · 기예 및 기타 공익사업을 목적으로 하는 비영리사업자가 그 사업에 직접 사용하는 토지 등에는 토지세가 부과되지 않는다.

한편 납부세액이 2천 원 미만의 소액은 종합토지세를 징수하지 않는다.

재산세

건물에 부과되는 재산세는 모든 건축물을 과세대상으로 하며, 과세표준은 매년 정부와 지방자치단체가 협의하여 결정한 1㎡당 신축가액에 면적, 경과연수별 잔가율 및 4종 지수를 곱하여 결정된다.

적용세율은 주택은 최저 0.3%에서 최고 7.0%의 초과누진세를 부과한다.

골프장·별장·고급 오락장용 건축물은 그 가액의 5.0%, 대통령령으로 정하는 공장용 건축물은 0.6%, 기타 건축물은 가액의 0.3%의 단일세를 부과한다.

금융결제원, 8월부터 지방세 인터넷 납부

오는 8월부터 주민세 재산세 등 모든 지방세를 은행에 직접 가지 않고 거래은행의 인터넷홈페이지를 통해 납부할 수 있게 된다.

14일 금융결제원()은 은행공동 지방세 인터넷고지 및 납부시스템을 구축했다고 밝혔다.

금융결제원은 우선 6월에 부과되는 재산세와 자동차세를 대상으로 춘천시와 제주시에서 시범 실시한 후 8월 부과될 주민세부터 전국으로 확대 실시할 방침이다.

뿐만 아니라 농수협과 우체국을 포함한 24개 전은행의 홈페이지로 확대된다.

단 서울시 부산시 등 특정 은행의 홈페이지를 통한 인터넷 지방세 납부 제도를 이미 시행하고 있는 곳이나 준비가 안된 곳은 시행시기가 다소 늦춰질 전망이다.

인터넷 지방세 납부 시간은 평일 오전 9시 30분부터 오후 7시까지, 토요일은 오전 9시 30분부터 오후 3시까지이다. 지방세 고시와 조회서비스는 24시간 연중 무휴로 이용할 수 있다.

송창수 금융결제원 인터넷지로팀장은 "이번 시스템 구축으로 248개 국내 지방자치단체가 독립적인 인터넷납부시스템을 구축할 경우 드는 744억원(단체당 3억원)의 비용이 절감된다"고 설명했다.

매일경제 2001-06-14

[주택의 재산세 과표 및 세율]

과세표준	1천2백만 원 이하	1천6백만 원 이하	2천2백만 원 이하	3천만 원 이하	4천만 원 이하	4천만 원 초과
세 율	0.3%	0.5%	1.0%	3.0%	5.0%	7.0%

한편 시장·군수는 지방자치단체의 사정을 고려하여 조례가

정하는 바에 의하여 표준세율의 50% 범위 안에서 가감 조정할 수
있다.

국가 및 지방자치단체의 재산이나 제사·종교·자선·학
술·기예 및 기타 공익사업을 목적으로 하는 비영리사업자가 그
사업에 직접 사용하는 부동산이나 주민공동체소유의 건축물 등은
면세 대상이다.

부동산 이전 세제

등록세

등록세는 재산권이나 기타 권리의 취득, 이전, 변경 또는 소멸에 관한 사항을 등기 또는 등재할 때 과세하는 조세로써 부동산을 중심으로 한 재산권을 주요 과세 대상으로 하고 있다는 점에서 재산과세의 영역에 포함된다.

취득 부동산의 소유권을 등기하기 전에 해당 시·군에 납부하고, 등기 신청을 할 때에 '영수필통지서'와 '영수필확인서'를 첨부하여 제출한다.

현행 등록세율은 매매의 경우 일반재산은 3%이고, 농지는 1%이다.

2001년 말까지 비수도권 지역에서 전용면적 60~85㎡의 신축주택을 구입하여 1가구 1주택이 되면 등록세의 25%를 감면하여 준다.

부동산거래세 단계 인하

지방토지세 도입·종토세 人別합산 누진과세

조세研 보고서

부동산 보유세 가운데 재산세보다는 종합토지세의 역할이 더 강화될 것으로 보인다. 대신 취득·등록세 및 양도소득세 등 부동산 거래세는 점진적으로 인하될 전망이다.

재정경제부의 의뢰를 받아 중장기 세제개편 방안을 연구 중인 조세연구원은 22일 '소득분배 개선을 위한 세제개혁 방안'이란 보고서에서 이같이 밝혔다.

이는 조세연구원이 지난 5월 중장기 세제개편 방안 발표 때 "보유과세는 강화하고 거래과세는 완화해야 하며 세부담 형평 제고와 지방자치 발전을 위해 지방토지세 도입 등 종합토지세의 근본적 개편이 필요하다"고 밝혔던 데서 한걸음 더 나아간 것이다.

조세연구원은 이번 "부동산 보유세 중 자본에 대한 과세인 재산세보다는 토지에 대한 종합토지세의 역할이 강화돼야 한다"고 밝혔다.

이와 관련, "종합토지세를 이원화해 각 지방자치단체가 독자적으로 단일 세율을 적용하는 지방토지세를 도입하고 일정수준 이상의 토지소유자에 대해서는 현행의 인별합산 방식을 통해 누진과세해야 한다"고 덧붙였다.

연구원은 또 "부동산 거래세는 보유세에 비해 효율성과 형평성이 떨어지지만 세수비중이 높고 소득세 및 소비세에 비해 형평성과 효율성이 반드시 떨어진다고 보기 어려우므로 거래세 인하는 완만하게 추진해야 한다"고 지적했다.

조세연구원은 하반기 중 재경부에 중장기 세제개편 세부안을 작성, 제출하며 재경부는 이를 토대로 향후 5~10년을 내다보는 중장기 세제개편을 단행할 예정이다.

/온종훈기자 jhohn@sed.co.kr

 취득세

취득세는 재산권의 이전과정에서 재산의 취득사실을 포착 담세력을 추정한다는 점에서 이전재산과세라 할 수 있다.

취득세는 자산을 취득한 날부터 30일 이내에 해당 시·군에 신고하고 납부해야 하며, 그 기간을 넘기면 세액의 20%를 추가 부담해야 한다.

현행 부동산 관련 취득세율은 기본 2%에, 대도시 내의 신설 및 증설공장과 수도권정비계획법에 의한 과밀억제권역 내의 부동산 취득은 6%, 별장·골프장·고급 오락장·법인의 비업무용 토지 · 고급주택 등은 10%이다.

2001년 말까지 비수도권 지역에서 전용면적 60~85㎡의 신축 주택을 구입하여 1가구 1주택이 되면 등록세의 25%를 감면한다.

대상자산	- 일반재산 - 기업의 비업무용 토지	대도시 내의 신설 및 증설 공장, 수도권정비계획법에 의한 과밀억제권역 내의 부동산	별장, 골프장, 고급주택, 고급 오락장
세　율	2%	6%	10%

 교육세 및 농어촌특별세

부동산 거래 후 등록세 또는 취득세를 납부한 때 동시에 신고 · 납부하여야 한다.

농어촌특별세는 1994. 7. 1 이후 취득분부터 적용되며, 전용면적 85㎡(25.7평) 이하의 국민주택과 농가 1주택 등은 비과세이다.

기타 부동산세제

🌐 도시계획세

도시계획세는 도시계획사업에 필요한 비용을 충당하기 위하여 도시계획법에 고시한 도시계획구역 안에 있는 대통령령으로 정한 토지 또는 건축물을 대상으로 0.2%를 기본세율로 한다. 자치단체장은 표준세율과 다르게 할 수 있으나 0.3%를 초과할 수 없다.

🌐 공동시설세

공동시설세는 소방시설, 오물처리시설, 수리시설, 기타 공공시설에 필요한 경비를 충당하기 위하여 그 시설로 인하여 이익을 받는 사람에게 부과한다. 과세표준에 따라 0.06~0.16%이며, 화재위험시설물은 표준세율의 2배를 부과한다.

생활 속의 부동산경제

토지 거래를 규제하는 제도들

 토지 거래를 규제하는 제도들

우리나라는 급속한 산업화 과정에서 토지 수요가 꾸준히 증가하였으나 이용 가능한 국토는 한반도의 일부분인 남쪽으로 한정되어 있어 만성적인 초과 수요 시장의 형태를 띠고 있다. 그 결

토지거래허가구역, 2002년 이후에도 존속

택지개발 등 각종 대규모 사업에 따른 부동산 투기행위를 막기 위해 시 행하고 있는 「토지거래허가제」가 최근의 학계.업계의 반발에도 불구, 앞으로도 상당기간 존속될 것으로 보인다.

28일 관계부처에 따르면 건설교통부는 국토이용관리법의 후속으로 오는 2002년1월 발효예정인 「국토이용 및 도시계획에 관한 법률」에 토지 거래 허가제의 근거를명시, 운영키로 했다.

이는 「토지거래 허가제」가 존속 여부에 관한 헌법재판소 결정에서 5: 4로 겨우명맥을 유지한 전례가 있는데다 최근들어 일부 학계가 재산권 행사를 가로막는 과도한 규제라는 이유로 반발하는 가운데 정부 입장을 구체화한 것이어서 주목된다.

건교부는 부동산 투기를 막기 위한 또 다른 장치인 「토지거래 신고제 」가 전면폐지됐지만 땅값 급등 등 부작용을 막기 위해서는 「토지거래 허가제」를 반드시 존속시켜야 한다고 밝혔다.

이에 따라 수도권과 부산권 등 개발제한구역(그린벨트) 14개 권역 5천 397.10㎢중 투기가 예상되는 지역은 토지거래 허가구역 효력이 소멸되는 오는 2003년 이후에도 상당기간 토지거래 허가구역으로 묶일 가능성이 커질 것으로 보인다.

건교부 관계자는 "토지거래신고제가 철폐된데 이어 허가구역 마저 사 라질 경우투기를 막을 장치는 전혀 없다"면서 "일각에서 꾸준히 반대 의견이 제시되고 있으나 이를 철폐하지 않을 계획"이라고 설명했다.

현재 전국에서 토지거래허가구역으로 묶인 지역은 그린벨트 권역을 포 함, 전남무안군 149.21㎢와 여수시 15.33㎢ 등 모두 5천561.64㎢에 달 한다.

매일경제 2000-09-29

과 부동산 투기가 만연하고 국토의 효율적인 이용을 저해하였다.

따라서 정부에서는 국토의 효율적 이용을 유도하고 부동산 투기를 방지하기 위하여 토지의 위치에 따라 토지거래를 규제하는 제도를 두고 있다.

거래허가제

토지의 투기적인 거래가 성행하거나 투기의 우려가 있는 지역 또는 지가가 급등하는 지역을 5년간 지정하여 일정면적을 초과하는 토지 거래를 할 때는 계약하기 전에 허가나 신고를 받고 거래하도록 하는 제도이다.

토지거래허가면적의 크기는 지역과 용도에 따라 다르다.

토지거래허가제에 해당하는지의 여부는 국토이용계획확인서에 나타나 있다. 현재 총규제면적은 대부분의 수도권 지역을 비롯해 전국토의 약 40% 정도이다.

매매증명제

산림법에 따라 지적공부상에 임야로 등록된 토지를 매입할 때 임야매매증명을 받도록 하는 제도로 투기와 유휴화를 막기 위한 제도이다.

농지취득자격증명제

농지법에 따라 논이나 밭, 과수원을 살 때는 계약 전에 관할 지역관청에서 심사를 받아 농지취득자격증명을 받아야 하는 제도이다.

다양한 부동산 가격

　　부동산은 표준화되고 규격화된 일반 공산품과 달리 지구상 어디에도 동일한 상품은 없다. 따라서 서로 다른 부동산이 만들어 내는 부가가치 역시 서로 다르다. 그러므로 이러한 부동산 가치의 차이는 부동산 가격의 차이로 이어지게 된다.

　　이렇게 형성된 부동산 가격은 사용주체에 따라 시가, 공시지가, 시가표준, 감정평가액 중 다양한 용어로 사용되고 있어 일반인들에게는 생소하고 복잡한 느낌을 준다. 이들에 대하여 좀더 살펴보면 다음과 같다.

공동주택 기준시가 3.8% 인상

　　7월1일부터 아파트와 연립주택 등 공동주택의 기준시가가 전국 평균 3.8% 인상된다.

　　국세청 관계자는 28일 "지난해 7월1일 아파트 등 공동주택의 기준시가를 공시한 이후 공동주택 가격이 전반적으로 상승세를 보이고 있어 이같이 인상키로 했다"고 밝혔다.

　　새로 기준시가가 고시된 지역은 아파트의 경우 전국 27만6487가구, 연립주택은 5307가구이며 지난 4월1일 시세가 기준이 됐다.

　　기준시가 최고액 아파트는 서울 강남구 도곡동 힐데스하임빌라 160평으로 기준시가가 21억6000만원에 달했다.

　　최저가액 아파트는 대구 수성구 범어동 범어 아진아파트 7평으로 400만원이었다.

세계일보　2001-06-29

시가

부동산이 실제로 거래되는 과정에서 형성되는 가격이다.

따라서 시가는 경제상황에 따라 수시로 바뀌게 된다.

우리의 경우만 보더라도 IMF 이전에 치솟던 부동산 가격이 IMF 이후 급격히 하락하였고, 그후 다시 상승하는 등 경기변동에 따라 민감하게 변한다.

공시지가

공시지가는 정부가 토지보상 수용 및 양도세 등 과세 기준으로 사용하기 위해 매년 1월 1일 고시하는 전국의 땅값으로 표준지가와 개별지가가 있다.

거래가 빈번하지 않은 부동산을 포함하여 전국의 모든 부동산을 감정평가법인에 의뢰하여 그 가치를 평가하는 것은 너무 많은 예산이 소요되고 비효율적이다.

따라서 거래가 빈번하고 대표적인 지역은 감정평가법인에 의뢰하여 그 가치를 평가하고 기타 다른 지역은 평가된 지역의 가치를 기준으로 그 가치를 산정한다.

▶ 표준지가 : 거래가 가능하고 대표적인 지역을 선정하여 감정평가법인에 의뢰하여 평가한 1㎡당 가격

▶ 개별지가 : 표준지가를 기초로 산정한 기타 다른 지역의 가격

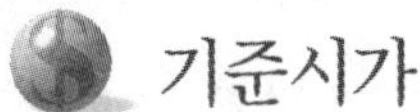 기준시가

투기가 우려되는 특정 지역의 아파트나 연립주택을 대상으로 양도세와 상속세 등을 부과하는 기준으로 활용하기 위하여 국세청이 결정하여 고시하는 부동산 가격으로 '국세청기준시가액표'에 나타나 있다.

기준시가는 보통 시가의 70% 수준에서 고시되고 있다.

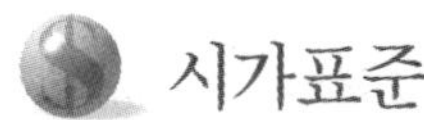 시가표준

행정자치부에서 종합토지세, 취득세, 등록세 등 지방세 교부의 과표 계산을 위하여 고시하는 부동산 가격을 시가표준이라고 한다.

시가표준은 보통 시가의 30~60% 수준에 불과하다. 이러한 낮은 시가표준은 관련 학자들이 부동산세의 실효성과 공평성을 제기하는 주요인이 되고 있다.

양도소득세 과표는 행정자치부장관이 정한 시가표준에 지방자치단체장이 결정 고시한 적용비율을 곱한 금액이다.

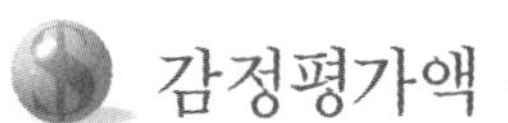 감정평가액

부동산의 가격은 경제상황에 따라 수시로 변동한다.

그러나 공시지가나 기준시가를 경제상황이 변할 때마다 수시로 변경 고시한다는 것은 불가능할 뿐만 아니라 일정 시점에서의 부동산 가격을 정확히 반영하지 못한다. 따라서 금융기관에서 차입을 목적으로 담보를 제공하는 경우 차입 가능액이 부동산의 진정한 가치를 반영하지 못하게 된다.

그래서 정부의 공시지가 시점에 비하여 부동산 가격이 하락하였음에도 불구하고 공시지가를 부동산 가격으로 삼는다면 대부자인 금융기관은 제공된 담보에 비하여 과다한 자금을 지원하게 되어 최악의 경우 손실로 이어지게 된다.

반대의 경우라면 필요 자금 이상의 담보를 제공하여 재산권 행사에 제한을 받을 수 있다. 따라서 이러한 문제를 해결하기 위하여 공인된 감정평가법인에 의뢰하여 일정 시점에 평가한 부동산가격을 감정평가액이라고 한다.

부동산 등기제도

🌐 부동산 등기란

부동산의 권리관계를 모든 사람들에게 알려주기 위하여 국가에서 법적절차에 따라 등기부라는 공적인 장부를 만들어 놓고 등기공무원으로 하여금 대상 부동산에 대한 권리관계 및 기타 변동사항을 기재하도록 하는 것이 부동산 등기제도이다.

따라서 부동산에 관한 권리 변경 사항이 발생하였을 경우 등기를 하여야 하며, 등기를 하지 않은 법률 행위의 효력은 발생하지 않는다.

등기부등본에는 부동산과 관련된 각종 정보가 기재되어 있다. 그러나 우리나라의 등기부는 공신력이 없다. 공신력이 없다는 말은 등기부를 믿고 거래하였으나 등기가 위조·무효·취소 등 등기원인상의 하자로 무효화되면 후에 거래한 사람의 등기도 무효화되어 선의의 피해자가 생길 수 있다는 뜻이다. 이 때 국가기관은 등기절차의 적법성만 따져서 등기해준 것일 뿐이므로 무효화에 대한 책임은 지지 않는다.

 등기부 보는 법

등기부는 기본적으로 한 개의 부동산에 한 개의 등기부를 원칙을 하고 있다. 그러나 한 개의 지번일지라도 토지가 분할된 경우에는 분할된 만큼 등기부는 증가한다. 물론 토지를 합필하는 경우에는 합필된 토지의 등기는 하나로 통합된다. 건물의 경우에도 아파트처럼 한 동의 건물에 수 개의 구분된 독립건물로 인정될 경우에는 각 구분된 독립건물의 등기부를 두게 된다. 이처럼 별개의 부동산은 별개의 등기부를 가져야 하지만 아파트처럼 1개의 등기에 건물과 토지가 동시에 기재되어 있는 경우도 있다.

등기부등본의 구성

등기용지는 등기번호 표제부와 갑구 및 을구 등으로 구성되어 있다. 그러나 을구에 기재된 사항이 전혀 없거나 기재된 사항이 말소되어 현재 효력이 있는 부분이 전혀 없을 때에는 등본 발급시 을구를 제외한 표제부 및 갑구만을 발급하고 있다.

▶ 표제부 : 부동산의 소재지와 내용 표시

토지의 경우에는 지번·지목·지적을, 건물인 경우에는 지번·구조·용도·면적 등이 기재된다. 단, 아파트 등 집합 건물인 경우에는 전체 건물에 대한 표제부와 구분된 개개의 건물에 대한 표제부가 따로 있다.

면적은 ㎡로 표시되어 있으므로 이것을 3.3으로 나누면 평(坪)이 된다.

토지의 분할, 지목의 변경, 건물 구조의 변경이나 증축 등에 의한 면적변경도 표제부에 기재한다.

➡ 갑구 : 소유권에 관한 사항을 기재한다. 소유권에 대한 압류, 가등기, 경매 개시 결정 등기 그리고 소유권의 말소 또는 회복에 관한 재판이 진행중임을 예고하는 예고 등기, 소유자의 처분을 금지하는 가처분등기 등이 모두 갑구에 기재할 사항이다.

그리고 이러한 권리관계의 변경 소멸에 관한 사항도 갑구에 기재한다.

소유권보존등기는 그 부동산에 대해서 제일 먼저 하는 등기로서 소유권을 보존하는 등기이며, 소유권이 지분으로 이전된 경우에는 2인 이상이 그 부동산을 공동으로 소유한다는 것을 의미한다.

소유권이 이전되더라도 전 소유자란은 붉은 선으로 말소하지 않는다. 당해 등기에 대한 말소등기가 있는 경우에 한하여 붉은 선으로 말소한다.

➡ 을구 : 저당권·전세권·지역권·지상권 등이 기재된다. 또한 이러한 권리관계의 변경 이전이나 말소도 을구에 기재한다.

구 분	내 용
등기번호	토지나 건물대지의 지번 기재
표 제 부	토지나 건물의 소재지, 면적, 용도, 구조 등이 변경된 순서대로 기재되어 있으며, 기재면적은 ㎡(평＝㎡×0.3025)로 기재되어 있다.
갑 구	소유권에 관한 권리관계의 변동사항이 일자순으로 기재되어 있다. 맨 처음 소유자의 소유권보존등기(최초의 소유자)부터 소유권이전등기 내용이 순차적으로 기록되어 있다. 등기사항 중 변경되는 것이 있으면(소유자의 주소변경) 변경등기(부기등기) 내용이 기록되어 있다.
을 구	소유권 이외의 권리인 저당권, 지상권 같은 제한 물권에 관한 사항을 기재한다.

등기된 권리의 순위

각 등기는 등기한 순서대로 순위번호를 기재한다. 같은 구에서는 그 순위번호에 의하여 등기의 우열이 가려지며, 부기등기의 순위는 주등기의 순위에 의한다.

그러나 가등기의 경우 본등기를 하면 그 본등기의 순위는 가등기의 순위에 의한다.

갑구와 을구 사이의 등기순위는 접수일자와 접수번호에 의하여 그 순위가 정해진다.

등기부 확인시 유의사항

일반적인 유의사항

◑ 각종 사기범들에 의한 등기부등본 위조 범죄에 대비하여 반드시 본인이 등기부등본을 발급받아 확인하여야 한다.

◑ 등기부등본을 토지대장, 건축물대장 등 다른 서류와 대조하여 일치하지 않는 부분이 있는지 확인한다.

◑ 단기간에 소유권이 여러 번 바뀐 경우는 일단 위험하다고 보고 그 이유를 확인한다.

◑ 재산을 상속받자마자 매도하는 경우에는 정당한 상속인지 확인한다.

◑ 매도자가 미성년자 또는 한정치산자, 금치산자 등 행위무능력자인지 확인한다.

◑ 각종 소송이나 법규에 따라 변동된 등기가 있을 때는 그 원인의 무효화가능성을 확인하여야 한다.

부분별 유의사항

◑ 등기된 권리의 우선 순위는 같은 갑구나 을구에서는 등기의 순위번호에 의하여, 갑구와 을구 간에서 접수번호에 의하여 결정된다.

◑ 단독 주택은 토지등기부와 건물등기부가 따로 있으므로 집을 사려면 양쪽 모두 보아야 한다.

◑ 아파트처럼 집합건물(공동주택)인 경우는 건물등기부에 토지등기부도 기재되어 있으므로 건물등기부만 확인하면 된다.

그러나 공동주택도 토지등기와 건물등기가 분리되어 있는 경우도 있으므로 공동주택은 별도 등기 여부를 확인하여야 한다.

◑ 갑구와 을구에 기재된 가등기, 소유권이전등기, 저당권설정등기 등의 등기의 전후와 접수일자(접수번호) 등을 철저히 확인하여야 한다. 또한 부등기의 순위는 주등기의 순위에 의한다.

◑ 갑구에는 소유권 관련 소송 내역과 예고등기 · 가등기 진행 사항 등이 기록되어 있다. 따라서 등기부 내용 검토 중 가장 주의를 해야 하는 부분이다.

특히 가등기는 순위보전의 효력이 있어 나중에 본등기를 하게 되면 가등기보다 늦게 된 등기는 원칙적으로 무효이므로 주의 깊게 살펴보아야 한다.

◑ 새로운 등기부에는 효력이 없는 과거의 권리관계가 기재되지 않으므로 과거의 권리관계를 확인하려면 구 등기부를 열람하여야 한다.

시효취득과 소멸시효

시효취득 : 시간의 흐름에 따라 권리를 취득하는 것을 말한다. 다른 사람의 토지나 부동산을 자기가 소유할 목적으로 점유하고 있었는데 법적인 소유자가 20년 이상 소유권을 주장하지 않으면 소유권 이전 청구권을 행사하여 소유권을 취득할 수 있다.

소멸시효 : 권리 주장 없이 일정한 기간이 경과하면 권리가 없어지는 제도이다. 채권은 10년, 술값은 1년이다.

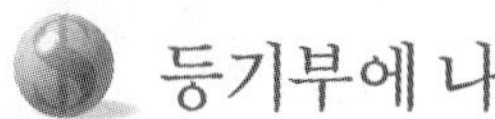

등기부에 나타난 권리 이해

등기부에 나타난 부동산의 권리물권으로는 점유권, 소유권, 지상권, 전세권, 저당권, 유치권, 질권이 있고 채권으로는 임차권 등이 있다.

채권은 항상 물권의 순위에 뒤지지만 예외적 채권인 부동산임차권과 소유권이전가등기는 등기를 하면 다른 물권들과 같이 시간 순서에 따라 그 권리를 인정받는다. 이 밖에 등기부상에 나타나지 않는 권리로는 대항력을 갖춘 주택임차권이 있다.

이러한 개념들은 법률적 지식에 속하는 부분으로 일반인들에게는 생소해 보이기도 한다. 그러나 이들 모두가 우리 주위에서 발생하는 현상들을 개념화한 것이기 때문에 그렇게 어려운 것만도 아니다. 또한 등기부에 나타난 부동산 권리 분석은 경매 참가자뿐만 아니라 다른 사람과 임대차 계약이 수시로 이루어지고 있음을 감안할 때 누구나 반드시 숙지하고 있어야 할 기본 상식이다.

● **지상권** : 설정계약에 의해 다른 사람의 토지에 건물이나 공작물을 지어 사용하거나, 나무를 심어 기르기 위해서 토지를 사용할 권리

● **지역권** : 다른 사람의 토지를 통행이나 전망 확보 등의 목적을 위해서 자기 토지의 편익에 이용하는 권리

● **전세권** : 전세금을 맡기고 다른 사람의 토지나 건물을 점유하여 그 용도에 맞게 사용·수익하는 권리. 동시에 그 부동산에 대한 후순위 담보권자가 채권자보다 전세금을 우선적으로 반환받을 수 있는 권리

● **저당권** : 채무 사실을 기록하고 빌려준 돈을 갚지 않을 경우 그 재산을 처분하여 빌려준 돈을 되돌려받을 수 있는 권리를 확보하기 위하여 등기부상에 기록하는 권리

● **임차권** : 임차인이 임대인에게 상가나 주택을 사용·수익하는 대가로 차임(월세)을 줄 것을 약정하는 임대차계약을 맺고 그 이행을 보장하기 위해 보증금을 맡김으로써 성립하는 채권의 일종

● **부동산임차권** : 부동산을 임차했을 때 이 사실을 등기하면 물권화하여 다른 물권들과 같은 후순위 물권에 대해 자기 권리를 주장할 수 있다. 특히 주거용 주택을 임차하여 등기를 하지 않더라도 입주와 주민등록전입신고 및 확정일자를 받아두면 그 후에 성립한 물권보다 우선한다.

● **소유권이전가등기** : 가등기는 변동이 일어날 수 있는 부동산의 청구권을 유지하기 위해 본등기 전에 순위확보를 위하여 하는 예비등기로서 소유권·지상권·전세권·지역권·저당권·권리질권·임차권의 설정, 이전, 변경 또는 소멸의 청구권을 보전하려 할 때와 청구권에 기간이 정해져 있거나 조건부일 때 청구권을 보전하기 위해 하는 등기

이다. 즉 법률행위로 인한 권리변동은 등기(본등기)를 함으로써 그 효력이 발생한다.

그러나 등기 청구권에 의한 등기의 실행이 시기부나 조건부 또는 다른 사정 때문에 즉시 실행할 수 있는 실체법적 요건을 갖추지 못하여 본등기를 못 하고 있는 동안에 제3자가 그 부동산에 관하여 물권을 취득하게 되면 그에 대항할 수 없게 된다.

따라서 자신의 청구권의 순위보전을 사전에 확보해둘 수 있는 제도가 가등기이다.

장차 본등기를 하면 그 대항력은 가등기를 한 시기까지 소급되므로 가등기 후 이루어진 제3자의 본등기보다 우선하게 된다.

● **소유권이전청구권가등기** : 매매계약을 맺고 일정한 조건을 갖추면 소유권 이전을 요구할 수 있는 권리를 갖는 사람이 본등기까지 해둔 가등기

● **소유권이전담보가등기** : 돈을 빌려줄 때 저당권을 설정하는 대신 채무자의 부동산을 사는 것처럼 매매계약을 하거나 채무자의 부동산으로 대물변제를 받겠다는 계약을 하고 차후에 빚을 갚지 않으면 그 부동산의 소유권을 이전받기로 하는 일종의 담보계약을 했을 때 해두는 가등기이다. 담보가등기 또는 가등기담보라고도 하는데 경매에서는 저당권과 똑같은 권리로 취급한다.

● **압류** : 법원의 판결이나 공중인이 작성한 공정증서와 같은 일정한 채무명의에 근거하여 하는 경우를 일반적으로 압류라고 하며, 이를 본압류라고 한다.

● **가압류** : 채무명의가 없으나 장래 채무명의를 받아 강제집행할 것을 예견하여 미리 임시로 하는 압류를 가압류라고 한다. 금전으로 환산할 수 있는 채권에 대하여 장래 실시할 강제집행이 불가능하게 되거나

현저히 곤란하게 될 경우에 대비해 채무자의 현재 재산을 미리 확보함으로써 그 강제집행을 보전하는 데 목적을 두는 압류이다.

받을 금액이 확정되어 있는 채권에 대해서는 압류신청을 하지만 은행 대출처럼 시간이 경과함에 따라 이자가 발생하여 채권이 확정되지 않은 경우 채무자의 재산에 대한 강제집행을 보전하기 위하여 그 재산을 임시로 압류하는 법원의 처분으로 가압류된 재산은 소유자가 처분권을 행사할 수 없다.

● 가처분 등기 : 가처분은 소송의 지연이나 강제집행을 면하기 위한 채무자의 재산 은닉 등에 의하여 권리의 실현이 위험하다고 판단될 경우 할 수 있다. 권리 보전을 위하여 그 권리에 관한 분쟁을 해결하는 소송 방법 또는 강제집행이 가능할 때까지 추상적 · 가정적으로 행하는 처분으로서 가압류와 함께 보전처분의 한 방법이다.

● 예고 등기 : 현재 그 부동산에 관련하여 등기원인의 무효 · 취소로 인한 등기의 말소 · 회복의 소가 제기된 것을 등기부에 공시하여 거래를 하려는 제3자에게 그 소가 제기되었음을 알리는 예비적 등기이다. 예고등기는 소송 결과에 따라 제3자가 구입한 물건이라도 소송에서 원고가 승소할 경우는 매입자의 소유권에 변동이 발생하여 손해를 볼 수 있다 그러므로 예고등기된 부동산을 구입할 때는 유의해야 한다.

주택임대차보호법

국민의 주거생활 안정을 보장하여 임차인이 우리의 문화와 사회적 경제생활의 수준에 비례하여 인간다운 생활이라고 인정할 수 있는 정도의 생활을 보장하려는 취지에서 제정된 특별법이다.

임대차와 전세권

전세나 월세는 임대차 계약으로서 전세권과는 구분되며, 세입자는 주택임대차보호법의 보호를 받는다.

분쟁이 발생했을 때 임대차는 재판으로 해결할 수 있지만 확정일자를 받은 임대차에 한해 전세권과 같은 법적 담보권설정자와 동일한 권한을 부여하는 쪽으로 주택임대차보호법이 강화되고 있다.

임대주택도 조합 허용

서민대책 노인요양보험 추진…금고서 中企 지원

최기영·김정욱·노영우 기자

정부는 전월세난을 해소하기 위해 임대주택조합제도를 도입하기로 했다.

이 제도가 도입되면 기존에 주택이 있는 사람도 임대를 목적으로 조합에 가입해 주택을 건설한 후 임대사업을 할 수 있게 된다.

또 재개발사업지구 내 임대주택 건설 용적률을 20% 높이고 공공개발택지 중 임대주택용지 비율을 현행 공동주택용지 대비 20%에서 30%로 확대하기로 했다.

▶ 관련기사 3면

또 장기요양이 필요한 노인에게 간호서비스를 하기 위해 노인요양보험제도 도입을 검토하기로 했다.

하반기에 벤처투자자금 6000억원

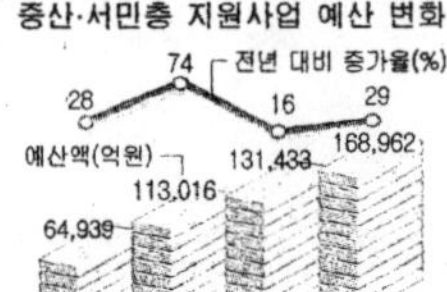

을 추가로 조성해 정보기술(IT) 생명공학기술(BT) 등 신산업 분야에 집중 지원하기로 했다.

정부는 19일 오전 청와대에서 김대중 대통령 주재로 11개 부처 장관과 여3당 정책위 의장. 경제단체장. 연구기관장 등이 참석한 가운데 중산층 육성과 서민생활 향상대책 보고회의를 열고 이 같은 방안을 추진하기로 했다.

정부는 임대주택 건설을 활성화하기 위해 개발제한구역(그린벨트) 해제지역을 공공임대주택 건설용지로 활용하고 재개발사업지구 내 임대주택 건설 용적률을 현행 180~250%에서 200~270%로 20% 상향 조정하기로 했다.

한편 김대중 대통령은 이날 "복지혜택이 취약계층에 잘 전달되도록 노력하라"고 강조하고 이를 위해 "앞으로 경제부총리가 중심이 돼 분기별로 중산층 육성과 서민생활 향상 대책 점검회의를 열도록 하라"고 지시했다.

김 대통령은 이날 청와대에서 진 념 경제부총리를 비롯한 경제·사회 분야 장관. 정책연합 3당 정책위 의장 등이 참석한 가운데 중산층 육성과 서민생활 향상대책 보고회의를 주재하고 이같이 말했다.

참고로 전세권은 용익물권에 속한다. 저당권 등과 같이 등기를 하면, 분쟁이 발생했을 때 판결 없이도 등기만으로 경매신청을 할 수 있다.

 임대차 계약시 유의사항

◉ 등기부등본 확인

◉ 다른 소액임차인 또는 확정일자를 받은 임차인이 있는 지를 확인 : 임차인이 본인을 포함하여 여러 명일 경우 확정일자가 앞서는 임차인이 우선 순위를 가진다. 따라서 해당 부동산 가액이

모든 임대차 보증금(적어도 본인의 임대차 보증금까지)을 지급하고
도 충분히 남을 경우를 제외하고는 계약을 피하는 것이 좋다.

    ◐ 반드시 확정일자를 받아두어야만 최악의 경우 후순위 담
보권자보다 우선하여 보증금 회수가 가능하다.

 ## 주택임대차보호법이 보호하는 임차인의 권리

대항력

주택임대차보호법 제3조 제1항은 '임대차는 그 등기가 없는
경우에도 주택의 인도와 주민등록을 마친 때에는 그 다음날부터
제3자에 대하여 대항할 수 있다'고 규정하고 있다. 여기서 '대항
할 수 있다'라는 말은 다른 사람에 대하여도 그 주택의 임차권을
주장할 수 있다는 뜻이다.

예를 들어 임대인이 그 주택을 다른 사람에게 양도했을 때에
도 새로운 소유자에게 그 지위가 승계되고, 따라서 전 임대인과의
계약은 계약기간까지 유효하게 지속된다.

그러나 임차인의 확정일자 전에 저당권, 가등기, 가압류 등이
있는 경우에는 임차인보다 먼저 권리를 갖게 되므로 임차인은 저
당권 등의 실행으로 생긴 새로운 소유자에게는 순위가 밀려 대항
력을 발휘할 수 없게 된다.

따라서 임대차계약시 가장 먼저 확인할 것이 바로 등기부등
본에 나타난 권리관계인데, 이것은 대항력의 유무 때문이다.

① 대항력의 요건

●주택의 인도 : 임차인이 목적물을 점유하여 사용하고 있어야 한다.

●주민등록 이전 : 임차 물건의 주소지에 전입신고를 해야 한다.

●주택점유와 주민등록은 대항력 취득시뿐만 아니라 그 대항력을 유지하기 위하여 계속 존속하고 있어야 한다.

② 대항력의 효력

대항력의 요건을 구비한 다음날부터 제3자(양수인 : 매수인, 경락인, 상속인)에게 보증금을 반환받을 때까지 목적물의 인도를 거부할 수 있다.

확정일자

확정일자는 임대차계약시 임차인이 우선 변제권을 인정받기 위한 수단이다. 임대차계약서상에 '확정일자' 란 공증인 또는 법원 직원이 그 날짜 현재에 임대차계약서가 존재하고 있다는 것을 증명하기 위하여 확정일자부의 번호를 써넣거나 일자인을 찍는 것을 말한다. 이 때 확정일자는 증서에 대하여 그 작성된 일자에 대한 완전한 증거력을 주는 것으로 일자를 소급할 수 없다.

임대차계약시 전세권을 설정해두는 것이 가장 확실한 방법이다. 그러나 현실적으로 공급자 중심의 주택시장인 현실을 감안할 때 임차인이 전세권 등기를 요구하기가 어려운 실정이다. 따라서 이러한 임대차 시장의 현실을 감안하여 임대인의 동의 없이 읍·면·동사무소에서 주민등록전입신고시 임대차계약서 원본에 담당

공무원이 확정일자인을 찍거나 임대차계약서를 공정증서로 작성하면 전세권 등기와 마찬가지로 우선변제권을 부여하여 임차인을 보호하기 위한 제도이다.

따라서 읍·면·동사무소에서 주민등록전입신고시 임대차계약서 원본에 담당공무원이 확정일자인을 찍거나 임대차계약서를 공정증서로 작성하면 전세권 등기와 동일한 효력을 가지며 보호금액의 범위에도 제한이 없다.

그러나 엄밀하게 따져본다면 일종의 채권으로서 담보권 또는 순위 보전력 등이 없어 등기부에 등기를 할 수 없으며, 따라서 저당권의 일종인 전세권과는 다르다.

파산 임대아파트 보증금 우선변제

아파트 건설사가 파산하더라도 임대아파트 세입자들이 임대보증금을 보호받을 수 있는 길이 열렸다.

서울지법 파산2부(재판장 李亨夏 부장판사)는 23일 파산한 동보주택이 건설한임대아파트 4천500여세대의 임대보증금에 대해서 주택임대차보호법에서 정한 확정일자 등의 요건을 갖춘 경우 일정 범위내에서 우선변제 해주기로 했다.

또 앞서 파산한 진로종합건설의 400여세대의 임대아파트 입주민들에게도 이를적용키로 했다. 재판부는 "그동안 파산법에 명확한 임대아파트 입주민 보호규정이 없어 건설회사가 파산하면 보증금을 보호받지 못했다"며 "하지만 경매나 공매에서는 임대보증금을 보호해주면서 파산절차에서 보호하지 않는 것은 형평성에 어긋나 임대차보호법을적용해 임대보증금을 보호키로 했다"고 밝혔다.

이에따라 임대차보호법상 전입신고와 임대차계약서에 대해 확정일자를 갖춘 임차인들은 건설사가 파산한 경우에도 일정 범위내의 임대보증금을 보호받을 수 있게됐다.

보호받을 수 있는 보증금의 범위는 서울의 경우 임대보증금 3천만원 이하일때 1천200만원까지, 지방의 경우 2천만원 이하일때 800만원까지 건설사의 파산과 관계없이 보호받을 수 있게 됐다.

하지만 법원의 이런 조치로 상대적으로 배당금이 줄어들게 된 파산채권자들과담보권자 등의 반발이 예상돼 향후 법정소송으로 이어질 가능성도 예상된다.

매일경제 2001-02-23

---

① 구비요건

● 주택의 인도

● 주민등록전입신고 : 전입신고일 다음날(익일)부터 효력 발생

● 임대차계약서

● 임대차계약서상에 확정일자

● 임대차계약서, 주민등록전입일자, 확정일자 중에 제일 나

'확정일자' 받아두면 보증금 최우선 변제

'안전한 전세살이'를 위해 법률상 가장 필요한 절차는 '전입신고'와 '확정일자'를 받아두는 일이다.

주택임대차보호법상 '전세'로 입주하는 사람은 등기가 없는 경우 실제로 주택에 입주해 사는 것과 함께 반드시 주민등록신고(전입신고)를 마쳐야 다음 날부터 집주인은 물론 다른 사람에게도 '전세살이'의 권리를 주장할 수 있다. 즉 전세기간 중 집주인이 바뀐 경우에도 세입자가 새로운 집주인에 대해서도 계약기간 동안 그 집에서 쫓겨나지 않고 생활할 수 있다는 의미이다.

여기서 임대차 계약서에 '확정일자'를 받아두면 경매 또는 공매절차가 진행될 때 다른 후순위 채권자들보다 우선해서 전세보증금을 받아낼 수 있다. 확정일자란 동사무소, 등기소, 공증사무소 또는 법원에서 '현재 날짜에 임대차 계약서가 존재한다'는 사실을 증명하는 법률상 인정되는 일자를 말한다.

경향신문 2001-04-21

중에 이루어진 일자를 기준으로 효력 발생

② 확정일자의 효력

구비요건이 모두 갖추어진 시점을 기준으로 근저당권설정 시점과 비교 배당순위를 다툰다.

경매 또는 공매할 때 후순위 권리자 또는 기타 일반채권자보다 우선하여 보증금을 변제받을 권리가 있다.

보증금 회수를 위하여 독자적으로 경매 신청을 할 수는 없다.

③ 집주인이 임차인을 일시 퇴거시키고 저당권을 설정한 경우

집주인이 은행 등에서 유리한 조건으로 대출을 받기 위하여 임차인의 주민등록을 일방적으로 다른 곳으로 퇴거시켰다가 저당권이 설정된 후 다시 전입시켰을 경우에는 주택임대차보호법상 대항력 발생 요건(주택의 인도 및 주민등록)에도 불구하고 최초 계약 후 확정일자를 받은 날로부터 대항력을 인정받을 수 있다.

소액임차보증금 우선변제권

사회적 약자인 소액임차인을 보호하기 위해 보증금이 일정액 미만인 세입자들에게 권리 순위에 관계 없이 최우선적으로 변제하도록 하는 제도이다.

이 때 순위에 관계 없이 우선 변제해 주어야 하는 보증금을 소액보증금이라고 한다.

① 구비요건

경매신청 등기 전에 주민등록 전입, 점유, 계약서 작성 등의 요건을 갖추고 임차인의 범위에 적합하며 경락기일까지 권리신고 및 배당요구를 한 경우에만 소액보증금을 변제받을 수 있다.

② 효 력

보증금 중 일정액을 배당금으로부터 최우선적으로 변제받을 수 있다.

③ 소액보증금의 보호범위

소액보증금은 경매 때 다른 우선 순위자가 있더라도 최우선적으로 변제받을 수 있는 주택가액의 1/2 범위 내의 전세계약자 중에서 다음과 같이 우선 변제해준다.

수도권(과밀억제권역)	4천만 원 이하의 40%로 1천6백만 원까지
광역시	보증금 3천5백만 원 이하의 40%로 1천4백만 원까지
기타 지역	보증금 3천만 원 이하의 40%로 1천2백만 원까지

한 채의 주택에 임차인이 여러 명이고, 각 보증금 중 일정액의 합계액이 주택가액의 1/2을 초과하는 경우 각 보증금 중 일정액의 합산액에 대한 각 임차인의 보증금 중 일정액의 비율로 안분하여 평등 배당한다.

임대차 계약을 갱신하면서 소액보증금 보호범위 이내로 보증금을 감액하였고, 감액할 당시에 그 주택에 관하여 경매신청기입등기가 완료되지 않았다면, 앞으로 경매절차가 개시되더라도 소액임차인으로 우선 변제권을 행사할 수 있다.

소액보증금을 보호받기 위해 임대차 계약을 계약인을 달리하여 분할하였을 경우 계약인들이 서로 같은 가구에 살면 각각의 보증금이 비록 소액보증금 범위 내일지라도 보호받지 못한다.

임차인이 집주인의 동의를 얻어 제3의 임차인에게 전차를 하였을 경우, 원임차인의 보증금이 소액보증금 범위 이내면 전차인은 보호를 받을 수 있다.

배당요구

주택임대차보호법상 확정일자인이 있는 임차인과 최우선변제보증금 대상인 임차인은 경락기일까지 권리신고 및 배당요구를 하여야 하며, 배당요구를 하지 않은 임차인의 권리는 보호되지 않는다. 임차인이 대항력 있는 임대차, 확정일자인 있는 임대차, 최우선변제보증금 대상 임대차 중 2개 이상의 권리를 중복하여 가지고 있을 때 임차인은 선택하여 그 권리를 주장할 수 있고 부족한 부분은 다른 권리행사를 통해서 보충할 수 있다.

[주택임차보호제도 비교표]

	대항력	확정일자 임차인의 우선변제권	소액보증금 중 일정액의 우선변제권
구비요건	– 주택인도(입주) – 주민등록전입신고	– 주택인도 – 주민등록전입신고 – 확정일자 부여	– 주택인도 – 주민등록전입신고
효력	– 구비요건을 모두 갖추었을 때 다음날부터 효력 발생 – 최선순위 저당권자나 가압류권자보다 앞선 경우 임대기간이 만료할 때까지 점유가 가능하며 낙찰자에게 보증금 반환 청구권을 요구할 수 있다.	부여받은 확정일자에 저당권을 설정한 것과 동일한 우선 변제권이 인정됨	– 경매개시 결정 기입 등기 전까지 구비요건을 모두 갖추었을 경우 효력 발생 – 일정 범위의 보증금 중 일정액을 다른 담보권자나 일반채권자보다 우선하여 배당받음

	- 임차권에 우선하는 권리가 있을 때는 효력 없음		
배당요구 권 및 시기	없음	경락기일 이전까지 배당요구	경락기일 이전까지 배당요구
기　타	주택의 인도와 주민등록전입신고 등 대항력 요건은 경락기일까지 계속 구비하고 있어야 한다. 도중에 인도하거나 주민등록을 이전한 사실이 밝혀지면 우선변제권을 상실하여 배당에서 제외된다.		

임차인의 조건별 배당 순위

[임차인의 조건별 배당순위]

	말소기준권리보다 앞서거나 경매등기보다 앞설 경우	말소기준권리보다 뒤지고 경매등기보다 앞설 경우	경매등기보다 뒤질 경우
입주만 한 경우	배당 불가	배당 불가	배당 불가
입주 + 전입신고	인 수	보통 변제	(배당 불가)
입주 + 전입신고 + 확정일자	인수, 우선 배당 중 택1	우선 변제	(배당 불가)

기타 임차인 보호제도

① 임대보증금의 감액청구

IMF 환란 이후 주택 수요가 감소하여 신도시를 중심으로 주택전세가가 40% 이상 하락함에 따라 전세가 인하를 요구하는 임차인과 주택 소유자 사이에 임대보증금 감액을 둘러싼 분쟁이 사회문제로 비약되었다.

주택임대차보호법 제7조에는 '약정한 차임 또는 보증금이 임차주택에 관한 조세·공과금, 기타 부담의 증감이나 경제사정의 변동으로 인하여 상당하지 아니하게 된 때에는 당사자는 장래에 대하여 그 증감을 청구할 수 있다'고 규정하고 있으므로 세입자는 집주인에게 보증금 감액을 요구할 수 있다. 다만, 어느 정도까지의 감액을 인정할 것인가는 단정적인 규정이나 판례가 없으나 애당초 임차보증금의 인상을 세입자 보호측면에서 제한하였다는 것을 볼 때 감액도 세입자측에 유리한 정도로 보장되어야 한다고 볼 수 있다.

② 보증금 증액의 제한

보증금의 증액은 임대차계약 또는 약정한 차임 또는 보증금의 증액이 있은 후 1년 이내에는 증액을 요구하지 못하며 증액을 요구하더라도 기존의 보증금에서 1/20(5%)을 초과할 수 없다.

그런데 위의 증액은 계약기간중에 증액을 요구한 경우이며, 계약기간이 끝나고 새로운 계약을 체결할 때에는 보증금의 증액에 제한이 없다.

③ 임차권등기명령신청

임대차가 종료된 후 보증금을 반환받지 못한 임차인은 임차주택의 소재지를 관할하는 지방법원·지방법원지원 또는 시·군법원에 임차권등기명령을 신청할 수 있다.

임차권등기명령의 집행에 의한 임차권등기가 완료되면 임차인은 대항력 및 우선변제권을 취득한다. 다만, 임차인이 임차권등기 이전에 이미 대항력 또는 우선변제권을 취득한 경우에는 그 대항력 또는 우선변제권은 그대로 유지되며, 임차권등기 이후에는 대항요건을 상실하더라도 이미 취득한 대항력 또는 우선변제권은 상실하지 않는다.

 주택임차 신용보험

전세입주자를 보호하기 위한 제도들이 마련되어 있는데도 불구하고 전세금을 돌려받지 못하는 피해자들이 생기고 있다. 이 때 보험회사가 대신하여 전세금을 돌려주는 제도가 주택임차 신용보험제도이다.

주거용 주택의 전세입주자가 보험에 가입하면 전세주택이 경매, 공매. 전세계약의 해지 종료 후 전세금을 반환받지 못하는 경우 보험회사가 대신 지급해준다.

주택임차 신용보험은 1997년 환란 후 전세가 하락으로 임차인과 임대인 사이에 임차보증금문제로 많은 문제점이 발생하면서 일반인들의 관심을 끌기 시작하였다.

▶ 임차 신용보험에의 가입 조건
① 계약기간이 1년 이상인 임대차계약이어야 한다.
② 개인은 전용면적 100㎡, 법인은 전용면적 165㎡ 이하인 임차계약이어야 한다.

③ 임차계약 후 5개월 이내이어야 가입할 수 있다.

④ 임차보증금이 아파트는 70% 이하, 연립이나 단독주택은 추정시가의 60% 이하이어야 한다.

⑤ 보험기간은 임대차계약기간 만료 30일 후까지이나 중도 해약할 수 있고 중도 해약시 미경과 기간의 보험료는 환불해준다.

⑥ 선순위 채권 금액이 과다한 경우에는 가입할 수 없다.

● 개인이 아파트를 임차한 경우에는 선순위채권이 추정시가의 30% 이하이어야 하고, 연립이나 다세대주택인 경우에는 추정시가의 15% 이하이어야 가입할 수 있다.

● 법인이 아파트를 임차한 경우에는 선순위채권이 아파트 추정시가의 50% 이하이어야 하고, 연립과 단독 주택 등인 경우에는 30% 이하일 때만 가입할 수 있다.

⑦ 보험가입금액 : 주택임대차보호법상 우선변제금액 이상으로 임차인 우선임차보증금액의 전부 및 일부에 대하여도 가입할 수 있다.

⑧ 보험료율은 다음과 같다.

● 개인 : 연간 보험가입금액의 0.7%

● 법인 : 연간 보험가입금액의 0.5%

● 단, 최저 보험료는 1천 원이다.

경매시장의 이해

　　부동산 경매는 채권자의 신청에 의하여 법원의 관리하에 목적물을 압류하여 매각하고 매각대금을 신청채권자와 배당요구채권자에게 분배하는 제도이다. 하지만 절차가 까다롭고 사용되는 용어들이 일반인들에게는 낯선 전문용어일 뿐만 아니라 목적 부동산의 권리 분석이 쉽지 않아 일반인들은 경매시장에 참여하는 것을 꺼린다.

　　그러나 현대를 살아가는 데 있어서 경매제도로부터 자유로운 사람은 없다. 왜냐하면 우리는 주거용이든 사업용이든 다른 사람과 건물 및 토지의 임대차 계약을 체결하게 된다. 이 순간부터 우리는 경매로부터 자유로울 수 없는 것이다. 그러므로 현대인들은 필수적으로 경매제도를 정확하게 이해해야 하며 특히 임차인으로서의 권리보호라는 소극적 재테크는 물론 경매제도의 적절한 이용은 높은 수익률을 올릴 수 있는 유용한 재테크 수단이 될 수 있다.

"우량물건 미리잡자" 경매 열기

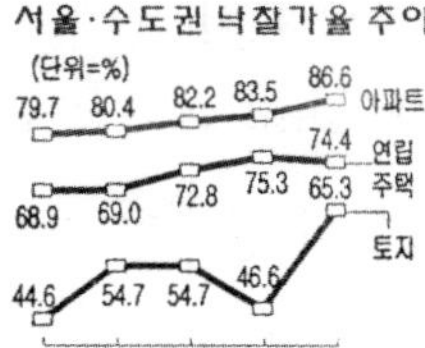

유하룡 기자

7월부터 새 제도 시행을 앞두고 부동산 경매시장이 갈수록 뜨거워지고 있다.

절차간소화로 투자여건이 좋아지면 경쟁률과 낙찰가 상승이 예상돼 값이 쌀 때 미리 우량물건을 잡으려는 투자자들로 입찰법정마다 연일 북새통이다.

이에 따라 낙찰가도 수도권의 경우 주거용과 근린시설은 4~5월 두 달 동안 5~7% 정도 상승했다.

비인기 종목으로 꼽히는 토지도 최고 13대1이 넘는 경쟁률을 보이며 3~5% 정도 올랐다.

태인컨설팅에 따르면 지난달 말 서울·수도권 평균 낙찰가율은 67%로 지난달(61.8%)보다 무려 5.2%포인트나 높아졌다.

아파트는 86.6%로 지난달보다 3%포인트 정도 높아졌으며 토지는 65.3%로 무려 18%포인트 이상 오르는 기현상을 보였다.

특히 서울 북부지원은 아파트 평균 낙찰가율이 100%를 넘겼으며 인천지역도 92.5%로 사상 최고수준을 기록했다.

송형민 태인컨설팅 차장은 "연립·다가구는 필요 이상으로 과열된 느낌"이라며 "경매절차가 간소화되는 하반기에는 낙찰가격이 시세와 다름없는 수준까지 올라갈 것"이라고 내다봤다.

선취매 양상이 벌어지면서 첫 입찰에서 곧바로 주인을 찾는 신건 낙찰도 급증하는 추세다.

상가주택이나 근린은 통상 20% 정도가 고가낙찰되며 이 가운데 90% 이상이 신건인 실정이다.

그만큼 '우량물건은 기다리지 않겠다'는 투자의지를 반영하는 셈이다.

유성원 유승컨설팅 실장은 "아직까지는 시세보다 싸게 살 수 있는 기회가 많다"면서 "하반기에는 경쟁률이 2배 이상 올라가 낙찰받을 가능성이 더욱 낮아질 것"이라고 말했다.

이 같은 선취매 분위기와 관련해 일부에서는 절차간소화로 당장 경쟁률이 급등하거나 수익성 저하로 연결되기는 힘들 것이라고 지적하고 있다.

 ## 입찰명세서의 주요 내용

수시로 법원에서 공시하는 입찰명세서에는 경매참가자에게 필요한 경매 물건에 관한 다양한 정보가 들어 있다. 따라서 경매참가자는 입찰명세서의 내용을 철저하게 분석해야 한다.

◐ 입찰명세서의 주요 내용

① 부동산 표시 : 등기부등본상의 지번, 구조, 구묘 등 기본정보

② 점유자 표시 : 현장조사서에 의거한 점유자의 이름, 입주

일, 전입신고일, 보증금과 기간, 이해관계인들의 진술 내용, 연락처 등

③ 권리관계 표시 : 부동산 관련 권리관계 및 가처분, 전세권, 지상권 등 권리관계 정보 표시

④ 건물 위치도 : 건물 주변 환경과 지리적 특성 및 위치 표시

⑤ 건물 구조 : 목적물이 건물인 경우 방, 거실 등 용도별 건물 내부 구조

⑥ 현황사진 : 감정 평가서에 첨부

⑦ 감정가 산출 근거

⑧ 관련 공부 : 도시계획확인원, 토지대장 등 부동산관련 공부

권리분석

부동산의 사용권리를 나타내는 용익물권, 채권관계를 나타내는 담보물권, 등기부상에 나타나지 않는 대항력을 갖춘 주택임차권이 있다. 이 권리들의 정확한 분석은 경매의 실익을 판단하는 결정적인 요소이다.

그러나 금융기관 담보권 금액, 세입자의 확정일자 등의 순위를 정확하게 파악하는 것이 쉬운 일은 아니다. 따라서 초보자의 경우 예상치 못한 문제가 발생할 수 있으므로 정해진 물건이 있으면 수수료를 부담하더라도 전문경매업체에 의뢰하는 것이 바람직하다.

여기서는 등기부상에 나타나는 권리를 낙찰 후 자동 소멸되

는 권리와 낙찰자가 부담해야 하는 권리 및 낙찰 후 권리변동을 가져올 수 있는 요인들로 나누어 살펴본다.

경매 후 자동 말소되는 권리
① 저당권, 근저당권
② 압류, 가압류
③ 소유권이전가등기
④ 말소기준권리 후에 설정된 지상권·지역권·전세권·가등기·가처분·환매등기·임차권
⑤ 말소기준권리보다 앞선 전세권이라도 전세권자가 경매를 신청하였거나, 존속기간 약정이 없거나, 경매등기일 이후 6개월 이내에 만료될 전세권
⑥ 경매신청등기 후에 설정된 지상권·지역권·전세권·가등기·가처분·환매등기·임차권

경매 후 인수해야 하는 권리
① 말소기준권리보다 앞선 지상권·지역권·전세권·가등기·가처분환매등기·등기한 임차권·대항력을 갖춘 주택임차권
② 경매등기보다 앞선 지상권·지역권·전세권·가등기·가처분환매등기·등기한 임차권·대항력을 갖춘 주택임차관
③ 예고등기는 설정일에 관계 없이 소송이 끝날 때까지 말소되지 않으며, 그 결과에 따라 낙찰자의 소유권이 말소될 수 있다.
④ 유치권
⑤ 경매부동산의 현 소유자 이전의 소유자가 진 빚 때문에 설

정된 가압류로서 담보권(저당권, 담보가등기)보다 앞선 압류와 가
압류

경계해야 할 권리변동의 변수

① 경매 진행중에 채무자가 채무를 완납하면 경매는 중단된
다.

② 선순위 저당 금액이 소액일 경우 임차인 가운데 한 사람이
대금을 대신 변제하면 대신 변제한 임차인이 선순위 임차인으로
서 권리 행사를 할 수 있다.

③ 법정지상권의 성립 가능성 : 토지와 건물이 공존함에도 토
지만 경매가 진행될 때에는 법정지상권의 성립 여지를 면밀히 확
인하여야 한다.

④ 공유지분 경매에서 다른 지분 소유자에게 최고가 입찰금
액으로 우선 매수할 수 있는 '공유자의 우선매수권'

낙찰 후 사후 관리

낙찰대금을 내고 소유권이전등기를 끝내 권리증을 받았다고
완전히 내 것이 된 것은 아니다.

어떠한 이유에서든 소유자나 임차인이 부동산을 점유하고 낙
찰자에게 인도해주지 않는다면 낙찰자로서는 실질적인 소유권의
확보라고 할 수 없다.

그럴 경우 낙찰자로서는 자신의 권리 행사를 위해 소유자나

임차인에게 부동산을 양도해줄 것을 요구하고 만일 점유자가 비워주지 않는다면 공권력을 빌려 점유자를 쫓아내고 낙찰자로서의 권리를 확보하여야 할 것이다.

물론 현실적으로는 어느 정도의 이사비를 제공하는 선에서 타협하기도 하지만 그렇지 않은 경우 낙찰자의 권리를 확보하기 위해 공권력을 빌리는 과정에는 인도명령과 명도소송이 있다. 또한 명도소송 전에 또 다른 입주자가 생겨 명도소송을 다시 제기해야 하는 문제를 방지하기 위하여 취하여야 하는 점유이전금지가처분이 있다.

인도명령

낙찰자는 낙찰받은 부동산의 점유자가 다음과 같은 사람일 경우는 대금납부 후 6개월 이내에 법원에 인도명령을 신청할 수 있다.

① 채무자를 상대로 하는 경우에는 별도의 증빙서류를 제출할 필요가 없다.

② 채무자의 일반 승계인을 상대로 하는 경우에는 호적등본 또는 상업등기부등본을 제출하여야 한다.

③ 채무자의 특별승계인이나 불법점유자를 상대로 하는 경우에는 그 사실을 증명하는 서류를 제출하여야 한다.

④ 경매기입등기 후 취득한 소유권이나 지상권 또는 등기 있는 임대차 등에 터잡아 점유하는 경우에는 그 등기부등본을 제출하여야 한다.

⑤ 제3자가 등기 없는 임대차에 터잡아 점유하거나 불법점유

하고 있는 경우에는 먼저 채무자에게 대하여 인도명령을 신청하고, 그 명령에 터잡아 인도의 집행을 실시하여야 한다. 그 때 집행관이 작성한 집행조서등본 또는 주민등록표등본 등 그 점유사실 및 점유개시일시를 증명할 수 있는 자료를 서면으로 제출하여야 한다.

명도소송

대항력이 없어도 임대보증금의 일부라도 배당받지 못하는 임차인이 있을 때는 쉽게 비워주지 않으므로 명도소송을 해야 한다.

명도소송은 약 4~6개월 정도 걸리며 변호사에게 맡길 경우 수임료는 2백만~4백만 원 정도이다. 그러나 명도소송은 승소가 명백하므로 본인이 직접 원고로서 재판에 참가할 수도 있다.

하지만 명도소송이 끝나기까지는 시간이 걸리게 되므로 소송으로 시간을 끌기보다는 임차인이나 낙찰자 모두가 한 발씩 양보해서 집행비용 범위 내에서 원만히 합의하는 것이 현명한 방법이다. 현실적으로도 법원의 판결에 의지하기보다는 사전 합의에 의해 처리하는 것이 일반적이다.

점유이전금지가처분

현재 점유자가 소송중 또는 소송 직후에 원고 몰래 다른 사람을 들어와 살게 할 경우 원고가 승소해도 새로운 불법 점유자를 상대로 다시 명도소송을 제기해야 한다. 따라서 이러한 복잡함을 피하기 위하여 명도소송을 제기하기 전에 점유자가 현 점유를 바꾸지 못하게 하는 '점유이전금지가처분'을 신청하여야 한다. 그리

부동자금 '밀물'…경매시장 '후끈'

투자처를 찾지 못한 부동자금이 부동산으로 유입되면서 경매시장이 달아오르고 있다. 특히 경매시장의 열기는 아파트 등 주택에서 토지 공장 등으로 점차 확산되고 있다.

실제 지난 5월 경매시장의 서울지역 아파트 낙찰가율(감정가 대비 낙찰가)이 84.55%로 여전히 높은 수준을 이어가고 있는 가운데 토지 낙찰가율이 85.09%, 공장 91.4%, 단독주택 75.61%로 꾸준한 상승세를 기록하고 있다.

토지나 노후주택은 개발업자나 임대사업자들이 몰리면서 낙찰가가 상승하고, 공장은 서울 및 수도권 지역에서 신규등록이 제한돼 있어 인·허가 절차를 피할 수 있는 경매시장의 공장을 노리는 것으로 해석된다.

◆경매시장이 북적거린다＝서울지역의 경우 비인기 종목을 찾기 힘들 정도로 모든 부동산에서 응찰 경쟁률이 높아지고 낙찰가율도 상승하고 있다. 반면에 수도권은 여전히 아파트가 강세를 보이고 있다. 지난달 25일 인천지방법원 12계에서 경매된 간석동 32평형 우성아파트는 1회에 유찰된 뒤 2회 경매에서 15명이 응찰, 감정가(1억500만원)를 웃도는 1억5555만원에 낙찰됐다.

최근에는 연립(다세대)의 인기가 뚜렷하다. 연립의 서울지역 낙찰가율은 76.64%, 수도권 74.38%로 나타났으며, 특히 서울 동부지원의 경우 지난달 연립의 낙찰가율이 84%로 아파트 80%를 앞질렀다. 지난달 7일 서울 문정동 16.2평형 연립은 감정가 6500만원에 1회 유찰돼 2회 경매에서 최저가 5200만원에 나왔으나 감정가의 100%인 6500만원에 낙찰됐다. 응찰인원도 무려 15명에 달했다.

◆투매행위는 금물＝낙찰가율 급상승과 관련, 경매업계 관계자들은 거품 또는 과열현상이라고 지적하고 있다. 이럴 때 분위기에 휩쓸려 무리하게 입찰하면 자칫 손해를 볼 수 있다는 얘기다. 우선 어떤 용도로 사용할 것인지 목표를 정한 뒤 수익을 따져보고 입찰에 참여해야 터무니없이 높은 가격에 입찰하는 것을 피할 수 있다. 둘째, 입찰 현장분위기에 휩쓸리지 말고 상한가를 사전에 정해놓고 입찰에 참여하면 실패를 줄일 수 있다. 셋째, 법원에 비치된 물건목록 활용이 중요하다. 여기에는 물건내역과 감정평가서 등이 수록돼 있으므로 경매정보지보다 유익하다. 넷째, 철저한 현장조사를 통해 주변환경 및 시세를 파악하는 것이 필요하다. 입찰전 사전답사를 통해 건물 관리상태, 하자 유무, 주변 부동산거래시세, 교통상황 등을 조사하고 위장세입자 여부도 확인하는 것이 좋다.

세계일보 2001-06-18

고 신청할 때는 감정가의 5% 정도의 공탁금을 걸어야 한다.

가저분결성이 떨어지면 집행관에게 신청하여 가처분결정을 실행하면 된다. 만일 이 때 점유자가 집에 없을 경우에는 2명의 입회인을 대동하여 가처분을 실행하여야 한다.

임대주택사업

전통적인 농경사회를 바탕으로 하는 국민들의 정서 속에는 토지에 대한 집착이 내재되어 있으며, 상대적으로 부동산은 안전하다는 생각이 마음속에 자리잡고 있다. 또한 과거 30년 동안 산업화과정에서 나타난 부동산투자의 높은 수익률은 아직도 국민들 사이에 부동산 가격 상승에 대한 기대로 이어지고 있다.

특히 1990년대 후반부터 중산층 및 서민층의 주거안정과 건설경기의 침체로 미분양 부동산이 속출함에 따라 주택 수요를 촉진하기 위해 임대주택 사업자의 자격이 5가구에서 2가구 이상으로 완화되었고, 각종 취득세·등록세 및 양도세의 감면 혜택과 금융지원정책이 발표됨에 따라 임대주택사업은 저금리시대에 적정한 투자대상을 찾지 못하는 대기자금의 안정적인 투자처로 각광을 받고 있다.

따라서 이전에는 거액의 자금을 소유한 사람만이 부동산 투자를 할 수 있었지만 이제는 5천만 원 정도의 소자본으로도 임대

임대주택사업, 유망 재테크 수단으로 각광

저금리가 지속되면서 임대주택사업이 유망 재테크수단으로 뜨고 있다.

여기에 최근 정부가 월세값 상승을 진정시키기위해 임대사업 지원대책을 발표함에 따라 임대주택사업은 더욱 활기를 띨 전망이다.

20일 건설교통부와 부동산정보서비스회사인 '부동산 114()'에따르면 지난 1월말 현재 등록을 마친 주택 임대사업자는 총 1만1천669명으로 작년 1월에 비해 42.7% 가량 증가했으며 월 평균 200-300명이 신규 등록하고 있다. 특히 이 기간에 개인 자격으로 주택을 2가구 이상 구입, 등록한 일반 임대사업자는 45.7% 늘었으며 지역별로는 임대사업자 전체의 75.3%가 서울 및 수도권 지역에집중돼 있다.

◇ 임대주택사업에 왜 몰리나 임대주택사업의 가장 큰 장점은 세제혜택이다.

주택 구입때 취득세와 등록세 감면과 함께 일정기간 임대후 되팔면 양도소득세가 감면된다.

우선 18평 이하를 신축 또는 분양받아 임대사업을 하면 취득세와 등록세가 전액면제되며 18-25.7평은 25%가 감면된다.

또 전용면적 25.7평 이하의 신규 분양 또는 미분양 주택을 2가구 이상 매입, 5년임대한 후에 매도하면 양도소득세가 전액 면제되며 기존주택은 5년 임대후 매도시50%, 10년 임대후 매도시 100% 감면된다.

단 기존주택은 5가구 이상 매입해야 양도소득세 감면이 가능하다.

임대소득의 경우 금년 발생소득분부터 전세보증금도 임대료로 간주, 총수입금액으로 계산하지만 전세보증금을 금융자산 등에 굴리지 않으면 세금이 부과되지 않는다.

또 임대사업자가 보유한 주택부속토지에 대해서도 합산 누진과세가 현행 0.3-2%에서 0.3% 균일 과세로 전환됐으며, 임대사업자의 주택매입때 국민주택대출 금리도현행 7%에서 5.5%로 인하됐다.

임대사업자의 주택신용보증한도도 1인당 6천만원에서2억원으로 상향 조정됐다.

◇ 임대주택사업 어떻게 해야 하나 부동산 전문가들은 임대주택사업을 하려면 이구동성으로 18평 이하의 소형아파트를 대상으로 할 것을 권한다.

세제혜택이 많기 때문이다.

그러나 국제통화기금(IMF) 사태 이후 건설물량이 줄어든데다 최근 수요 폭증으로 물량 확보가 어려운

게 단점이다.

또 임대주택의 주 수요층은 젊은 부부 또는 독신 미혼층으로 교통여건, 쇼핑 시설을 우선 고려하기때문에 대학주변, 대형 사무실 부근, 역세권, 공단 배후지 등의주택을 사업지로 선택하는 게 유리하다고 전문가들은 보고 있다.

◇ 임대주택사업 등록방법은 주택을 보유하고 임대사업을 하더라도 임대주택사업자로 등록을 하지 않으면 세제감면 혜택을 받을 수 없다.

임대사업자 등록은 우선 임대목적의 주택 2가구 이상을 매입한 뒤 잔금을 치르기 전에 사업자 주소지 시.군.구청 주택과에 하면 된다.

이후 임대사업장 등록증을교부받게 되면 20일 이내에 주거지 세무서에 일반사업자로 등록한다.

또 표준임대차계약서를 사용해 세입자와 임대차 계약을 체결한 뒤 입주 10일전시.군.구청 주택과에 비치된 임대조건 신고서를 작성해 제출해야 한다.

취득세, 등록세 감면 혜택은 임대주택별로 잔금을 지급한 뒤 한달 이내에 시.군.구청 세정과에 신청해야 가능하다.

매일경제 2001-03-21

주택사업이 가능해짐에 따라 새로운 재테크 사업으로 급부상하고 있다.

 임대주택사업자의 구분

임대주택사업이란 2가구 이상의 주택을 임대를 목적으로 소유하고 임대주택법에 따라 시·구청 및 세무서에 등록한 후 임대

사업을 영위하는 것을 말한다.

① 공공건설임대사업 : 국가 또는 지방자치단체의 재정으로
건설하여 임대

② 민간건설임대업 : 민간건설업체 또는 개인 자본으로 건설
하여 임대

③ 매입임대사업자 : 개인이 주택 소유권을 매입하여 임대

 ## 임대사업자의 자격

임대주택법을 비롯하여 기타 관련 법령에도 매입임대주택사
업자에 대한 제한이 없다. 따라서 국내 거주자 또는 해외 거주자
로서 우리나라 국민이면 된다.

 ## 임대주택사업자 등록

① 임대주택사업을 등록하고자 하는 자는 다음 서류를 주소
지 관할 시 · 군 · 구청에 제출하여 등록절차를 밟아야 한다.

● 임대사업자등록신청서

● 주민등록초본 또는 주민등록증 사본

● 임대 대상주택의 등기부등본이나 매입에 관한 계약서(분
양계약서 등) 사본

② 별도로 임대 개시 20일 이내에 주소지 관할 세무서 민원봉사실에 신청하여 사업자 등록절차를 밟아야 한다.

● 사업자등록신청서

● 주민등록등본 : 임대주택이 여러 지역에 분산되어 있을 때에는 임대사업자 거주지 관할에서 등록을 할 수 있지만 해당 세무서 및 지방자치단체별로 다르게 적용하므로 유의하여야 한다.

③ 임대조건신고서에 표준임대차계약서를 첨부하여 임대 개시 10일 전에는 임대주택 소재지 관할 시·군·구청장에게 신고 후 신고필증을 교부받아야 한다.

④ 별도로 임대 개시 3개월 이내에 임대주택 소재지 관할 세무서에 다음 서류를 구비하여 주택임대신고를 하여야 한다.

● 주택임대신고서

● 표준임대차계약서

● 임차인의 주민등록등본

매각 제한

매입임대주택사업자는 법률이 정하는 다음 경우를 제외하고 임대의무기간(3년) 이상 임대사업을 영위하여야 한다.

● 다른 임대사업자에게 매각하는 경우

● 파산 등의 사유로 임대사업이 불가능하여 관할 시·군·구청장의 허가를 얻은 경우

● 임대개시 후 당해 주택의 임대의무기간이 1/2 이상 경과하고 임대사업자와 무주택 임차인의 합의하에 매각하기로 하고 매각 10일 전까지 매각신고서를 관할 시·군·구청장에게 제출한 경우

 ## 세금관련 유의사항

취득세와 등록세

● 전용면적 60㎡ 이하의 공동주택을 미입주 상태로 취득한 경우에만 취득세와 등록세가 전액 면제되며, 1999. 6. 30까지 취득하거나 분양계약을 체결하여 2001. 6. 30까지 취득한 60~85㎡ 이하의 공동주택은 25%를 감면한다.

● 일반 단독주택 및 85㎡ 이하의 공동주택이라도 기존 주택을 취득하여 임대주택사업을 영위하는 경우에는 세금 감면혜택이 없다.

● 취득 후 5년 이상 임대사업을 계속하지 않으면 감면 세금을 추징당하게 된다.

재산세

임대목적으로 사용되는 전용면적 60㎡ 이하 인접한 두 세대 이상의 공동주택에 대하여 50% 감면혜택이 있다.

종합토지세

임대목적으로 사용되는 전용면적 60㎡ 이하 인접한 두 세대 이상의 공동주택에 대하여 50% 감면혜택이 있고, 0.3% 분리과세 된다.

[지방세 감면 내역]

	40㎡ 이하 영구임대, 50년 공공임대	60㎡ 이하	60~85㎡
취득세	면제	면제	25% 감면
등록세	면제	면제	25% 감면
종합토지세	면제	분리과세(0.3%)	분리과세(0.3%)
재산세	면제	50% 감면	50% 감면
도시계획세	면제	50% 감면	50% 감면

임대소득세

부동산 임대소득은 전세보증금에 대해서는 임대소득세가 전액 면제되고, 월임대료 수입에 대해서는 표준소득률(38%)을 적용하여 임대소득금액을 산정한 후 이를 소득자의 다른 소득과 합산하여 종합 과세한다.

양도소득세

① 임대사업의 가장 큰 장점은 주택규모 85㎡ 이하의 주택을 임대 후 매각할 때 양도소득세가 감면되어 시세차익 외에 세금 감

면에 의한 추가수익을 확보할 수 있다는 점이다. 그러나 양도소득
세의 감면혜택을 받으려면 반드시 관할 세무서에 주택 임대개시 3
개월 이내에 주택임대신고를 마쳐야 하며, 임대의무기간 3년을 포
함하여 최소한 5년 이상 임대사업을 계속 영위하여야 한다.

② 양도소득세 감면 신청

당해 임대주택을 양도한 날이 속하는 과세연도의 과세표준신
고와 함께 다음의 세액감면신청서류를 갖추어 주소지 관할 세무
서에 제출하여야 한다.

● 임대사업자등록증

● 임대차계약서 사본

● 임차인의 주민등록등본 또는 신분증 사본

● 임대주택에 대한 등기부등본 또는 토지대장 및 건축물관
리대장

③ 양도소득세 감면 내용

임대소득자가 임대주택 사업을 5년 이상 영위하고 임대사업
에 사용된 85㎡ 이하 주택을 매각하면 양도소득세 감면혜택이 주
어진다.

임대사업기간이 10년 이상이면 전액 감면되고, 5년 이상 임
대사업을 영위한 임대사업주택은 기존주택은 50%, 신규주택은
100% 감면된다.

[국세 감면 내역]

	임대기간	기존주택	신규주택
양도소득세	5년	1986. 1. 1 ~2000. 12. 31 사이에 신축된 주택	1995. 1. 1 이후 취득한 주택으로 취득 당시에 입주 사실이 없는 주택
		50% 감면	100% 면제
	10년	100% 면제	
소득세	임대주택의 보증금과 전세금은 과세대상에서 제외		

※ 1999. 8. 20~2001. 12. 31 중 신축(미분양)주택을 1가구 이상 취득한 경우

● 총임대주택이 2~4가구인 경우 : 신규 구입주택에 대해서만 양도세 혜택

● 총임대주택이 5가구 이상인 경우 : 모든 임대주택에 대해서 양도세 혜택

재개발과 재건축

도심에는 더 이상 집을 지을 공간이 없다. 그러나 주택의 수요는 지속적으로 늘어나고 있다. 물론 미분양 주택이 속출하고 있는 상황에서 주택의 공급 부족을 말한다는 사실에 이의를 제기하는 사람도 있다.

그러나 부동산은 그 어디에도 똑같은 상품이 없다. 서울 도심에 있는 주택과 울릉도 도동항에 있는 주택을 같다고 말할 수 있는가. 농촌에 빈 집이 증가하고 있다고 하여 농촌의 폐가를 서울 도심의 주택과 동일한 주택이라고 말할 수는 없다. 즉 서울 도심의 주택 수요는 아직도 늘어나고 있으며 경제력의 서울 집중이 계속되는 한 이러한 현상은 지속될 것이다.

어떤 사람들은 경부고속철도가 완공되면 인구를 분산시키는 효과를 가져오게 될 것이라고 주장하기도 한다. 그러나 필자가 볼 때는 오히려 수도권 집중을 심화시키게 될 것으로 보인다.

이처럼 늘어나는 도심의 주택 수요에 비하여 한정된 공간은

기존에 노후 주택의 재건
축과 재개발로 이어지게
될 것이다.

재건축과 재개발은 무
주택자로서는 손쉬운 내집
마련의 수단이자 주택을
넓힐 수 있는 유용한 수단
이다.

이러한 이유로 재개발
지역과 재건축 지역이 재
테크 수단으로 관심을 모
으고 있는 것이다. 그러나
정책 당국의 주택정책에
따라 대상지역의 주택가격

건교부, 재개발.재건축 환경규제 강화

올 하반기 부터 재개발.재건축 아파트 공사비에 환경보전비가 부과되고 공사현장에 대한 환경관리가 강화된다.

건설교통부는 철거비를 제외한 재개발.재건축 아파트 공사비의 0.7% 이 상을 환경 보전비로 할당하도록 하는 내용의 건설기술관리법 시행규칙을 마련해 관계 부처협의를 시작했다고 20일 밝혔다.

환경보전비는 재개발 구역으로 지정된 블럭단위의 아파트 재개발사업을 비롯해 사업계획승인을 받은 100가구 이상의 대단위 저층아파트 재건축 사업에 적용된다. 또 모든 공공 발주공사에 대해 ▶항만, 댐, 택지개발의 경우 전체 공사 비의 0.5% ▶플랜트, 상하수도, 지하철, 도로, 터널 등은 0.3% ▶공동주택 신축 및 기타 공사 0.2% 등의 환경보전비를 할당하도록 정했다.

건축 폐기물 처리도 표준품셈에 따라 수집 운반비 및 중간 처리비, 매립 지 반 입비 등을 산출해 준공시 감리사의 확인을 받아 정산하도록 했다.

건교부 관계자는 "그동안 폐기물처리나 분진문제로 민원이 다량 발생함 에 따라 환경보전시설 설치비와 운영비를 의무적으로 할당함으로써 공사 현장의 환경관리를 강화할 계획"이라고 설명했다.

그동안 건설업체가 도심 재개발.재건축사업을 위해 철거나 폐기물처리작 업을 벌이다 민원이 발생할 경우 처리비용을 재건축조합에 부담시켜 왔 다.

이에 따라 건설교통부는 지난 1월 건설기술관리법을 개정해 환경보전비 할당과 공사현장의 소음 및 분진해결을 위한 법적 근거를 마련했다.

한편 업계는 오는 5월부터 5대 대도시권 모든 아파트의 교통시설확보를 위해 아파트 공사비의 1% 가량이 광역교통 부담금으로 부과될 예정인데 환경보전비용마저 늘어날 경우 재개발.재건축 사업비가 상승할 것을 우 려하고 있다.

매일경제 2001-03-20

이 급등 · 급락하고 있는 점을 감안하여 재개발 및 재건축 지역의
투자는 사전에 충분한 검토를 거친 후 참여하여야 할 것이다.

 재건축과 재개발의 투자 특성

안정성

재개발과 재건축은 기존의 주택에 투자하는 것이다. 즉 구입
한 부동산을 자신의 이름으로 등기한다. 따라서 안정적이라고 할
수 있다.

　무주택자의 주택마련 수단으로 사용되는 주택조합이나 주택
청약 상품에 가입하는 것보다 안정적이다.

수익성

　재건축과 재개발에의 투자는 높은 수익을 올릴 수 있다.

　물론 재건축과 재개발이 수익만을 보장해주는 것은 아니다.
장기간 건축이 늦어지는 경우 금융비용을 감안하면 손실이 발생
할 수도 있다. 그러나 잘 투자하면 높은 수익을 올릴 수 있다.

 재건축과 재개발의 차이점

　① 재개발

　도시 내에 낡고 오래된 주택이 밀집되어 주거생활이 불편하
고, 도로 및 상하수도 시설이 불량한 지역의 주민들이 조합을 결
성하여 구역 안의 토지 이용도를 높이기 위해 건축물 정비 및 대
지 조성, 공공시설을 재정비하여 주거환경을 개선하는 사업이다.

　② 재건축

　노후·불량주택(단독, 공동주택)을 철거한 대지 위에 새로운
주택을 건설하기 위해 기존 주택의 소유자가 자율적으로 조합을
결성해 시공권이 있는 등록업자와 공동사업주체가 되어 주택을
건설하는 사업이다. 재건축 지역의 조합원 지분을 매입하면 내집
을 마련할 수 있거나 큰 집으로 옮겨갈 수 있다.

[재개발 · 재건축 사업의 비교]

구 분	주택재개발사업 (단독밀집 대상)	재건축사업 (공동주택대상)
목 적	불량주택 및 공공시설 정비	노후 · 불량주택 재건축
특 성	도시계획차원 강조	주택공급
시행주체	· 토지, 건물소유자 · 조합, 공공기관	노후주택 소유자로 구성된 재건축조합
시행절차	구역지정 → 조합 설립인가 → 사업시행인가 → 관리처분계획인가 → 사업시행 → 분양 → 청산	재건축조합설립인가 → 사업계획승인 → 철거 및 착공 → 입주
주택규모	시 · 도 조례에서 정함	해당 없음
공급대상	· 토지 · 건물소유자 · 세입자(임대주택) · 잔여분 주택 : 일반분양	· 조합원 · 잔여분 주택 : 일반분양
세입자 대책	주거대책비 지급 또는 임대주택 입주	없음
공공지원	· 시행자가 설치하는 공공시설 설치비용범위에서 공공시설 무상 양여 · 국민주택기금 융자 · 재개발사업자금 지원	국민주택기금 융자
주민동의	· 조합설립시 : 토지 · 건물소유자의 각 2/3 이상 · 사업시행시 : 토지면적 2/3 이상의 소유자, 토지 · 건물소유자의 각 2/3 이상	· 재건축조합 인가시 4/5 이상 · 각 동별 2/3 이상

재건축시장 위축 예상
집값상승 부추길 우려

이르면 9월 시행… 전세시장 심리적 안정 기대

이르면 9월부터 서울 인천 경기 등 수도권에서 아파트를 지을 때 60㎡(전용면적 기준·18평) 이하 소형아파트를 일정 비율 이상 지어야 하는 '소형주택 의무비율제'가 부활된다. 이 제도는 외환위기 발생 직후인 98년 1월 건설업체들에 부담을 준다는 지적에 따라 폐지됐었다.

건설교통부는 26일 재정경제부 서울시 행정자치부 등과 협의를 갖고 이 같은 내용의 '전월세 안정대책'을 발표했다.

대책에 따르면 건교부는 앞으로 수도권 지역에서 20가구 이상의 아파트나 연립주택 등 공동주택을 짓거나 재건축을 할 때 소형주택을 일정 비율 이상 짓도록 할 계획이다.

평형별 공급 비율은 관계부처와 지자체 소비자단체 건설업체 등과 협의해 8월중 확정할 계획이다. 하지만 서울의 잠실 반포 등 5개 저밀도 지구를 포함, 이미 사전건축 심의가 끝난 곳은 이 제도를 적용하지 않을 방침인 것으로 알려졌다.

소형주택의무비율제가 폐지되기 전에는 서울에선 30%, 경기도에선 20%까지 각각 소형주택을 지어야 했다. 재건축지역에선 20%였다.

이 제도 부활로 재건축시장이 타격을 받을 전망이다. 서울시 등이 이미 재건축 용적률을 250% 이하로 낮춘 데다 소형 평형 아파트를 의무량 만큼 지을 경우 재건축 수익성이 크게 떨어질 것이기 때문이다. 수익성이 떨어지면 재건축이 부진해져 오히려 주택공급이 줄어들 가능성마저 있다는 분석도 있다. 이 경우 지역적으로는 매매 및 전세가격 상승을 부추기는 부작용도 우려된다.

또 단기간에 전월세난을 진정시키는 데도 큰 효과가 없을 것이란 전망이 지배적이다. 9월부터 시행되더라도 실제로 소형주택이 공급되는 것은 2, 3년 후에나 가능하기

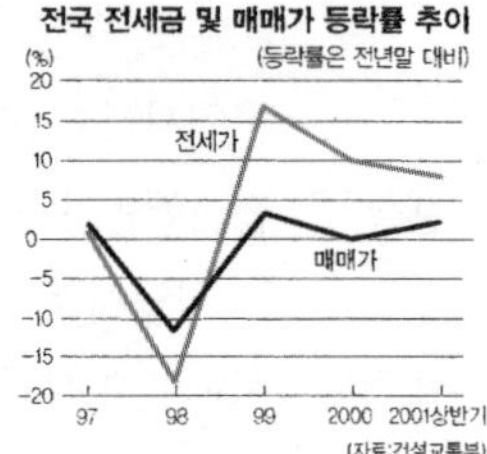

때문이다.

한편 건교부는 아파트에 몰리고 있는 전세 수요를 단독 다세대주택 등으로 전환토록 유도키로 했다. 이를 위해 이들 주택이 주차 문제로 전세 수요가 적은 것을 감안해 초중고교 운동장을 주차장으로 활용하는 방안을 교육부 등과 협의해 적극 추진해 나가기로 했다.

건교부가 저소득 무주택 세입자의 주거부담을 줄이기 위해 추진한 연간 월세 지급액의 연말 소득공제 방안은 재경부의 반대로 무산됐다.

〈구자룡·황재성기자〉
동아일보 2001-07-27

분양권 전매제도

미분양권 전매는 주택경기의 침체로 미분양사태가 속출함에 따라 주택경기 부양을 목적으로 등기 전일지라도 현재 공사중인 아파트를 팔고 살 수 있도록 허용하는 제도이다.

이 제도의 도입으로 이전에는 금지되던 분양받은 주택을 등기 전이라도 분양권 자체의 판매를 허용함에 따라 주택사업자의 분양률 제고는 물론 자금 부족으로 인한 분양 포기 문제를 어느 정도 해결할 수 있게 되었다.

아파트 분양권 전매 내일부터 전면허용

아파트 분양권 전매가 27일부터 전면 허용된다.

건설교통부는 25일 분양주택의 미등기 전매를 허용하는 내용의 주택건설촉진법 시행령을 개정, 27일 관보에 게재하고 당일부터 시행키로 했다고 밝혔다. 이에 따라 수도권지역 아파트의 경우 27일부터 중도금을 2회 이상 납부한 경우 제3자에게 아파트 분양권을 팔 수 있게 된다. 또 수도권 이외 지역에서는 분양계약을 체결한 이후 언제라도 분양권 전매가 가능해진다.

전매허용 요건은 분양받은 계약자가 실직이나 임금삭감－소득 감소－임금체불－자녀진학－질병 치료 등으로 중도금이나 잔금납부가 어렵거나 생계유지, 채무상환 등을 위해 필요한 경우로 제한된다. 건교부는 그러나 『전매허용 요건은 경제적인 어려움을 포괄적으로 지칭한 것으로 사실상 거의 모든 경우에 전매가 허용된다』고 밝혔다.

분양권 전매를 원하는 사람은 전매대상 주택이 소재하는 시－군－구(또는 주택공사)에 27일부터 전매동의 신청을 할 수 있다.

〈이광회 기자〉
조선일보　1998-08-25

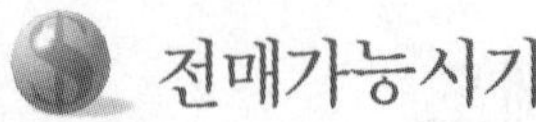 전매가능시기

분양계약 체결 후 즉시 전매가 가능하다.

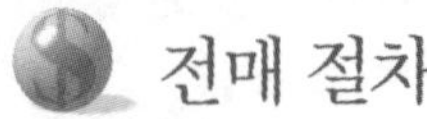 전매 절차

① 주택공급계약서 검인 : 시·군·구청 지적과에 신청
② 사업주체의 주택공급계약서 명의변경 : 분양계약서 이면에 매입자를 기재하거나 권리의무승계계약서 첨부
③ 준공 및 소유권 이전등기

전매관련 세금

① 취득세, 등록세(교육세, 농어촌특별세 포함)는 총분양가를 기준으로 부과되며 실입주자가 납부해야 한다.
② 양도세는 실거래가를 기준으로 발생한 양도소득에 부과된다. 양도차익을 계산할 때 필요한 경비는 보통 기준가액의 3% 정도이다.

 ## 분양권 전매와 미등기 전매

① 분양권 전매는 잔금 지급 전에 양도하는 것을 일컫는 것으로 건설업체가 정한 잔금 납부일이 지났거나 사용검사가 떨어져도 잔금을 납부하지 않은 채 양도하면 분양권 전매에 해당된다.

② 미등기 전매는 잔금 지급 후에 등기가 나지 않은 상태에서 파는 것으로 분양계약 체결 후 계약금, 중도금, 잔금을 모두 납부하고 등기 전에 양도하면 미등기 전매에 해당된다.

③ 분양권 전매와 미분양의 양도세율

구 분	보유기간	과 표	적용세율
분양권 전매	2년 이상	3천만 원 이하	20%
		3천만~6천만 원	30%
		6천만 원 이상	40%
	2년 미만		40%
	미등기 전매자산		65%

※ 미등기 전매는 장기보유특별공제 및 양도소득세 기본 공제혜택 배제

부동산 간접상품

 신탁형 부동산투자신탁

국내 부동산 간접상품의 역사에서 가장 먼저 등장한 것은 신탁형 부동산투자신탁 또는 계약형 부동산투자신탁으로 불리는 금전신탁방식의 부동산투자신탁이다. 이 상품은 신탁업법의 금전신탁 인가를 받아 투자자들로부터 모은 자금을 부동산자산에 운용하고, 운용 결과 얻은 수익의 일정부분은 운용자의 운용수수료로 제하고 나머지는 투자자에게 투자비율에 따라 분배한다.

현재 금전신탁을 취급하는 회사는 은행밖에 없다. 은행들은 그 동안 부동산상품이 갖는 높은 위험성과 부동산사업의 경험부족 때문에 상품개발이 신속하게 이루어지지 않았다.

2000년 7월 24일에 들어서 최초로 국민은행에서 아파트사업에 대출하는 형태(대출형)의 부동산투자신탁 상품을 판매하였고, 2000년도에 총 7개의 펀드가 3개의 은행에 의하여 모집되었다.

이 상품이 투자자들로부터 인기를 얻게 되자 2001년도에 들어와서도 은행들은 이 상품을 계속 판매하였다. 아직까지 신탁기간이 종료된 펀드는 없으나 비교적 성공적인 것으로 평가받고 있다.

 자산유동화증권과 주택저당채권

기업이나 금융기관이 보유하고 있는 채권, 대출채권, 외상매출권금, 할부금 등 부동자산을 표준화하고 특정 조건별로 묶어 이를 바탕으로 증권을 발행하여 일반인에게 매각함으로써 부동자산을 유동화하는 파생상품이다.

자산유동화증권(ABS : Asset Backed Security)은 1970년 미국에서 주택저당채권(MBS : Mortgage Backed Security)을 기초로 MBS(Mortgage Backed Securities)를 발행한 이후 발행규모는 국채 및 일반 회사채와 대등하고, 거래량은 일반 회사채를 크게 앞서고 있다.

우리나라에서도 1998년 6월 자산유동화증권이 도입된 이후 자동차할부금, 리츠채권, 아파트 분양 대금, 부실 채권 등 장래에 수입이 확실시되는 자산을 담보로 발행되고 있다.

자산유동화증권은 기초자산 및 자산보유자의 성격에 따라 기초자산이 주택저당채권인 경우 MBS(Mortgage Backed Security), 채권인 경우 CBO(Collateralized Bond Obligation), 은행의 대출채권인 경우 CLO(Collateralized Loan Obligation), 신용카드대출인 경우

리츠 출범…"불어라 부동산 바람"

| 내년 6조시장 기대
| 리츠회사 속속 설립
| 임대시장 활성화 될듯

올 하반기 부동산시장의 화두는 단연 부동산투자회사(리츠)다. 7월 1일부터 관련 법률이 시행된다.

리츠는 뮤추얼펀드처럼 시중에서 자금을 모아 투자하는 회사다. 투자대상이 주식이 아닌 부동산이라는 점이 다를 뿐이다.

◇리츠=일반 리츠(이하 리츠)와 기업구조조정(CR) 리츠로 나뉜다.

리츠는 투자대상에 제한이 없다. CR리츠는 기업들이 구조조정 과정에서 처분해야 할 부동산을 주로 매입·운용한다.

모두 발기인의 주식인수능력과 신용도, 사업계획 타당성과 건전성, 주식공모계획 적정 여부, 업무수행에 대한 심사를 거쳐 건설교통부가 인가한다. 최저자본금은 500억원.

주식공모 때 리츠는 30%를 일반공모한다. 1인당 주식소유 한도는 10%로 제한된다. CR 리츠는 공모 형식과 1인당 주식소유 한도에 제한이 없다. 다만 총자산의 70% 이상을 구조조정용 부동산에 투자해야 한다. 주주에 대한 배당은 수익의 90% 이상이어야 한다.

◇시장규모·파급효과=시장 규모에 대해서는 전망이 엇갈리지만 내년까지 최소 5조원은 넘을 것으로 추산하고 있다.

건설산업연구원 왕세종 박사는 우리나라 리츠시장이 내년에 5조9000억~6조5000억원 규모에 달했다. 그는 또, 2006년이면 최소 8조4000억원에서 최대 45조4000억원까지 성장할 것으로 전망했다.

파급효과로는 우선 시중 부동산에 대한 매수 여력이 커진다는 점이 꼽힌다. 종목별로는 사무용 빌딩이 초기 시장을 선점할 것으로 보인다. 다른 상품에 비해 비교적 고정적인 임대수익을 거둘 수 있을 뿐더러 규모가 커 대규모 자금을 모아 투자하기에 적합하기 때문이다.

리츠가 가져올 또 다른 효과는 시장의 투명성이다.

부동산은 거래와 가격이 수면에 잘 드러나지 않아 자산시장 중에서도 가장 뒤처진 곳으로 인식돼 온 게 사실이다. 하지만 리츠는 증시에 상장되는 까닭에 부동산 매입과 운용, 매각 과정이 투명하게 공개된다.

◇준비 현황=부동산과 금융이 결합된 상품인 만큼 건설사와 증권사, 보험사 등이 시장을 형성할 것으로 전망된다.

건설업계 중에서는 현대건설이 가장 적극적이다. 지난해 6월 리츠팀을 구성했다. 제동 사옥 등 보유 부동산을 처분하고 리츠회사 설립을 준비중이다.

한국토지신탁과 자산관리공사도 비교적 발빠르게 움직이고 있다. 한국토지신탁은 리츠회사와 함께 부동산투자자문회사 설립도 검토중이다.

자산관리공사는 부동산 담보가 있는 부실채권을 정리하는 데 리츠제도를 이용할 방침이다.

일반 리츠 개념도

- 자산보관기관 (부동산, 현금, 유가증권)
- 위탁 수수료 / 자산보관 서비스
- 투자자: 주주(기관투자가, 개인투자자), 채권자
- 부동산 투자회사: 주주총회, 이사회, 이사·감사, 자산운용전문인력
- 투자자산: 부동산, 부동산관련유가증권, 현금
- 부동산투자자문회사

CARD(Certificates of Amortizing Revolving debts), 자동차할부대출인 경우 auto-loan ABS 등으로 불린다.

자산유동화증권의 발행규모는 비약적으로 증가하여 2000년 중 회사채는 25조 2,875억 원의 순상환을 보인 반면, 자산유동화증권(ABS)은 39조 7,841억 원의 순증가를 기록하여 2000년 말 현재 자산유동화증권은 전체 회사채 발행잔액의 1/3 수준에 이르고 있다.

자산유동화증권의 도입 이전에는 금융기관이 주택자금을 대출해주면서 대출금이 회수될 때까지 저당권을 담보로 확보하고 있었다. 따라서 금융기관의 입장에서는 대출채권이 고정되어 추가적인 주택자금을 지원하기 위해서는 새로운 재원이 마련되어야 했다. 이 때 금융기관이 담보 취득한 채권을 담보로 채권이나 증권을 발행하여 매각하고 이렇게 마련된 재원을 다시 주택자금 대출에 활용하는 제도가 주택저당채권이다. 주택저당채권 제도는 1998년에 우리나라에 도입되었다.

이 제도의 도입으로 주택자금이 활성화되어 주택소비자들은 주택 구입에 필요한 자금을 쉽게 차입할 수 있을 것이다. 따라서 금융기관에는 고정화된 채권을 유동화하여 새로운 자금조달의 수단이 될 수 있으며, 투자자에게는 다양성과 수익성과 안전성을 겸비한 새로운 투자수단이 될 수 있다(주택저당채권은 국채보다는 위험도가 높고, 회사채보다는 위험도가 낮다).

그러나 부동산관련 ABS와 MBS는 기본적으로 담보 자산이 부동산인 채권이다. 따라서 약정된 이자를 수령할 권리가 있을 뿐이다. 즉 채권이 근본자산인 부동산자산의 가치가 상승해도 추가적인 배당이나 이익을 얻을 수는 없다는 점이다.

부동산 투자신탁

리츠(REITs: Real Estate Investment Trusts)는 기본성격이 뮤추얼펀드(투자자로부터 자금을 모아 증권에 투자하고 운용수익을 배분)와 유사하여 '부동산 뮤추얼펀드'라고도 한다. 부동산은 위치, 모양, 용도, 가치가 다르며 그 어디에도 똑같은 물건이 없다. 따라서 부동산 전문가가 아닌 일반인으로서는 부동산 투자에 적합한 대상을 찾기가 어렵고, 찾았다 하여도 그 가치를 제도로 평가하기가 어렵다. 또한 부동산은 단위상품당 가격이 높아 소규모 자본을 가진 일반인으로서는 부동산에 투자한다는 것이 불가능하다. 이러한 부동산 투자상의 어려움을 극복하기 위하여 공모를 통해 일반인들의 자금을 모아 부동산과 관련된 유가증권에 투자하고 그 운용수익을 투자자들에게 배당하는 부동산 간접상품이 리츠이다.

리츠가 도입되기 전에는 부동산이 유망한 재테크 수단이었다 할지라도 부동산 구입에는 많은 자금이 소요되므로 소액투자자들이 부동산을 재테크 수단으로 활용하는 것은 불가능하였다. 그러나 리츠제도를 활용할 경우 소액으로도 부동산 투자가 가능하여 재테크 수단이 다양해진다.

우리나라에서는 2001년 3월 8일 제정된 부동산투자회사법에 따라 2001년 7월 1일부터 부동산투자회사(일반리츠)를 설립할 수 있는 근거가 마련되었다. 그 후 당초에 재정경제부에서 기업구조조정투자회사법을 개정하여 도입하려고 했던 부동산 뮤추얼펀드는 부동산투자회사와의 업무중복 등을 사유로 2001년 4월 26일 부동산투자회사법을 개정하여 이 법에 기업구조조정용 부동산에 전문적으로 투자하는 기업구조조정부동산투자회사(구조조정리츠, 일명 CR-REITs)를 설립할 수 있도록 하는 내용을 담아서 통합 규율하게 되었다.

일반리츠와 구조조정리츠의 차이점은 일반리츠가 일반 부동산에 투자한다면 구조조정리츠는 기업의 구조조정용 부동산에 전문적으로 투자하는 데 있다.

리츠는 자금 모집방법에 따라 다음과 같이 구분된다.

① 회사형 : 뮤추얼펀드와 동일하다. 투자자는 주식을 매입하고 주주로서 회사의 경영권을 갖는다.

② 신탁형 : 회사가 발행한 수익증권을 매입하고 투자 수익을 분배한다.

[부동산 금융상품 비교]

구 분	주택저당채권 (MBS)	은행부동산 **투자신탁**	자산유동화증권 (ABS)	구조조정부동산 펀드(CRV)	부동산투자회사 (REITs)
회사형태	회사 없음	회사 없음	서류회사	서류회사	주식회사
자 본 금	2백50억 원	없음	20억 원	1백억 원 이상	5백억 원 이상
투자대상	부동산	부동산, 부동산 관련 증권	부동산	기업구조조정용 부동산	부동산, 부동산 관련 증권
자산운용	운용회사	은행	자산관리전문 회사 위탁운용	자산관리전문 회사 위탁운용	주총 및 이사회 에서 결정
상 장	임의	안 됨	안 됨	의무화	의무화
배 당	수익증권 표시이자	수익증권 표시이자	수익증권 표시이자	100%	90% 이상
존속기간	제한 없음	5년	채권만기	5년	제한 없음

③ 지분형 : 대부분 토지나 건물 등에 투자하고, 여기서 발생하는 임대료 수입이 주수익원이다.

④ 모기지형 : MBS, ABS 등 부동산 금융상품에 투자하고, 여기서 발생한 이자나 배당이 주수익원이다.

[리츠, 부동산투자신탁, 부동산 증권(ABS, MBS)의 투자비교]

구분	리츠(REITs)	신탁형 부동산투자신탁	부동산 증권(ABS, MBS)
장점	· 높은 배당성향(90%) · 주가차익을 실현할 수 있음 · 부동산전문기관이 운용 · 상장으로 환금성 높음	· 배당수익이 안정적임 · 수익이 약간 증가할 수 있음 · 안정적인 부동산 자산 · 은행이 자금관리	· 확정이자 배당 · 원금손실 가능성이 희박함 · 발행자의 파산위험 없음 · 환금성도 높은 편임
단점	· 보유자산 및 운용회사의 자산운용 능력에 따라 배당수익이 가변적임 · 주가 하락시 매매차익 손실 발생 위험이 있음	· 은행의 부동산 사업관리 능력이 부족함 · 프로젝트 부실시 투자원금 손실 발생 위험이 있음 · 환금성이 낮음	· 부동산가격이 상승할 때에도 추가 배당이나 수익을 기대할 수 없음 · 일반인의 투자기회가 별로 없음
특기사항	· 구조조정리츠는 최저 배당성향. 제한이 없음	· 현재 운용중인 대출형 상품 전제	· 일반인에게 투자기회를 확대할 전망

리츠(부동산투자회사)와 부동산투자신탁의 비교

리츠와 부동산투자신탁은 다수의 투자자들로부터 투자자금을 모아 부동산을 취득, 개발, 관리, 처분하거나 부동산사업에 대출 또는 부동산 관련 증권에 투자하여 수익을 낸 후 이를 투자자에게 분배해주는 간접투자 상품이라는 측면에서 본질적으로 유사하고 경쟁 관계에 있는 상품이라고 할 수 있다. 그러나 현재 은행권에서 판매하고 있는 부동산투자신탁은 직접 부동산을 취득하지 않고 개발사업의 시행자에게 토지매입비나 건설자금을 대출하는 대출형으로만 운용하고 있다는 점에서 리츠와는 다르다고 할 수 있다. 즉 부동산투자신탁은 주로 은행이 건설업체의 개발사업에 대출해주는 형태로 자금을 운용하여 대출이자를 주수입원으로 하지만 리츠는 빌딩·주택·상가 등을 매입하고 관리하면서 발생하는 임대료가 주수입원이다.

또한 리츠는 계속기업인 회사의 주식을 사는 것이다. 주식은 본래 환매를 해주지 않는다. 이 주식을 보유하면 회사의 영업성과에 따라서 매년 일정한 배당을 받게 되고, 주가가 오르면 증권시장에서 매각하여 차익을 얻을 수 있으며, 투자원금은 증권시장에서 주식을 매각하여 회수하여야 한다. 회사가 투자하는 여러 종류의 부동산사업의 수익은 서로 혼합되어 구분되지 않는다. 전체적인 주식시장의 분위기에 영향을 받아 이 회사의 주가는 회사의 모든 부동산자산가치를 충분히 반영하지 못할 수도 있다.

리츠제도의 장·단점

▶ 장 점

① 일반주식에 비해 안정성이 높고 위험성이 적으며, 수익성이 높다. 또한 일반주식의 가격등락폭에 비해 폭이 좁다.

자산가치 외에 수익가치를 창출하여 고부가가치를 창출할 수 있다.

② 이중과세를 회피할 수 있다. 일반법인의 경우는 우선 법인에 법인세가 부과되고, 배당을 받은 주주에게 소득세가 부과되지만 투자자가 리츠 자산을 직접 보유하고 있는 것과 동일한 효과가 있다.

③ 유동성을 갖게 한다. 부동산은 부동성을 가지며 규모가 크고 고가다. 안전성, 수익성은 있지만 환금성이 떨어진다. 부동산을 증권화하여 시장을 통해서 유통시킨다.

④ 자본시장을 통한 새로운 자금조달의 수단이 된다. 개인투자자는 물론 각종 펀드나 보험회사 등 기관투자자들로부터 조달된 자금을 부동산개발을 포함한 투자에 활용할 수 있다. 이로 인하여 실물시장과 자본시장이 결합한다.

⑤ 자금집중기능이 있다. 소액투자자의 자금을 모아서 개인으로서는 불가능한 거액의 부동산에 투자할 수 있는 기회를 준다.

⑥ 부동산 전문가를 활용할 수 있는 기회가 많아진다. 리츠는 전통적으로는 수동성의 원칙이 있어서 전문적인 부동산관리의 노하우를 가진 전문가를 활용하여 부동산수익성을 극대화시키기 위한 최고의 유효활용을 할 수 있다.

⑦ 최적의 투자 포트폴리오를 구성할 수 있다. 한 개의 리츠가 지역별로, 부동산유형별로 부동산에 분산투자를 할 수 있다.

◐ 단 점

① 부채의존도가 높아진다. 리츠는 순소득의 90%(미국은 2000년까지 95%) 이상을 투자자에게 배당하여야 하기 때문에 내부유보를 하지 않아서 재조달의 원천으로서는 자본금의 증자 및 부채에 의존하게 된다.

주식시장이 침체된 경우에는 부채에 의존하는 비중이 높아지고 금융리스크가 생긴다.

② 투기에 따른 우려다. 법인세 면제 등의 투자유인 조건 때문에 과거에 비해 현저히 진정되고 있는 부동산투기가 재연되지 않을까 하는 우려가 있다. 이것이 사회정책상 형평성을 깨뜨릴 우려가 있다.

디지털 경제

디지털혁명

21세기의 화두는 '디지털 경제'와 '환경'이다.

우리는 지금 '디지털혁명'이라고 부르는 변화의 시대를 살고 있다.

인류는 유사 이래 이미 두 번의 혁명을 겪었고, 지금 세 번째 혁명이 진행중이다.

첫 번째 혁명은 농업혁명으로 B.C. 7000년경에 시작되어 약 5000년 동안 진행되었다.

두 번째 혁명은 1760년경에 시작된 산업혁명으로 약 200년간 진행되었으며, 일부 후진국에서는 지금도 진행중이라고 볼 수 있다.

세 번째 혁명은 지금 진행중인 디지털혁명이다.

그러나 디지털 경제의 도래는 단순한 경제패러다임의 변화로 끝나는 것이 아니라 사회전체의 패러다임을 바꾸고 있다.

네트워크화의 진전에 따른 수직적 사회의 수평적 사회로의 전환, 사회의 사이버화, 빈부의 격차 심화, 유능성의 개념 변화, 즉각적이고 감성적인 선택의 요구로 문화적 요소의 중요성이 부각되는 등 사회 전반에 걸쳐서 다양한 변화가 나타나고 있다.

그러나 지금까지의 변화는 단지 시작에 불과하다. 앞으로는 정보통신기술의 발달에 따라 변화의 속도가 예측할 수 없을 정도로 매우 빠르게 나타날 것이다.

특히 우리나라의 경우 IMF위기 이후 산업구조의 재편과정에서 나타난 경제성장의 한계와 실업 문제의 해결 방안으로 신경제 또는 디지털 경제가 새로운 경제 패러다임으로 자리를 잡아가고 있다.

◐ 디지털혁명이란

이전 사회의 주요 정보전달 수단이었던 아날로그기술은 자연상태의 신호나 현상을 연속적인 물리량 그 자체로 표시하여 가공, 처리, 저장 및 전송하는 기술이다.

그러나 디지털기술은 부가가치의 중요한 원천인 정보와 지식을 컴퓨터로 처리할 수 있는 0과 1이라는 신호체계로 변환하여 네트워크망을 통해 전달하는 기술이다.

디지털기술은 반복하여 사용하고 복사하여도 원래의 자연신호를 그대로 유지할 수 있는 무한 반복성을 띠며 데이터의 복구가 용이하고 사용자의 필요에 따라 자연신호에 가공이 쉽고 다양한 형태로 변환이 가능하다.

또한 쌍방향성이 중요한 특징이다.

[디지털기술과 아날로그기술의 차이점]

	장 점	단 점
디지털 기　술	• 정보왜곡의 가능성이 낮다. • 무한재생이 가능하다. • 정보조작 및 변형이 쉽다. • 다채널화(쌍방향, 다중정보)	• 정보량이 지나치게 많다. • 기기가 복잡하다.
아날로그 기　술	• 기기가 단순하다.	• 정보왜곡의 가능성이 높다. • 반복 재생시 질이 떨어진다. • 단방향성

디지털화, 네트워크화, 정보화, 지식화 등은 논의의 중심을 어디에 두느냐의 차이일 뿐 같은 의미의 단어이다.

따라서 디지털혁명은 이러한 디지털기술의 발달이 가져온 생산성 증가와 생산양식의 변화 등 경제 분야는 물론 정치, 사회, 문화에 이르기까지 사회 전체적인 패러다임의 변화라고 할 수 있다.

디지털혁명은 누구도 예측할 수 없는 빠른 속도로 사회를 바꾸어가고 있다. 농업혁명은 5000년 동안, 그리고 물질 문명의 풍요를 가져다준 산업혁명은 200년 동안 진행되었다. 그러나 디지털혁명이 전 세계로 확산되는 데는 30년 정도밖에 안 걸릴 것으로 예상되고 있다.

디지털혁명이 얼마나 빨리 진행되고 있는가는 인터넷의 보급속도와 전자상거래의 증가속도를 살펴보면 잘 알 수 있다.

전 세계적으로 5천만 명이 사용하기까지 걸린 시간을 보면 라디오는 38년, TV는 13년, PC는 16년이었지만 인터넷은 불과 4년

이었다.

　이러한 변화 속도에 대하여 인텔의 공동창업자인 무어는 "반도체 가격은 18개월마다 반으로 하락하여 같은 값이라면 컴퓨터 능력은 2배씩 증가하여 5년이면 10배, 10년이면 100배가 증가하게 될 것이다"고 하였다.

　우리는 이를 '무어의 법칙'이라고 한다.

[인류사의 3대 혁명]

구 분	농업혁명	산업혁명	디지털혁명
진행시기	B.C. 7000년경	1760년대	1990년대
진행기간	5000년	200년	30년
혁명요인	원시도구	기계엔진	디지털 기술
변화속도	정체	점진적	광속
변화주도	물리력	경제력	지식과 정보
주도세력	군대	기업	지식근로자, 신지식인
통제구조	혈연과 지연에 의한 가부장제	관료적 중앙집권제	수평적 전문가 집단

　2000년 말 현재 인터넷 이용자 수는 전 세계적으로는 1억 9천 5백만 명으로 연 평균 33.8%의 증가세를 보이고 있다.

[인터넷 이용자 증가추이]

(단위 : 1천 명)

구 분	1995년	1997년	1998년	2000년	연평균 증가율
한 국	386	1,250	-	4,200	-
미 국	26,522	48,707	58,070	75,721	23.3
유 럽	12,562	27,327	36,744	61,322	37.3
일 본	1,776	5,105	7,555	11,768	46.0
전 세계	45,440	95,754	125,332	195,209	33.8

〈자료 : 외교통상부 '전자상거래 관련 국제 논의 동향'〉

이러한 인터넷 인구의 증가는 멀티미디어 및 정보통신기술의 발달 추세를 감안할 때 향후 10년 이내에 10억 명 이상에 이를 것으로 예상된다.

우리나라의 인터넷 이용자도 2000년 말 현재 4백20만 명으로 전 국민의 10% 정도가 인터넷을 사용하고 있다고 볼 수 있다.

이 숫자는 전문가들의 예측을 크게 벗어난 놀라운 증가속도이며, 이러한 증가추세라면 2002년에는 3천만 명 이상이 인터넷을 이용하게 될 것이다.

한편 인터넷 팽창지수는 100일마다 2배씩 증가하고 있어 10년 안에 10억 배가 증가하게 될 것이다(인터넷 팽창지수 = 인터넷 사용인구 × 실제 사용시간).

이러한 인터넷의 놀라운 보급에 대하여 레스트 더로우라는 미국의 경제학자는 "돈도 권력도 인터넷에서 나온다"라고 말했다.

정보통신부와 한국인터넷정보센터의 조사 발표에 의하면 인터넷 인구는 1999년에 568만 명이었으나 2000년 말에는 전 인구의 40.3%인 1,904만 명이라고 하였다.

이처럼 인터넷 사용인구의 통계가 조사 기관별로 차이가 나는 이유는 인터넷을 사용하는 사람들의 이용 수준의 기준점을 어느 정도로 놓고 인터넷인구로 분류할 것인가에 따라서, 기준에 따라서 조사기관에 따라서 인터넷인구의 크기가 다르게 발표되고 있기 때문이다. 따라서 통계의 일관성을 위해서는 어디까지를 인터넷인구로 규정할 것인가에 대한 정의가 필요한 실정이다.

디지털 경제의 신법칙과 신경제

앞에서 살펴본 바와 같이 디지털혁명은 누구도 상상할 수 없을 만큼 빠른 속도로 사회를 바꾸어가고 있다. 디지털 사회에서는 산업사회를 지배하던 법칙과는 다른 법칙들이 적용되고 있다.

디지털 경제를 지배하는 몇 가지 새로운 법칙을 소개하면 아래와 같다.

[디지털 경제의 신법칙]

무어의 법칙	마이크로프로세서의 트랜지스터 수가 18개월마다 두 배씩 증가한다.
길더의 법칙	광섬유의 대역폭이 12개월마다 세 배씩 증가한다.
메칼프의 법칙	네트워크의 가치는 사용자의 제곱에 비례한다.
코즈의 법칙	거래비용의 감소로 기업조직의 규모가 축소된다.

한국 '신경제' 국가경쟁력 29위로 밀려

테크놀로지 등 '신경제'를 고려한 올해 우리나라 국가 경쟁력이 지난해에 비해 오히려 후퇴한 것으로 나타나 충격을 주고 있다.

최근 발표된 스위스 제네바에 본부를 둔 세계경제포럼(WEF) '국가경쟁력보고서'에 따르면 올해 우리나라 국가 경쟁력은 지난해 22위에서 29위로 7단계나 밀린 것으로 나타났다.

이에 대해 WEF는 "한국의 경제가 급속도로 회복되고 있으나 테크놀로지,기술혁신,벤처캐피털 등 이른바 '신경제'를 반영한 국가 경쟁력은 뒤처지는 조짐이 있다"고 밝혔다.

국가경쟁력 1위에는 현재 사상 최장기 호황을 구가하는 미국이 차지했으며 2위는 싱가포르, 3위 룩셈부르크,4위 네덜란드, 5위 아일랜드 등이 뒤를 이었다.

이밖에도 핀란드(6위), 캐나다(7위), 영국(9위), 스위스(10위) 등이 10위 안에 포함돼 싱가포르와 홍콩(8위)을 제외하곤 구미 국가가 모두 상위권을 차지했다.

이번 보고서에선 비단 우리나라뿐 아니라 아시아 국가들의 경쟁력이 지난해에 비해 전반적으로 후퇴했다.

지난해 1위를 차지했던 싱가포르는 올해 2위로 밀렸으며 3위였던 홍콩은 8위로, 대만은 4위에서 11위로, 일본은 14위에서 21로,중국은 32위에서 41위로 떨어졌다.

이번 국가경쟁력 보고서는 WEF의 의뢰로 경쟁력 분야 세계적 전문 가인 마이클 포터와 제프리 삭스 등 미 하버드대 교수가 작성했다.

특히 이번 보고서의 특징은 여타 국가 경쟁력 조사와는 달리 '신경제'란 요인에 높은 가중치를 부여해 작성됐다는 점이다.

이 때문에 비록 우리나라를 비롯한 아시아 국가들의 경제성장률(GDP)수치가 높음에도 불구하고 '신경제'의 발전 속도가 구미국가에 비해 떨어져 순위가 뒤로 밀렸다고 WEF는 밝혔다.

WEF의 피터 코르넬리우스 이사는 "아시아 경제의 경쟁력 순위가 뒤처진 것은 이 지역 '신경제'가 전자 장비 수출에선 대단히 우수하지만 여타 분야에선 한참 떨어지기 때문"이라고 말했다.

매일경제 2000-09-08

그러나 실제 속도는 이보다 더 빠르게 진행되고 있다.

단적인 예로 하드디스크의 능력이 9개월마다 두 배씩 증가하고 있지 않는가.

① 디지털 경제의 첫 번째 특징은 수확체감의 법칙이 아닌 수확체증의 법칙이 성립된다는 것이다. 이미 알고 있는 것처럼 수확체감의 법칙은 생산량이 일정 규모를 초과하면 단위당 생산비가 증가하게 되는 현상을 말한다.

그러나 수확체증의 법칙이란 생산량이 늘어날수록 생산비가 줄어드는 현상이다. 하지만 모든 제품에서 수확체증의 법칙이 성립하는 것이 아니라 일부 디지털산업에 국한되고 있다.

디지털 경제의 두 번째 특징은 소비자 주권의 확립이다.

아날로그 시대에는 상품의 차별성(product differentiation) 등의 이유로 공급자들이 국지적(local) 또는 전역적(global)으로 어느 정도의 독점력을 보유할 수 있었다. 그러나 디지털 시대에는 소비자 간에 활발한 정보 교류로 인해 공급자가 보유한 정보를 대부분 파악할 수 있고, 네트워크의 특성을 이용한 수요자들의 단합으로 일종의 수요독점(monopsony)을 형성하여 수요자 중심의 사회로 전환할 수 있다는 것이다. 최근 인터넷상에서 시도되고 있는 역경매가 대표적이라고 할 수 있다.

이러한 수요자 중심 사회로의 전환은 이전의 단순화 · 표준화에 의한 대량 생산체제로부터 다품종 소량 생산체제로의 전환을 가져오게 될 것이다.

디지털 경제의 세 번째 특징은 정보의 공개로 인한 가격 인하와 이로 인한 소비의 증가이다.

우리가 가장 이상적인 자원분배 시스템으로 들고 있는 자유시장경제체제가 자원배분의 효율성을 확보하기 위해서는 '완전정보'라는 조건이 충족되어야 한다. 그러나 아날로그 시대에는 소비자와 생산자 사이는 물론 생산자 사이에도 정보의 비대칭이 존재하고 있다. 우리가 가상하고 있는 완전경쟁시장은 시장의 효율성을 논하기 위한 가설에 불과하였다.

그러나 디지털화로 인한 정보 통제의 불가능성과 신속한 확산으로 정보의 차이에 의한 시장의 비효율은 점점 제거되어갈 것이다. 즉 파레토 최적이라고 부르는 자원의 최적 배분을 향하여 나아갈 것이다.

전자상거래 확산

　전자상거래란 인터넷, 전용선, PC통신망, CATV망 등의 통신 네트워크를 통하여 이루어지는 기업간(B to B) 또는 기업과 소비자간(B to C)의 상거래 활동을 통칭하는 의미이다.

　그러나 전자상거래라 하면 인터넷을 떠올릴 만큼 인터넷을 통한 전자상거래가 널리 활용되고 있으며, 인터넷 인구의 확산과 함께 전자상거래 역시 급증하고 있다.

　현재 일반인들이 전자상거래를 꺼리는 가장 큰 이유는 가상 공간에서는 자신이 원하는 상품을 직접 체험할 수 없다는 것 때문이다. 따라서 이러한 직접 체험이 필요 없는 서적과 주식거래, 컴퓨터 프로그램 등이 주로 거래되고 있다. 그러나 정보통신기술의 발달에 따라 음성과 화상 등을 통하여 불특정다수의 일반소비자들을 대상으로 한 상거래 활동이 용이해졌고, 소비자 역시 상품에 관한 정확하고도 자세한 정보의 수집이 가능해졌고 머지않아 어떠한 상품이든 사이버 공간에서 직접 체험하는 것이 가능해질 것

정통부, 전자정부. 전자상거래 활성화대책 수립

정보통신부는 12일 김대중(金大中)대통령이 연두기자회견에서 전자 정부를 실현하고 정부와 공기업, 민간부문이 전자상거래를 상시 실시토록 하겠다고 밝힘에 따라 이를 뒷받침하기 위한 후속대책을 마련키로 했다.

정통부는 오는 2월 청와대에서 열릴 예정인 정보화전략회의에 앞서 전자 정부구현을 위한 구체적 실천계획을 마련키로 하고 각종 전자상거래 관련 지원사업을 총괄할 전자거래기반팀(팀장 유수근 서기관)을 정보화기획실 산하에 구성했다.

정통부는 특히 전자상거래의 조속한 활성화를 위해서는 민간부문으로 파급효과가 큰 공공부문의 선도적 역할이 필요하다고 보고 정부조달 업무 전반의 전자화를본격 추진, 조달문서 전자처리 비율을 80% 이상으로 높이고 전자조달 참여기관을 2만7천여개 모든 수요기관으로 확대할 계획이다. 아울러 한전, 한통 등 26개 정부투자 및 출자기관 전자조달의 조속한 가속화를위해 공기업 경영평가 등을 통해 금년중 전자조달 평균비율을 50% 수준으로 제고하고 이를 다른 공기업으로 단계적으로 확대해 나가기로 했다.

또한 국방 전자거래 체계를 완성할 수 있도록 시범운영중인 국방분야 조달EDI(전자문서교환) 시스템을 연내 시행하고 2005년 완료목표인 건설분야 조달EDI 시스템구축도 사업기간을 단축, 오는 2003년부터 시행키로 했다.

정통부는 동시에 기술수요가 크고 개별 기업에서 개발하기 어려운 핵심기술과차세대 전자상거래 기술개발을 위해 한국전자통신연구원(ETRI)을 중심으로 산.학.연공동 연구체계를 구축, XML-EDI기술과 개방형 전자화폐, 바이러스 방지기술 등 관련기술을 개발, 민간업체에 이전토록 내년까지 총643억원의 자금을 지원키로 했다.

정통부는 이와함께 산자부와 긴밀히 협의, 산업부문 전자상거래 사업, 공공부문조달EDI, 건설.국방분야 조달EDI 등의 표준화를 완성할 방침이다.

정통부 관계자는 "현재 우정사업본부를 중심으로 기업용 소모품(MRO) 등의 전자구매를 실시하고 있으나 앞으로 이를 각 부처로 확대하기 위해 조달청과 협의중"이라며 "그의 액수가 큰 국방 및 건설분야도 전자상거래를 통해 구매토록 할 계획"이라고 말했다.

매일경제 2001-01-12

이다.

이처럼 전자상거래 환경이 개선됨에 따라 전자상거래의 분야가 기업영업의 보조적인 역할과 제한적인 쇼핑몰에서의 광고, 정보서비스(경제정보, 주가정보, 뉴스 등), 온라인서적 출판, 게임, 음악, 방송 등 사회의 모든 분야로 영역이 점점 확대되어 인터넷을 통한 전자상거래의 규모는 급속히 증가하고 있다. 이미 증권거래는 사이버 거래가 50%를 넘어섰다.

국내의 전자상거래 규모 역시 급증하여 2000년에는 17조 원에 달하였으며 2005년에는 10배 이상 증가한 1백87조 원에 이를 것으로 예측되었다.

[세계 전자상거래 시장규모 전망]

(단위 :1억 달러)

예측기관 \ 연도	2000	2001	2002	2003	2004
Gartner Group	4,030	9,530	21,800	39,500	73,000
Jupiter Research	3,360	-	-	-	63,000
Boston Consulting Group	-	-	-	28,000	-
Forester Research	-	6,570	-	-	67,898
Active Media Research	1,319	2,829	5,327	-	-
IDC	1,895	3,489	6,429	11,561	-
인민일보	-	-	-	30,000	-

〈자료 : (주)이비즈그룹 '국내 산업별 전자상거래 시장규모 전망 : 2000~2005년'〉

[우리나라의 전자상거래 시장규모]

(단위 : %, 억 원)

구분 \ 연도	1999	2000	2001	2002	2003	2004	2005
전자상거래 규 모	91,949	174,167	293,414	485,602	787,306	1,239,655	1,876,856
전자상거래 비 율	0.8	1,7	3.2	4.6	6.4	9.0	11.7

〈자료 : 산업자원부 전자거래진흥원 '전자상거래 관련 기초통계조사 결과'
(주)이비즈그룹 '국내 산업별 전자상거래 시장규모 전망 : 2000~2005년'〉

그러나 이전의 어떠한 예측도 전자상거래의 규모 확산에 근접하지 못하였다. 즉 어떠한 기관의 예측보다도 빠른 속도로 전자상거래는 증가하고 있다.

따라서 위의 표에 나타난 예측이 말 그대로 예측에 불과할 것인지는 단정할 수 없다.

아무튼 이처럼 급속한 전자상거래의 확산은 생산자와 소비자간 직거래의 활성화로 거래비용(transaction cost)이 크게 감소하게 될 것이며, 동시에 업체간 경쟁이 격화되어 기업들의 효율성 추구노력이 증대될 것이다.

각 기업들의 효율성 추구노력은 결과적으로 경제 전체적으로 자원이용의 효율성을 증대시킬 것이다.

※ 브리태니커 백과사전의 경우 서적형태는 1천6백 달러에 판매되지만 마이크로소프트의 CD버전은 90달러에 판매되고 있다.

사회적 패러다임의 변화

디지털혁명은 정보처리능력을 획기적으로 증대시키고 네트워크화를 진전시키면서 경제 패러다임뿐만 아니라 사회 전체적인 삶의 패러다임에 근본적인 변화를 가져오게 될 것이다.

수직적 사회에서 수평적 정보사회로 변화

아날로그 사회에서는 단선적인 관계를 뛰어 넘을 수 있는 개념이 존재하지 못했다. 그러나 연결 고리의 공간화·다양화가 특성인 디지털 사회에서는 단선적인 아날로그 시대의 연결 고리들이 평면을 뛰어 넘어 공간이동이라는 개념으로 확장되고 있다.

인터넷이라는 정보전달체계도 단선적인 연결 고리들을 수많은 연결 고리들로 확장시키려는 군사적 목적에서 탄생한 것〔1960년대 미국 국방성의 ARPA(Advanced Research Projects Agency)가 핵전쟁으로 인한 미국 내 통신망의 붕괴를 막기 위해 통신 연결 고리들의 다양화를 실험하던 중 인터넷이 탄생하였다)이다.

그 결과 우리는 인터넷이라는 정보전달체계를 통하여 시공을 초월하여 필요한 정보에 손쉽고 빠르게 접근할 수 있다. 디지털 기술은 수없이 많은 정보를 순식간에 전달하며, 수없이 많은 연결 고리를 아무런 제한 없이 창조할 수 있어 누구도 이러한 정보의 이용을 통제할 수 없는 사회로 바뀌었다.

예를 들면, 16대 총선에서 불법이라는 선관위의 경고에도 불구하고 계속되는 총선연대의 낙선 운동은 엄청난 반향을 불러왔으며, 'O양의 비디오' 역시 불법임에도 불구하고 인터넷을 통한 급속 확산은 막을 수가 없었다. 최근의 '백양 비디오 사건'은 이러한 인터넷의 통제 불가능성을 이용하여 돈벌이 수단으로 이용한 좋은 예라 할 수 있다.

이는 단지 정치 · 사회적인 정보뿐만 아니라 기업의 정보 역시 통제 불가능하다.

이전의 수직적 사회에서는 최고 경영자가 기업에 관한 모든 정보(생산 판매, 인력, 기획 등)를 장악하고 있었다. 또한 동일 부서 내에서는 상급자일수록 많은 정보를 소유하고 있었고 정보의 공유란 상상도 할 수 없었다. 나만의 'Know-How'로 표시되는 정보의 독점이 출세의 지름길이자 생존 전략이었다.

그러나 이제 정보의 독점시대는 지나갔다. 그들이 독점하고 있는 정보는 누구나 인터넷이라는 정보의 바다를 헤엄치다보면 얼마든지 찾을 수 있다. 따라서 이제는 기업에 필요한 정보를 직위나 근무 경력, 해당 업무와는 상관 없이 정보 수집 능력(인터넷 사용능력)에 따라 결정되는 것이다.

이 때 가장 중요한 능력은 수없이 쏟아져 나오는 정보의 홍수 속에서 자신에게 필요한 정보를 선택하는 능력이다.

이러한 사회의 변화는 IMF 이후 경제구조조정과정에서 정보화 이전 세대인 40~50대 위주의 실업률 증가와도 결코 무관치 않을 것이다.

또한 네트워크화의 진전으로 정보의 공개는 혈연, 지연, 학연으로 대표되는 수직적 사회에 근본적인 변화를 가져오게 될 것이다.

 ## 네트워크 사회화

디지털 시대는 모든 개인이나 조직, 사회가 네트워크로 연결된 네트워크 사회이다. 디지털 사회를 네트워크 사회라 부를 만큼 내트워크화는 중요한 요소이다. 왜냐하면 정보 통신기술의 발전과 인터넷의 확산이 네트워크 구축을 촉진시키고 있기 때문이기도 하다. 한편 네트워크로부터의 일탈은 사회의 무능력자 또는 패배자라고 할 수도 있다.

네트워크 사회에서 가장 중요한 요소는 두 가지인데, 네트워크 구성의 일부분을 담당할 수 있는 능력이 첫 번째 요소이다.

네트워크 사회에서는 생존을 위한 사회구조로 프로들 사이의 수평적 구조인 애드호크러시(Adhocracy)가 사회의 리더가 될 것이다.

이러한 변화는 우리나라에서도 나타나고 있는데 실질적으로 운영되지 않고 있다는 개방형 공직임용제 같은 것이 대표적인 권력의 분산, 전문가 집단에로의 권력 이동이다.

따라서 네트워크에 편입되기 위해서는 이질적 전문가 집단으로 구성된 수평적 애드호크러시의 기능의 일부를 담당할 수 있어야 할 것이다.

그러면 누가 애드호크러시의 기능의 일부를 담당하게 될 것인가.

네트워크 사회에서는 개인에 관한 정보가 공개되어 있고, 필요한 분야의 인력이 어디에 있는지 쉽게 찾을 수 있다.

따라서 네트워크 사회의 일원이 되기 위해서는 그 조직에 필요한 기능의 일부분을 담당할 수 있는 능력이 있어야 한다.

오늘날 실업자는 많아도 정작 필요한 인력이 없다는 말에서 이를 실감할 수 있다. 즉 네트워크 일원으로서 기능의 일부를 수행할 수 있는 능력 있는 인재가 없음을 단적으로 잘 나타내주고 있다. 물론 지금이 사회적 과도기라고 할 수도 있을 것이다. 그러나 정부의 실업자 대책과 교육정책을 전환해야 함을 알려주는 징표라 할 수 있다.

두 번째 요소는 구성원간의 신뢰이다.

일단 네트워크의 일원으로서 기능의 일부를 수행할 수 있는 능력의 소유자를 중심으로 네트워크가 형성된다. 따라서 능력은 네트워크사회의 1차적 요소이다. 그러나 수많은 네트워크가 그물처럼 얽혀 있는 디지털 시대의 특성상 한 주체의 일탈행위는 승수작용을 거치며 사회 전반에 막대한 피해를 초래하게 된다. 예를 들면, 우리에게 수많은 정보를 제공해주는 인터넷 홈페이지의 구축은 일개인의 능력으로 처리되는 것이 아니다. 각 분야의 전문가들이 모여서 기획에서부터 완성에 이르기까지 각자의 작업을 완성하고 수많은 회의를 거쳐 하나의 홈페이지로 가상 공간에 얼굴을 내밀게 되는 것이다. 그런데 그 중 한 사람이 약속을 어기고 약속된 시간 내에 주어진 일을 처리하지 못한다면 시간 내에 홈페이지를 완성하는 것은 불가능해지고 결과적으로 위약금을 물어야 한다.

그렇다면 차후에 같은 일을 다시 하게 되었을 때 또다시 그를 네트워크 구성원으로 인정할까? 아니다. 그렇다면 다른 네트워크에 참여할 수 있을까? 그렇지 않다. 디지털 사회에서는 개인에 관한 정보 확산이 동시성을 띠기 때문에 신뢰도가 떨어진 사람은 더 이상 네트워크 구성원이 될 수 없다.

물론 이전의 사회에서도 신뢰는 필요하였다.

그러나 물리적 접촉을 통하여 얼마든지 회복할 수 있는 기회가 주어졌다.

그리고 혈연, 지연, 학연 등으로 맺어진 사회 구조의 특성 및 기업 내부 정보의 제한성으로 어느 정도의 일탈은 문제가 되지 않았다.

하지만 더 중요한 것은 기업에 관한 정보의 미공개와 지금보다 덜 치열한 기업간 경쟁으로 경영자의 입장에서도 받아들일 수 있는 여유가 있었다.

그러나 지금은 그렇지 않다.

금융시장에서도 기업의 투명성이라는 이유로 기업에 관한 정보 공개를 요구하고 있다. 우리나라 기업들의 회계상의 불투명성은 세계 금융기관들의 의심을 받고 있다. 정부 발표에 의하면 굴지의 기업이었던 대우는 1백 조의 분식결산을 한 것으로 밝혀졌다. 그러나 이제는 정보의 통제 및 정보의 조작은 불가능하다.

롯데그룹 부회장의 아들이 술에 취한 상태에서 경찰관을 치고 달아난 사건이 있었다. 이전처럼 정보 통제가 가능한 사회였다면 이 사건은 그렇게 큰 문제는 아니었을 것이다. 그러나 롯데그룹에서는 개인보다는 기업을 우선시하여 사회적인 지탄을 피하기 위하여 변호사도 선임하지 않은 채 재판에 임하도록 하였다.

이것이 바로 디지털 사회의 변화된 모습이다.

디지털 시대는 신뢰와 능력 두 가지를 동시에 필요로 하는 사회이다.

아날로그 시대에는 능력 또는 신뢰 하나만으로도 사회 구성원으로서 활동할 수 있었다. 그러나 디지털 시대에는 네트워크 구성원이 되기 위한 프로의 능력과 네트워크 유지를 위한 신뢰 이 두 가지 요소가 동시에 요구되고 있다.

 빈부의 격차 심화

사회의 디지털화는 사회전체를 효율적으로 변모시키고 생산성을 높임으로써 더 많은 시간적 여유를 제공하게 될 것이다. 그렇다고 디지털화가 좋은 점만 있는 것은 아니다. 사회의 디지털화는 빈부 격차를 심화시키고, 빈부의 세습 가능성이 가장 큰 문제점으로 지적되고 있다.

다시 말해서 디지털 격차가 소득 격차로 이어지고, 이러한 소득 격차는 다시 디지털 격차로 이어지는 순환관계를 형성하여 과거의 신분에 의한 세습과 경제력에 의한 세습이 디지털화의 세습으로 이어지고 이것이 빈부의 세습으로 이어지게 된다는 것이다. 디지털 격차는 협의적으로는 개인간 정보획득 기회와 정보 이용 능력의 차이로 발생하는 정보격차를 의미한다.

디지털 사회는 정보가 중요한 생산요소이다. 따라서 노동시장은 정보집약적 시장과 정보비집약적 시장으로 구분될 것이다.

정보집약적 시장은 고지식과 정보수요 증대로 임금이 상승하는 반면 정보비집약적 시장은 저지식 산업으로 생산성이 낮아 임금이 하락하게 될 것이며 결국은 근로자간 임금 격차가 확대되게 될 것이다.

정보격차는 생산능력의 차이로 연결되고, 생산능력의 차이는 소득격차로 이어지게 된다. 따라서 정보의 소유수준에 따라 소득분배가 크게 달라지는 구조, 즉 정보부자와 정보빈자 사이에 소득격차가 심화되어 '쌍봉형' 소득구조를 갖게 될 것이다.

정보격차로 인한 소득격차는 현 세대만의 문제가 아닌 빈부의 세습을 낳게 된다. 디지털 격차는 인적자본 투자에 영향을 주면서 디지털 격차를 심화시키고 디지털 격차는 다시 소득구조를 심화시키는 순환과정을 거치게 될 것이다. 이러한 사회 구조는 결국 빈자와 부자의 정보화 투자의 격차로 이어져 부의 세습화를 가져오게 될 것이다.

그러나 변화의 시대를 살고 있는 우리는 디지털 사회에 얼마나 신속히 그리고 적절히 대응하느냐에 따라 빈자가 될 수도 있고 부자가 될 수도 있는 기회와 위험을 동시에 지니고 있다.

특히 우리나라의 경우 IMF 극복 과정에서 나타난 중산층의 붕괴는 우리 사회를 소수의 부자와 다수의 빈자로 양분화시킴으로써 종국적으로는 사회 붕괴라는 위험요소를 안고 가야 할 지도 모른다. 따라서 정부에서도 이러한 위험을 사전에 인지하고 정보 격차를 해소시키려고 노력하고 있지만 당장에 먹고 사는 게 급한 서민들에게 정보화 교육은 먼 훗날의 일일지도 모른다.

따라서 다른 형태의 정보화 격차 해소 노력이 요구되고 있다.

사이버 파워 확산

　네트워크의 완성으로 사이버공간에서의 행동 비중이 급격히 증가하게 될 것이다. 정치, 경제, 사회 등 많은 부분이 온라인상의 사이버 공간으로 이동하게 될 것이다. 정부의 모든 부서에서 인터넷 홈페이지의 개설은 물론 인터넷을 통하여 각종 정보의 제공 및 민원을 처리하는 사이버 정부로의 이행이 활발히 진행되고 있다.

　그뿐만 아니라 홈페이지를 운영하지 않는 국회의원은 한 명도 없다. 2001년에는 사이버 대학도 개강하였고 전자상거래를 통한 사이버거래도 폭증하고 있다. 이처럼 사회 전반에 걸쳐 사이버화가 급속히 진행되고 있다.

　이러한 사이버화의 가장 큰 특징은 과거의 공급자 주도 시장에서 소비자 주도 시장으로의 전환이다.

　디지털 사회로의 진전은 대리인 문제로 인한 정치 불신을 해소하고 직접민주주의의 실현을 가능하게 할 것이다.

　직접민주주의는 구성원의 의사를 가장 정확하게 반영할 수 있는 이상적 민주주의이다. 그러나 직접민주주의를 실행하기에는 많은 비용이 소요되어 비효율적이다. 그래서 간접민주주의가 탄생하게 된 것이다. 하지만 대의정치로 불리는 간접민주주의는 대리인 문제(agent problum)로 정치 불신을 낳았고 마침내 구성원들의 정치 무관심을 가져오고 말았다.

이전의 사회에서는 직접민주주의로의 회귀는 상상할 수조차 없는 일이었다. 그러나 디지털 사회로의 진전은 직접민주주의로의 회귀를 가능하게 만들고 있다. 고도로 발달된 정보통신기술을 활용한 컴퓨터와 통신망을 통해 개인의 의견이 모두 반영될 수 있고, 일반 대중의 정치 참여 가능성을 높이는 전자민주주의는 직접민주주의를 가능하게 하는 원동력으로 등장하였다.

원격민주주의(tele-democracy), 모뎀민주주의(modem-democracy), 인터넷정치, 인터넷 모의 국회, 포스닥 등은 정보통신기술을 이용한 대의민주주의의 개혁 가능성을 시사하고 있다.

또 다른 사이버 파워는 공동의 목표를 달성하기 위해 정부를 대신할 수 있는 NGO(Non Government Organization)의 부각이다.

이미 NGO를 제5부라고 부를 만큼 그들의 영향력은 커졌다.

21세기를 NGO의 시대라고 부르는 사람도 있다.

대중은 자신들에게 영향을 미치는 각종 제도나 정책의 결정 과정에 자기 의견을 반영하기 위해 노력하고 있다. 그러나 아무리 전자민주주의가 발달하더라도 모든 사람들이 정치과정에 참가하게 되는 데는 많은 시간이 필요하다.

따라서 '개인의 문제를 다루기에는 너무 크고 국제적인 문제를 다루기에는 너무 작은' 정부를 대신할 수 있는 NGO의 역할이 증대되고 있다. 이는 앞에서 언급한 16대 총선에서 나타난 NGO의 역할이 잘 설명해주고 있다.

이처럼 NGO들의 영향력이 증대하게 된 가장 큰 원인은 디지털 사회로의 진전이다. 과거에는 조직을 만들기 위해서는 인적 네트워크를 활용할 수밖에 없었다. 따라서 여기에 드는 비용이 NGO 구성의 큰 장애물이었을 뿐만 아니라 일반 시민들 역시 그들의 활동에 박수를 보내면서도 시·공간의 장애로 그들의 활동에 직접 참여하는 것이 불가능하였다. 그러므로 시민들의 참여를 전제로 하는 NGO들의 역할에는 한계가 있을 수밖에 없었다. 그러나 디지털 사회로의 진전은 이러한 장벽을 헐어버렸다. 적은 비용으로 조직의 범위를 무한대로 확장할 수 있게 되었고 시민들도 누구나 마음만 먹으면 그들의 활동에 참여할 수 있게 되었으므로 그들의 활동이 힘을 얻게 된 것이다.

물론 당국의 정보통제의 불가능성도 그들의 활동을 확산시키는 데 크게 기여하였다.

이제 NGO는 각국의 법이나 정책 수립시 국내의 가장 힘있는 압력단체임은 물론 국경을 초월하여 인류 공통의 목표를 달성하려는 중심세력으로 부상하게 될 것이다.

문화의 다양성

    모든 정보의 교류와 의사 소통이 순식간에 이루어지고 사람들은 이러한 정보에 대하여 다른 정보가 전달되기 전에 반응을 보여야 하므로 논리적인 사고의 여유가 없다. 따라서 즉흥적이고 감성적으로 마음에 드는 것, 흥미로운 것을 선택의 기준으로 삼게 되는 것이다.

    또한 잘 발달된 기계와 컴퓨터는 우리들이 생각하는 것보다 더 완벽하게 사용자의 요구에 따라 지식을 논리적으로 결합 및 분리하여 줄 것이다.

    따라서 이제 소수의 특정인을 제외한 일반인들은 논리적으로 사고하는 것을 바라지 않는다.

    이러한 변화는 이미 우리 주위에 나타나고 있다. 예를 들면, TV의 음악프로그램에서 보면 인기가요의 순위가 거의 매주 바뀌고 있다. 그러나 지금의 중장년층이나 필자가 청소년이었을 때에는 나훈아와 남진이라는 두 거물 가수가 오랜 동안 최고의 인기가

수로서 인식되었다.

물론 이러한 부분이 잘못되었다는 지적은 아니다.

디지털 사회에서는 단순 반복적인 작업은 기계가 인간을 대신하게 될 것이다. 인간은 존재하지 않는 지식, 무형의 지식을 창조하고 느끼는 일을 맡아야 한다. 따라서 과거의 산업사회에서 요구되던 표준화된 대량지식을 잘 암기하는 능력이 뛰어난 인간보다는 감성이 뛰어난 인간이 더 필요한 사회로 바뀌었다.

동시에 인간을 대신한 기계가 단순 반복 작업을 처리해줌에 따라 여유를 갖게 될 것이며, 또한 디지털 시대가 주는 부(富)로 인해 사람들은 지금보다 훨씬 안정되고 편안한 생활을 영위해 이전의 '잘 먹고 잘 살기 위해서'라는 목표가 '즐겁게 살기 위해서'로 바뀌고 있다.

따라서 디지털 사회의 진전에 따라 인간들은 문화적인 욕구가 더 강해지고 이에 따라 문화 산업의 비중이 증가하게 될 것이며, 특히 문화의 다양성이 중시되는 사회로 나아갈 것이다.

우리나라에서도 영화 산업에 벤처 자본의 투자와 게임산업의 코스닥 등록 및 시장에서의 가치 상승 등 과거에는 상상하지 못하였던 투자가 이미 이루어지고 있다.

그 결과로 '공동경비구역'의 해외 수출과 '난타' 등 문화 산업의 국부 기여도가 증가하고 있다.

이러한 문화산업의 중시와 관련해 우리가 21세기에 가장 유망한 국가로 미국, 중국, 인도, 네덜란드를 꼽는 이유가 바로 이들 국가가 다민족 다문화 국가라는 사실은 시사하는 바가 크다 할 것이다.

디지털 사회의 리더

　앞에서 살펴본 바와 같이 디지털혁명은 경제부문뿐만 아니라 사회 전체적인 패러다임을 바꿔놓고 있다.

　이러한 사회 전체적인 패러다임의 변화는 이 사회가 필요로 하는 지식을 바꾸었고 리더의 개념도 바꾸었다.

　7000년 전에 시작된 농업혁명으로 완수된 농경문화시대에는 변화를 기피하는 정착생활이 생활의 기본 양태였다. 즉 농업혁명 시대의 리더는 혈연과 지연으로 맺어진 가부장과 촌장이었다.

　18세기 후반에 시작된 산업혁명 이후의 산업사회는 생산성 향상을 통한 물질적 풍요만을 추구한 사회로 더 많은 물질을 생산하는 데 필요한 과학기술이 지배하던 시대이자, 수직적인 사회로서 표준화와 획일화가 주요 특징이다. 산업사회에서는 한 사람의 뛰어난 머리가 새로운 공정을 만들어내면 3S로 표현되는 단순화(simplification), 표준화(standardization), 전문화(specialization)를 통한 대량생산을 특징으로 하고 있다. 그러므로 우리는 주어진 생산체

[아날로그 사회와 디지털 사회]

구 분	아날로그 사회	디지털 사회
경제구조	- 생산자 주도의 경제 - 정보의 비대칭 - 수확체감의 법칙	- 소비자 주도의 경제 - 정보의 대칭 - 수확체증의 법칙
사회구조	- 수직적 사회 - 아마추어의 독자적 생존가능 - 신뢰 또는 능력이 요구됨	- 네트워크 사회(수평적 사회) - 프로를 중심으로 생존 - 신뢰와 능력이 동시에 요구됨
행동양식	- 직접 접촉 - 대의 민주주의	- 사이버 접촉 - 전자 민주주의, 직접민주주의
문화기저	- 이성적 사고 - 엘리트 문화 - 문화와 산업의 분리	- 감성적 선택 - 참여주의 문화 - 문화 산업이 중요

계 내에서 주어진 역할만을 수행하면 되었다. 따라서 새로운 것을 만들어내는 창의성이 리더의 자질은 아니었다. 흔히 IQ라고 불리는 지능지수가 중요시되었다. 그래서 암기능력을 측정하는 소위 '고시'라는 제도의 통과가 '등용문'이었다. 고시의 통과가 출세를 보장하는 가장 빠른 길이었다. 다시 말해서 당시의 리더는 관료적 중앙집권 세력이었다. 권력이 정치와 관료집단에게 집중되어 있었던 것이다.

그러나 변화의 시대에는 특정 직무 위주의 기능보다는 EQ라고 불리는 감성지수가 중요시되고 있다.

산업사회가 가져온 눈부신 과학기술의 발달로 생산보다는 판

[감성지수의 다섯 가지 요소]

구 분	정 의	주요 특징
자아인식력	자신의 기분, 감정, 취향 등과 이러한 것들이 다른 사람에게 미치는 영향을 인식하고 이해하는 능력	- 자신감 - 실질적인 자기 평가 - 스스로를 비웃을 수 있는 유머 감각
자기통제력	- 부정적인 충동과 기분을 통제하거나 바꿀 수 있는 능력 - 행동하기 전에 판단을 위해서 잠시 동안 유보할 수 있는 성향	- 신뢰와 성실성 - 모호성에 대한 인내력 - 변화에 대한 개방성
동기부여	- 돈이나 지위를 초월해 직무를 성공적으로 수행하는 열정 - 힘과 끈기를 가지고 목표를 추구하는 성향	- 강한 성취욕 - 실패해도 낙관적인 태도를 유지 - 조직에 대한 애착심
감정이입	- 다른 사람의 감정을 헤아리고 이해하는 능력 - 다른 사람의 감정적인 반응에 대응하고 처리하는 기술	- 능력을 개발하고 유지하는 능력 - 다른 문화를 받아들이는 감수성 - 고객에 대한 봉사
사교성	- 인간관계를 형성하고 관리하는 능력 - 공동의 입장을 발견하고 친밀한 관계를 형성하는 능력	- 변화를 주도하는 데 있어서 효과성 - 설득력 - 팀을 이끄는 능력

매가 중요시되고, 물질적 풍요와 더불어 정신적 풍요가 중요시되는 사회로 바뀌었다. 따라서 산업사회와는 다른 리더십이 요구되고 있다.

그렇다면 디지털 시대의 리더의 자질은 무엇일까?

다니엘 골먼(Daniel Goleman)이 제시한 디지털 시대에 프로의 조건과 하버드대학교의 교육학자 하워드 가드너(Howard Gardner) 교수의 다중지능이론을 살펴보는 것으로 디지털 시대 리더의 조건에 관하여 살펴보고자 한다.

다니엘 골먼이라는 미국의 학자는 디지털 시대의 리더의 조건은 곧 디지털 시대의 프로의 조건과 동일하며 지능지수(IQ)와 기술도 중요하지만 감성지능(EI : Emotional Intelligence)도 필수조건임을 강조하고 있다.

그는 감성지수의 다섯 가지 요소로 자아인식력, 자기통제력, 동기부여, 감정이입, 사교성을 들고 있다.

한편 20세기 후반 최고의 교육학자 중 한 사람인 하버드 대학교의 하워드 가드너 교수는 1983년에 그가 저술한 ≪정신의 구조 : 다중지능 이론(*Frames of Mind: The Theory of Multiple Intelligences*≫라는 책에서 현대를 살아가는 인간에게는 지능지수(IQ)보다 더 넓은 의미의 기능이 중요시되며, 최소한 여덟 가지 기능이 필요함을 역설하였다.

언어적 지능, 논리 · 수학적 지능, 공간지능 등은 산업사회에서 가장 중요한 지능 평가항목이었다.

◑ 하워드 가드너가 제시한 여덟 가지 지능

① 언어적 지능(Linguistic Intelligence)으로 단어의 소리, 리듬, 의미에 대한 감수성이나 언어의 다른 기능에 대한 민감성 등과 관련된 능력이다.

언어적 지능이 높은 사람은 토론 학습 시간에 두각을 나타내며, 유머나 말 잇기 게임, 낱말 맞추기 등을 잘 한다. 다양한 단어를 잘 활용하여 말을 잘 하는 달변가가 많으며, 똑같은 글을 써도 심금을 울리기도 하고, 웃음을 자아내게도 한다.

② 논리 · 수학적 지능(Logical-Mathematical Intelligence)이다.

논리 · 수학적 지능은 논리적인 문제나 방정식을 풀어가는 정신적 과정에 관한 능력으로 논리–수학적 지능이 높은 사람은 논리적 과정에 대한 문제들을 체계적이고 과학적인 방법을 동원하여 보통 사람들보다 훨씬 빠른 속도로 해결하는 능력을 갖고 있다.

논리 · 수학적 지능은 기존 지능이론의 핵심으로 다중지능이론에서도 가장 중요한 기능 중 하나이다.

③ 공간지능(Spatial Intelligence)은 시공간적인 세계를 정확하게 인지하는 능력과 건축가, 미술가, 발명가 등과 같이 3차원의 세계를 잘 변형시키는 능력이다.

공간지능이 높은 사람은 밤하늘의 별을 보고 방향을 잘 찾아내며, 처음 방문한 곳도 다시 찾아가는 데 별 어려움을 느끼지 않고 잘 찾아간다. 또, 시공간적인 아이디어들을 도표 · 지도 · 그림 등으로 잘 나타냈다. 시각적으로 표현하는 디자인, 그림 그리기, 만들기 등을 좋아하는 사람들이 공간능력이 뛰어난 사람이다.

④ 신체 · 운동학적 지능(Bodily-Kinesthetic Intelligence)으로 운

동, 균형, 민첩성, 태도 등을 조절할 수 있는 능력을 말한다. 신체·운동학적 지능이 높은 사람은 생각이나 느낌을 글이나 그림보다는 몸 동작으로 표현하는 능력이 뛰어나다. 가수들이 노래할 때 함께 하는 율동을 쉽게 따라하거나 레크리에이션 등에서 하는 무용, 연극 등을 잘 한다. 즉 몸의 균형 감각과 촉각이 다른 사람들에 비해 발달되어 있는 사람이다.

⑤ 음악적 지능으로 소리·리듬·진동과 같은 음의 세계에 민감하다. 사람의 목소리와 같은 언어적인 형태의 소리뿐만 아니라 비언어적 소리에의 감지능력이다. 예를 들어 발자국 소리만으로도 누가 오고 있는지를 알아내는 사람, 음악의 형태를 잘 감지하고, 음악적 유형을 잘 구별할 뿐만 아니라 다른 음악 형태로 잘 변형시키는 사람은 음악적 지능이 높다고 하겠다.

⑥ 대인관계 지능(Interpersonal Intelligence) 이다.

대인관계 지능은 다른 사람들과 교류하고, 이해하며, 그들의 행동을 해석하는 능력이다. 다른 사람들의 기분, 감정, 의향, 동기 등을 인식하고 구분할 수 있는 능력과 얼굴 표정, 음성, 몸짓 등에 대한 감수성, 대인관계에서 나타나는 여러 가지 다양한 힌트, 신호, 단서, 암시 등을 변별하는 역량, 또 이들에 효율적으로 대처하는 능력이 바로 대인관계 능력이다.

대인관계 지능이 뛰어난 사람은 친구들을 많이 사귀고, 교우도(sociogram)에서 중앙에 위치한다. 유능한 정치인, 지도자, 또는 성직자들 중에는 대인관계 지능이 우수한 사람들이 많다.

⑦ 자기이해 지능(Intrapersonal Intelligence)이다.

자기이해 지능은 대인관계 지능과 비슷한 특성을 지녔으며,

자기 자신을 이해하고 느낄 수 있는 인지적 능력을 말한다. 자신이 누구인가, 자신은 어떤 감정을 가졌는가, 왜 이렇게 행동하는가 등과 같은 자기 존재에 대해 이해하는 능력으로 자기이해 지능이 높은 사람은 자기 존중감, 자기 향상(self-enhancement), 자기가 처한 문제를 해결하기 위해 사용할 수 있는 성격이 강하다.

⑧ 자연탐구 지능(Naturalist Intelligence)은 자연 현상에 대한 유형을 규정하고 분류하는 능력을 말한다. 자연탐구 지능이 높은 사람은 타잔처럼 자연 친화적이고, 동물이나 식물 채집을 좋아하며, 이를 구별하고 분류하는 능력이 뛰어나 산에 가더라도 나뭇잎의 모양, 크기, 지형 등에 관심이 많고, 이들을 종류대로 잘 분류하기도 한다.

하워드 가드너가 주장한 다중기능이론은 다니엘 골먼이 지적한 디지털 시대의 리더의 자질과도 일치하는 면이 많다.

특히 산업화가 가져온 생산능력의 극대화는 소비창출 능력, 즉 판매능력이 더욱 중요하게 되었으며, 결국 판매능력은 대인관계능력과 자기이해 지능에 의하여 결정된다는 측면에서 새로이 부각되는 중요한 지능이라고 할 수 있다.

가림출판사 · 가림M&B에서 나온 책들

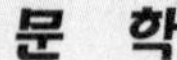

바늘구멍
켄 폴리트 지음 · 홍영의 옮김

미국 추리작가 협회의 최우수 장편상을 받은 초유의 베스트 셀러로 전쟁을 통한 두뇌싸움을 치밀하고 밀도 있게 그려낸 추리소설.　신국판 / 342쪽 / 5,300원

레베카의 열쇠
켄 폴리트 지음 · 손연숙 옮김

최고의 모험, 폭력, 음모 그리고 미국적인 열정 속에 담긴 두 남녀의 사랑이야기를 독자들의 상상을 뒤엎는 확실한 긴장감으로 마지막까지 흥미진진한 켄 폴리트의 장편 추리소설.
신국판 / 492쪽 / 6,800원

암병선
니시무라 쥬코 지음 · 홍영의 옮김

금세기 최대의 난적인 암을 퇴치하기 위해 7대양을 누빌 암병선을 무대로 인간생명의 존엄성을 지키기 위해 불의와 맞서는 시라도리 선장의 꿋꿋한 의지와, 애절한 암환자들의 심리가 선명하게 묘사된 근래 보기드문 걸작.　신국판 / 300쪽 / 4,800원

첫키스한 얘기 말해도 될까
김정미 외 7명 지음

이 시대의 젊은 작가 8명이 가슴속 깊이 간직했던 나만의 소중한 이야기를 살짝 털어놓은 상큼한 비밀 이야기.
신국판 / 228쪽 / 4,000원

사미인곡 上 · 中 · 下
김충호 지음

파란만장한 일생을 보낸 정철의 생애를 통해 난세를 살아가는 우리에게 삶의 지혜와 기쁨을 선사하는 대하 역사 소설.
신국판 / 각 권 5,000원

이내의 끝자리
박수완 스님 지음

앞만 보고 살아가는 우리에게 자신을 뒤돌아볼 수 있는 여유를 갖게 해주는 승려시인의 가슴을 울리는 주옥 같은 시집.
국판변형 / 132쪽 / 3,000원

너는 왜 나에게 다가서야 했는지
김충호 지음

세상에 대한 사랑의 아픔, 그리움, 영혼에 대한 고뇌를 달래야 했던 시인이 살아있는 영혼을 지닌 이들에게 전하는 사랑의 메시지.　국판변형 / 124쪽 / 3,000원

세계의 명언
편집부 엮음

위인이나 유명인들의 글, 연설문 혹은 각 나라에서 전해져 오는 속담을 통하여 지난날을 되새겨보는 백과전서로서, 오늘을 반성하는 교과서로서, 그리고 미래를 설계하는 참고서로서 역할을 해줄 것이다.　신국판 / 322쪽 / 5,000원

여자가 알아야 할 101가지 지혜
제인 아서 엮음 · 지창국 옮김

남녀가 함께 살면서 경험으로 터득한 의미심장하면서도 재미있는 조언들을 발췌한 내용으로 독신의 삶을 청산하려는 이들이 알아야 할 유용하고 상상력 풍부한힌트로 가득찬 감동의 메시지이다.　4 · 6판 / 132쪽 / 5,000원

현명한 사람이 읽는 지혜로운 이야기
이정민 엮음

현대를 살아가는 우리들에게 삶의 가치를 부여해주고 자기 성찰의 기회를 갖게 해준다.　신국판 / 236쪽 / 6,500원

성공적인 표정이 당신을 바꾼다
마츠오 도오루 지음 · 홍영의 옮김

고통스러울 때, 괴로울 때, '그럼에도 불구하고'의 스마일을 통해 자신뿐만 아니라 주위 사람들의 마이너스 사고를 플러스 사고로 바꾸어서 사람의 마음을 움직이며, 그리고 사람의 마음에 남는 최고의 웃는 얼굴을 만드는 비법 총망라!
신국판 / 240쪽 / 7,500원

태양의 법
오오카와 류우호오 지음 · 민병수 옮김

불법 진리 사상의 윤곽과 그 목적 · 사명을 명백히 함으로써 한 사람 한사람의 인간이 깨달음을 추구하고 영적으로 깨우치기 위한 명확한 방향을 제시하였다.　신국판 / 246쪽 / 8,500원

영원의 법
오오카와 류우호오 지음 · 민병수 옮김

일찍이 설해졌던 적도 없고 앞으로도 설해지지 않을 구원의 진리를 한 권의 책에 이론적 형태로 응축한 기본 삼법의 완결편.
신국판 / 240쪽 / 8,000원

옛 사람들의 재치와 웃음
강형중 · 김경익 편저

옛 사람들의 재치와 해학을 통해 한문의 묘미를 터득하고 한자를 재미있게 배우며 유머감각까지 높일 수 있는 일석삼조의 효과 만점.　신국판 / 316쪽 / 8,000원

지혜의 쉼터
쇼펜하우어 지음 · 김충호 엮음

쇼펜하우어의 철학체계를 통하여 풍요로운 삶의 지혜를 얻고 기쁨을 얻을 수 있도록 꾸며 놓은 철학이야기.
4 · 6양장본 / 160쪽 / 4,300원

헤세가 너에게
헤르만 헤세 지음 · 홍영의 엮음

순수한 애정과 자유를 갈구하는 헤세의 아름다운 세상을 통한 깨끗한 정신세계를 공유할 수 있는 기회를 제공.
4 · 6양장본 / 144쪽 / 4,500원

사랑보다 소중한 삶의 의미
크리슈나무르티 지음 · 최윤영 엮음

금세기 최고의 사상가이자 철학자인 크리슈나무르티가 인간의
정신적 사고의 구조와 본질을 규명하여 인간의 삶에 대한 가장
완벽한 해답을 제시. 신국판 / 180쪽 / 4,000원

장자-어찌하여 알 속에 털이 있다 하는가
홍영의 엮음

동양 사상의 저변에 흐르고 있는 자연에의 경외감을 유감없이
표현한 장자를 통하여 인간 본연의 자세로 돌아가 나를 돌아보
는 계기를 만들어 주는 책. 4 · 6판 / 180쪽 / 4,000원

논어-배우고 때로 익히면 즐겁지 아니한가
신도희 엮음

인간에게 필요불가결한 윤리와 도덕생활의 교훈들을 평이한 문
체로 광범위하게 집약한 논어의 모든 것!!
4 · 6판 / 180쪽 / 4,000원

맹자-가까이 있는데 어찌 먼 데서 구하려 하는가
홍영의 엮음

반성과 자책을 통해 잃어버린 양심을 수습하고 선으로 복귀할
것을 천명하는 맹자 사상의 집대성!! 4 · 6판 / 180쪽 / 4,000원

건 강

식초건강요법
건강식품연구회 엮음 · 신재용(해성한의원 원장) 감수

가장 쉽게 구할 수 있고 경제적인 식품이면서 상상할 수 없을 정
도로 뛰어난 약효를 지닌 식초의 모든 것을 담은 건강지침서!
신국판 / 224쪽 / 6,000원

아름다운 피부미용법
이순희(한독피부미용학원 원장) 지음

피부조직에 대한 기초 이론과 우리 몸의 생리를 알려줌으로써
아름다운 피부, 젊은 피부를 오래 유지할 수 있는 비결 제시!
신국판 / 296쪽 / 6,000원

버섯건강요법
김병각 외 6명 지음

종양 억제율 100%에 가까운 96.7%를 나타내는 기적의 약용버섯
등 신비의 버섯을 통하여 암을 치료하고 비만, 당뇨, 고혈압, 동
맥경화 등 각종 성인병 예방을 위한 생활 건강 지침서!
신국판 / 286쪽 / 8,000원

성인병과 암을 정복하는 유기게르마늄
이상현 편저 · 민형기 감수

최근 들어 각광을 받고 있는 새로운 치료제인 유기게르마늄을
통한 성인병, 각종 암의 치료에 대해 상세히 소개.
신국판 / 304쪽 / 7,000원

난치성 피부병
이정희 지음

현대의학으로도 치유불가능했던 난치성 피부병인 건선 · 아토피
(태열)의 완치요법이 수록된 건강 지침서.
신국판 / 232쪽 / 7,500원

新 방약합편
정도명 편역

약물의 성질과 효능을 쉽게 꾸며 놓아 자신의 병을 알고 증세에
맞춰 스스로 처방을 할 수 있는 가정 한방 주치의 역할을 해준
다. 증상과 처방에 따라 가정에서 조제할 수 있는 보약 506가지
수록. 신국판 / 416쪽 / 15,000원

자연치료의학
오홍근(신경정신과 의학박사 · 자연의학박사) 지음

대한민국 최초의 자연의학박사가 밝힌 신비의 자연치료의학으
로 자연산물을 이용하여 부작용 없이 치료하는 건강 생활 비법
공개!! 신국판 / 472쪽 / 15,000원

약초의 활용과 가정한방
이인성 지음

현대과학이 밝혀낸 약초의 신비와 활용방법을 수록하여 가정에
서도 주변의 흔한 식물과 약초를 활용하여 각종 질병을 간편하
게 예방 · 치료할 수 있는 비법제시. 신국판 / 384쪽 / 8,500원

역전의학
이시하라 유미 지음 · 유태종 감수

일반상식으로 알고 있는 건강상식에 대해 전혀 새로운 관점에서
비판하고 아울러 새로운 방법들을 제시한 건강 혁명 서적!!
신국판 / 286쪽 / 8,500원

이순희식 순수피부미용법
이순희(한독피부미용학원 원장) 지음

자신의 피부에 맞는 관리법으로 스스로 피부관리를 할 수 있는
방법을 제시하고 책 속 부록으로 천연팩 재료 사전과 피부 타입
별 팩 고르기. 신국판 / 304쪽 / 7,000원

21세기 당뇨병 예방과 치료법
이현철(연세대 의대 내과 교수) 지음

세계 최초 유전자 치료법을 개발한 저자가 당뇨병과 대항하여
가장 확실하게 이길 수 있는 당뇨병에 대한 올바른 이론과 발병
시 대처 방법을 알기 쉽게 상세히 수록! 신국판 / 360쪽 / 9,500원

신재용의 민의학 동의보감
신재용(해성한의원 원장) 지음

주변의 흔한 먹거리를 이용하여 신비의 명약이나 보약으로 활용
할 수 있는 건강 지침서로서 저자가 TV나 라디오에서 다 밝히지
못한 한방 및 민간요법까지 상세히 수록!!
신국판 / 476쪽 / 10,000원

치매 알면 치매 이긴다
배오성(백상한방병원 원장) 지음

자연의 생기를 빨아들이면서 마음을 다스리는 B.O.S.요법으로
뇌세포의 기능을 활성화시키고 엔돌핀의 분비효과를 극대화시
켜 증상에 맞는 한약 처방을 병행하여 치매를 치유하는 획기적
인 치유법을 한의학 가문의 비방을 3대째 이어오고 있는 저자가
이해하기 쉽게 제시하였다. 신국판 / 312쪽 / 10,000원

21세기 건강혁명 밥상 위의 보약 생식
최경순 지음

항암식품으로, 아름다운 몸매를 유지하면서 할 수 있는 다이어

트식으로, 젊고 탄력적인 피부를 유지할 수 있게 해주는 자연식으로의 생식을 소개하여 현대인들의 건강 길라잡이가 되도록 하였다. 신국판 / 348쪽 / 9,800원

기치유와 기공수련
윤한홍(기치유 연구회 회장) 지음

기 수련을 통해 길러지는 기치유는 누구나 노력만 하면 개발할 수 있고 활용할 수 있는 능력임을 강조하는 저자가 기 수련 방법과 기치유 개발 방법을 자세하게 소개하고 있다.
신국판 / 340쪽 / 12,000원

만병의 근원 스트레스 원인과 퇴치
김지혁(김지혁한의원 원장) 지음

현대를 살아가는 사람들에게 스트레스는 피할 수 없는 존재. 만병의 근원인 스트레스를 속속들이 파헤치고 예방법까지 속시원하게 제시!! 신국판 / 324쪽 / 9,500원

김종성 박사의 뇌졸중 119
김종성 지음

우리나라 사망원인 1위. 뇌졸중 분야의 최고 권위자인 저자가 뇌졸중의 예방에서 치료법까지 상세하게 제시한 건강서. 일상생활에서의 건강관리부터 환자간호에 이르기까지 뇌졸중의 모든 것을 수록. 신국판 / 356쪽 / 값 12,000원

성장클리닉 (배오성)	사혈요법 (정지천)
모발클리닉 (장정훈)	홍채학 (김성훈)
항암식품 (신재용)	발건강학 (최미희)
카이로프랙틱 (이승원)	간클리닉 (전재웅)
녹차와 건강 (석자연스님)	자연피부미용 (이순희)
쉽게 쓴 암이야기 (이춘기)	생활인의 선체조 (혜원스님)

의 레저스포츠 분야로 나눠 체육학을 전공하는 학생들 및 일반인들이 관심있는 부분까지 총망라!! 신국판 / 340쪽 / 10,000원

퍼펙트 MBA
IAE유학네트 지음

기존의 관련 도서들과는 달리 Top MBA로 가는 길을 상세하고 완벽하게 수록하였으며, 또 톱 비즈니스 스쿨 지원자들에게 있어 가장 큰 애로사항 가운데 하나인 에세이를 쉽게 작성할 수 있는 작성법과, 톱 비즈니스 스쿨에 합격한 학생들의 원문도 수록하여 톱 MBA를 꿈꾸는 지원자들에게 가장 완벽하고 충실한 최신의 정보를 제공해 줄 것이다. 신국판 / 400쪽 / 12,000원

유학길라잡이 I -미국편
IAE유학네트 지음

미국으로의 유학·연수준비생을 위한 알짜배기 최신정보서!! 미국의 교육제도 및 유학을 가기 위해서 준비해야 할 절차, 미국 현지 생활 정보, 최신 비자정보 등을 한 눈에 볼 수 있는 유학길잡이. 4·6배판 / 372쪽 / 13,900원

유학길라잡이 II - 4개국편
IAE유학네트 지음

영어권 국가로의 유학·연수준비생을 위한 알짜배기 최신정보 수록!! 영국·캐나다·호주·뉴질랜드의 현지 정보·교육제도 및 각 국가별 학교의 특화된 교육내용 완전 수록!!
4·6배판 / 348쪽 / 13,900원

조기유학길라잡이.com
IAE유학네트 지음

영어권으로 나이 어린 자녀를 유학보내기 위해 준비중인 학부모 및 준비생들이 반드시 읽어야 할 필독서!!
영어권 나라의 교육제도 및 학교별 데이터를 완벽하게 수록하여 유학정보서의 질을 한 단계 상승시킨 결정판!!
4·6배판 / 428쪽 / 15,000원

한방으로 끝내는 영어 (고제윤)   **이진법 영어(이상도)**

교 육

우리 교육의 창조적 백색혁명
원상기 지음

자라나는 새싹들이 기본적인 지식과 사고를 종합적·창조적으로 발전시켜 창조적인 사고능력을 배양할 수 있도록 한 교육지침서. 신국판 / 206쪽 / 6,000원

육아아이디어 263
생활컨설턴트그룹 엮음 · 한양심 옮김

세상에서 가장 예쁘고 소중한 우리 아기에게 언제나 여유로우면서도 무슨 일이든 척척 처리하는 현명한 신세대 엄마가 되기 위한 최신 육아 정보 수록! 신국판 / 318쪽 / 6,000원

현대생활과 체육
조창남 외 5명 공저

현 체육대학 체육과 교수들이 저술한 생활체육의 모든것으로 건강의 개념 및 체력의 개요를 비롯한 각종 현대병의 원인과 예방 및 운동요법에 대한 이론과 요즘 각광받는 골프·스키·볼링 등

취미·실용

김진국과 같이 배우는 와인의 세계
김진국 지음

포도주 역사에서 분류, 원료 포도의 종류와 재배, 양조·숙성·저장, 시음법, 어울리는 요리에 이르기까지 일반인의 관심사와 함께 와인의 유통과 소비, 와인 시장의 현황과 전망 등 산업적 부분까지 다루었다.
특히 와인소매점과 레스토랑 종사자들을 겨냥, 와인 판매 요령, 와인의 보관과 재고의 회전뿐만 아니라 고객에게 와인을 권하고 추천할 수 있는 능력, '와인 양조 비밀의 모든 것' 을 동영상으로 제작한 CD까지, 와인의 모든 것이 담긴 종합학습서.
국배변형양장판 / 208쪽 / 30,000원

CEO가 될 수 있는 성공법칙 101가지
김승룡 편역

21세기를 맞이하면서 새롭게 떠오르는 분야가 바로 'CEO'의 탄
생이다. 냉혹한 기업 세계의 현실에서 높은 성장과 수익을 달성
하기 위해서는 최고 경영자로서의 자질을 갖춰야 한다.
이 책은 미래의 CEO를 위한 획기적인 경영실용서로서 또 한 번
의 경제위기를 겪고 있는 우리의 현실을 극복하고 일어설 수 있
는 리더로서의 역할과 책임에 대한 명확한 해답을 제시해줄 것
이다. 신국판 / 320쪽 / 9,500원

정보소프트
김승룡 지음

홍수처럼 쏟아지는 정보를 수집 · 분석하여 효과적으로 활용하
는 방법을 총망라한 정보 전략 완벽 가이드!!
신국판 / 324쪽 / 6,000원

기획대사전
高橋憲行 지음 · 홍영의 옮김

무한경쟁시대 창업 전문가의 시대에서 성공할 수 있는 것은 완
벽한 기획에서만 가능하다. 저자가 신사업 기획안과 지역 활성
화의 프로젝트맨으로 수십 년간 활약하면서 얻은 경험과 체험을
토대로 엮은 완전 실용판 기획지침서로서 히트상품의 개발, 창
업의 성공, 업무의 효율화, 성공적인 마케팅전략, 인재조직의 활
용, 비용절감 등 기획에 관련된 모든 사항을 실례와 도표를 통하
여 초보자에서 프로기획맨에 이르기까지 효율적으로 활용할 수
있도록 체계적으로 총망라하였다. 신국판 / 540쪽 / 16,500원

맨손창업 · 맞춤창업 BEST 74
양혜숙 지음

창업대행 현장 전문가가 추천하는 유망업종을 7가지 주제별로
나누어 수록한 맞춤창업서로 창업예비자들에게 창업의 길을 밝
혀줄 발로 뛰면서 만든 실무 지침서!! 신국판 / 416쪽 / 12,000원

무자본, 무점포 창업! FAX 한 대면 성공한다
다카시로 고시 지음 · 홍영의 옮김

완벽한 FAX 활용법을 제시하여 가장 적은 자본으로 창업하려는
예비자들에게 큰 투자를 필요로 하지 않으면서 성공을 이끌어주
는 길라잡이가 되는 실무 지침서. 신국판 / 226쪽 / 7,500원

성공하는 기업의 인간경영
중소기업 노무 연구회 편저 · 홍영의 옮김

무한경쟁시대에서 각 기업들의 다양한 경영 실태 속에서 인사 ·
노무 관리 개선에 있어서 기업의 효율을 높이고 발전을 이룰 수
있는 원칙을 제시하고 있다.
아울러 인간경영에 관한 이론적 바탕과 실천적 내용이 잘 조화
를 이루어 급변하는 21세기에 살아남을 수 있는 획기적인 이정
표를 제시해줄 것이다. 신국판 / 368쪽 / 11,000원

21세기 IT가 세계를 지배한다
김광희 지음

21세기 화두로 떠오른 IT혁명의 경쟁력에 대해서 일반인들도 쉽
게 이해할 수 있도록 전문가의 논리적이고 철저한 해설과 더불
어 매장 끝까지 실제 사례를 곁들여 이 책을 통해 21세기 최정상
에 오르는 방편을 터득하게 해줄 것이다.
신국판 / 380쪽 / 12,000원

경제기사로 부자아빠 만들기
김기태 · 신현태 · 박근수 공저

날마다 배달되는 경제기사를 꼼꼼히 챙겨보는 사람만이 현대생
활에서 부자가 될 수 있다. 언론인의 현장감각과 학자의 전문성
을 접목시킨 것이 이 책의 특성! 누구나 이 책을 읽고 경제원리
를 체득, 경제예측을 할 수 있게 준비된 생활경제서적.
신국판 / 388쪽 / 12,000원

포스트 PC의 주역 정보가전과 무선인터넷
김광희 지음

이제 포스트 PC시대를 준비하자.
이 책은 포스트 PC의 주역으로 급부상하고 있는 정보가전과 무
선인터넷 그리고 이를 구현하기 위한 관련 테크놀러지를 체계적
으로 소개한 21세기의 현자(賢者)가 되기 위한 지침서이다.
신국판 / 356쪽 / 12,000원

개미군단 대박맞이 주식투자
홍성걸(한양증권 투자분석팀 팀장) 지음

초보에서 인터넷을 활용한 주식투자까지 필자의 현장에서의 경
험을 바탕으로 한 주식 성공전략의 모든 정보 수록.
신국판 / 310쪽 / 9,500원

미국 · 일본 · 한국시장의 점공법@주식투자분석
이길영 외 2명 공저

일본과 미국의 주식시장을 철저한 분석과 데이터화를 통해 한국
주식시장의 투자의 흐름을 파악함으로써 한국 주식시장에서의
확실한 성공전략 제시!! 신국판 / 384쪽 / 11,500원

항상 당하기만 하는 개미들의 매도 · 매수타이밍 999% 적중 노하우
강경무 지음

승부사를 꿈꾸며 와신상담하는 모든 이들에게 희망의 등불이 될
것을 확신하는 Jusicman이 주식시장에서 돈벌고 성공할 수 있는
비결 전격공개!! 신국판 / 336쪽 / 12,000원

부자 만들기 주식성공클리닉
이창희 지음

주식투자에 성공하기 위해서는 자신만의 투자철학을 가지고 적
기투자를 해야만 한다. 저자의 경험담을 섞어서 주식이란 무엇
인가를 풀어서 써놓은 주식입문서. 초보자와 자신을 성찰해볼
기회를 가지려는 기존의 투자자를 위해 태어났다.
신국판 / 372쪽 / 11,500원

선물옵션 이론과 실전매매
이창희 지음

철저한 정글의 법칙이 적용되는 선물과 옵션시장에서 일반인들
이 실패하는 원인을 분석하고, 반드시 지켜야 할 투자원칙에 따
라 유형별로 실전 매매 테크닉을 터득함으로써 투자를 성공적으
로 할 수 있게 한 지침서!!
실패를 딛고 일어선 저자의 생생한 실전 노하우를 수록.
신국판 / 372쪽 / 12,000원

일반인이 꼭 알아야 할 절세전략 173선

최성호(공인회계사) 지음

세법을 제대로 알면 돈이 보인다.
현직 공인중계사가 알려주는 합법적으로 세금을 덜 내고 돈을
버는 절세전략의 모든 것! 신국판 / 392쪽 / 12,000원

변호사와 함께하는 **부동산 경매 닷컴**

최환주(변호사) 지음

경매재테크의 성공을 위한 입찰준비에서 낙찰까지의 경매 입찰
테크닉을 경매 전문 변호사가 명쾌하게 해설한 실전 경매 완벽
가이드서.   신국판 / 364쪽 / 11,000원

혼자서 쉽고 빠르게 할 수 있는 **소액재판**

김재용 · 김종철 공저

소액재판 · 지급명령 · 민사조정제도는 변호사의 도움 없이도 나
혼자서 간단하고 빠르게 해결할 수 있는 법정분쟁해결방법이다.
나홀로 소액지판을 할 수 있도록 소장작성에서 판결까지의 실제
재판과정을 상세하게 수록하여 이 책 한 권이면 모든 것을 완벽
하게 해결할 수 있다.   신국판 / 312쪽 / 9,500원

"술 한 잔 사겠다"는 말에서 찾아보는 **채권 · 채무**

변환철 지음

현대인들의 삶은 채권 · 채무라는 법률영역으로부터 벗어나서
살 수 없기 때문에 채권 · 채무 관련 분쟁이 끊임없이 발생하고
있다. 이러한 사실에 착안하여 전문 변호사가 속시원하게 구수
한 문장력으로 해설해주는 일반인들이 꼭 알아야 할 채권 · 채무
에 관한 법률 사항을 빠짐없이 수록했다.
신국판 / 408쪽 / 13,000원

부동산 세무 관련 길잡이 (이건우)

생활법률

부동산 생활법률의 기본지식

대한법률연구회 지음 · 김원중 감수

부동산관련 기초지식과 분쟁해결을 위한 노하우, 테크닉을 제시
하고 권두 특집으로 주택건설종합계획과 부동산 관련 정부 주요
시책을 소개하였다.   신국판 / 480쪽 / 12,000원

고소장 · 내용증명 생활법률의 기본지식

하태웅 지음

독자들이 고소 · 고발의 법적 의미를 정확히 이해하고 스스로 고
소 · 고발장을 작성할 수 있도록 예문과 서식을 함께 소개하여
문제 해결에 대응할 수 있도록 하였다. 또 민사소송에 대해서도
자세하게 설명하였으며 부록에는 형법과 형사소송법의 원문을
게재하여 법전 역할까지 할 수 있도록 하였다.
신국판 / 440쪽 / 12,000원

노동 관련 생활법률의 기본지식

남동희 지음

인터넷 노무 상담실을 운영하며 4만여 건 이상의 무료 상담을
계속하고 있는 저자의 상담 사례를 통해 문답식으로 속시원하게
풀어나가는 노동 관련 생활법률 해설의 최신 결정판이다. 아울
러 취업규칙 · 단체협약 · 고용보험 관련 여러 가지 서류 및 직장
내 성희롱 예방 지도 지침 등과 같은 노동 관련 양식도 곁들였
다. 신국판 / 528쪽 / 14,000원

외국인 근로자 생활법률의 기본지식

남동희 지음

외국인 연수협력단의 자문위원으로 오랜 시간 실무를 접했던 저
자의 경험을 바탕으로 외국인 근로자의 체류자격 및 취업자격
등 법적 문제와 법률적 지위를 상세하게 다루었다.
신국판 / 400쪽 / 12,000원

계약작성 생활법률의 기본지식

이상도 지음

법을 전공하지 않은 사람이라도 국민생활과 직결된 계약법의 기
초를 이루는 핵심 기본지식을 체계적으로 쉽게 이해할 수 있도
록 했으며, 간단명료한 해설과 더불어 이와 관련된 계약서 작성
예문을 상세하게 예시함으로써 실제 상황에 활용가능하게 하였
다.   신국판 / 560쪽 / 14,500원

지적재산 생활법률의 기본지식

이상도 · 조의제 공저

현대 산업사회에서 중요시되고 있는 특허, 실용신안, 의장, 상
표, 저작권, 컴퓨터프로그램저작권 등 지적재산의 모든 것을 체
계화하여 한 권으로 요약하였다. 아울러 지적재산 전체를 통틀
어 다루되 상호 연관적으로 해설하여 실무에 직접 활용할 수 있
도록 하였다.   신국판 / 496쪽 / 14,000원

부당노동행위와 부당해고 생활법률의 기본지식

박영수 지음

노사관계 이슈 중에서 주요 핵심사항인 부당노동행위와 정리해
고 · 징계해고를 중심으로 간단 명료한 해설과 더불어 대법원 판
례, 노동위원회에 의한 구제절차, 소송절차 및 노동부 업무처리
지침을 소개하여 실질적인 도움이 되도록 하였다.
신국판 / 432쪽 / 14,000원

주택 · 상가임대차 생활법률의 기본지식

김운용 지음

전세업자들이 보증금 반환소송이나 민사소송, 경매절차까지의
모든 기본적인 흐름을 알 수 있도록 인터넷을 통한 실제 법률 상
담을 전격 수록하였다. 이 책을 통하여 사전 분쟁을 막고 많은
시간과 비용 및 정신적 고통까지 당하는 소송이나 강제집행의
단계에 이르지 않고 문제 해결을 할 수 있도록 하였다.
신국판 / 480쪽 / 14,000원

하도급거래 생활법률의 기본지식

김진홍 지음

경제적 약자인 하도급업자를 위하여 하도급거래 관련 필수적인
법률사안들을 쉽게 해설함과 동시에 실무에 필요한 12가지 하도
급표준계약서를 소개하여 공정한 하도급거래의 법률자문역할을
할 수 있도록 하였다.   신국판 / 440쪽 / 14,000원

이혼소송과 재산분할 생활법률의 기본지식

박동섭 지음

이혼과 관련하여 해결해야 할 법률문제들을 저자의 실무경험을
바탕으로 명쾌하게 해설하였다. 아울러 약혼이나 사실혼파기로
인한 위자료문제도 함께 다루어 가정문제로 고민하는 사람들에
게 길잡이가 되도록 하였다.   신국판 / 460쪽 / 14,000원

부동산등기 생활법률의 기본지식

정상태 지음

등기를 하지 않으면 어떤 위험이 따르고, 등기를 하면 어떤 효력

이 생기는가! 등기신청은 어떻게 하며, 필요한 서류는 무엇이고, 등기종류에는 어떤 것들이 있는가 등 부동산등기 전반에 걸쳐 일반인이 꼭 알아야 할 법률상식을 간추려 간단, 명료하게 해설하였다. 신국판 / 456쪽 / 14,000원

기업경영 생활법률의 기본지식

안동섭 지음

사업을 구상하고 있는 사람이나 현재 경영하고 있는 사람 및 관리실무자에게 필요한 법률을 체계적으로 알려줌으로써 성공적인 기업 경영자의 비전을 제시해준다. 하였다. 또한 관련 법률 서식과 서식작성 예문도 함께 소개. 신국판 / 466쪽 / 14,000원

교통사고 생활법률의 기본지식

박정무 · 전병찬 공저

교통사고 관련 법률문제를 몰라 당황한 나머지 억울하게 피해를 보는 사람들이 많은 점을 고려하여 사고당사자가 쉽게 응용할 수 있도록 단계별 해결책을 제시함과 동시에 사고유형별 Q&A를 통하여 상세한 법률자문 역할을 하였다.
신국판 / 480쪽 / 14,000원

호적 · 가사비용 생활법률 (정주수)
제조물책임 생활법률 (강동근)
형사문제 생활법률 (우윤근)
민사분쟁 생활법률 (하태웅)
부도어음 · 수표 생활법률 (하태웅)
재산상속 생활법률 (박동섭)
소비자보호 생활법률 (이동규)
가정법원 생활법률 (이명숙)

명 상

명상으로 얻는 깨달음

달라이 라마 지음 · 지창영 옮김

티베트의 정신적 지도자이자 실질적 지도자인 달라이 라마의 수많은 가르침 가운데 현대인에게 필요해지고 있는 인내에 대해 문답형으로 풀어놓았다. 달라이 라마와 함께 풀어보는 인내에 대한 이야기. 국판 / 320쪽 / 9,000원

처 세

성공적인 삶을 추구하는 여성들에게 우먼파워

조안 커너 · 모이라 레이너 공저, 지창영 옮김

사회의 여성을 향한 냉대와 편견의 벽을 깨뜨리고 성공적인 삶을 이루려는 여성들이 갖추어야 할 자세 및 삶의 이정표 제시!!
신국판 / 352쪽 / 8,800원

聽 이익이 되는 말 話 손해가 되는 말

우메시마 미요 지음 · 정성호 옮김

상호 교류감이 있는 대화가 인생과 비즈니스를 성공으로 이끈다. 직장이나 집안에서 언제나 주고받는 일상의 화제를 모아 실음으로써 대화의 참의미를 깨닫고 비즈니스를 성공적으로 이끌기 위한 대화술을 키우는 방법 제시!! 신국판 / 304쪽 / 9,000원

화술 (민영욱)
성공을 부르는 사람 실패를 성공으로 만드는 사람 (번역서)